D1521564

CUANDO LOS NIÑOS SUFREN

CUANDO
LOS NIÑOS
SUFREN

CUANDO LOS NIÑOS SUFREN

Para adultos que quieren
ayudar a niños a superar la muerte de
un ser querido, un divorcio, de una
mudanza y otras pérdidas
emocionales

John W. James, Russell Friedman
y Leslie Landon Matthews

Título original: *When Children Grieve*. Derechos reservados por John W. James, Russell Friedman y Leslie Landon Matthews.

Traducción y adaptación: Arturo Albin Cubillas y Víctor Schroeder Hoppenstedt

ISBN.:   978-0-692-93921-5
         0-692-93921-0

Impreso en Artes Graficas Integradas, S.A. De C.V.
Reforma 1540 Poniente, 6400 Monterrey N. L.
Impreso en México. Printed in Mexico.

Puede solicitar un ebook gratuito sobre
Superación de Dolor Emocional o consultar
nuestra página en Internet

metodogriefrecovery.com

En el Instituto para la Superación del Dolor Emocional[1], nuestro compromiso cotidiano es "no crecer nunca".

Hasta ahora, estamos haciéndolo bastante bien.

Queremos dedicar este libro al niño que hay dentro de todos nosotros, grandes y pequeños.

En recuerdo del entrenador Paul Shebby, que me enseñó autodisciplina. Gracias, entrenador. John.

Éste es para ti, papá y para mi hija, Kelly, con todo mi amor. Russell.

Para mi marido, Brian, y para mi padre, Michael… los hombres que siempre amaré.

Leslie.

---

1 Se refiere al Grief Recovery Institute, localizado en Estados Unidos. Sus representantes en idioma castellano somos Método Grief Recovery México, S.C.

ÍNDICE

INTRODUCCIÓN

PÓNGASE USTED PRIMERO SU MÁSCARA DE OXÍGENO

Cuando comienza un vuelo de cualquier compañía, las aeromozas hacen unos anuncios sobre los procedimientos de seguridad que hay que seguir en el caso improbable que haya una emergencia. Todo el que haya volado recordará haber oído lo que hay que hacer si las máscaras de oxígeno caen del compartimento superior en que están guardadas. El anuncio es más o menos así: "Si usted viaja con algún niño, colóquese la máscara de oxígeno sobre la boca y la nariz *antes* de tratar de ayudar al niño." Cada vez que escuchamos esto nos damos cuenta que si no podemos respirar, no seremos capaces de ayudar a nuestros hijos.

Como somos los responsables de la seguridad de este libro, hacemos el anuncio siguiente antes que el libro nos lleve por la pista de despegue: "Si usted viaja con un niño de la edad que sea, por favor, fije las ideas de este libro firmemente en su *cabeza* y en su *corazón antes* de tratar de ayudarle."

No vamos a pasar por la cabina ofreciéndole refrescos, pero vamos a darle alguna información de seguridad muy valiosa que puede tener un impacto positivo sobre el bienestar emocional de su hijo. Algunas de las ideas de este libro tal vez le resulten novedosas, y otras representarán cosas conocidas desde hace mucho tiempo. Las nuevas quizá le tomen desprevenido y tal vez le produzcan rechazo, de modo que, siguiendo con la analogía del vuelo, queremos avisarle: "Abróchese el cinturón."

¿QUIÉNES SOMOS? ¿POR QUÉ HEMOS ESCRITO ESTE LIBRO?

Comencemos con las presentaciones. John W. James, que empezó ayudando a personas que sufrían sin que fuera un trabajo que él eligiera. Como muchas otras personas, John llegó a este terreno por un acontecimiento tan abrumador que no sabía cómo manejarlo. Este acontecimiento fue la muerte de su hijo a los tres días de nacer. John se sentía tan afectado y limitado por esta pérdida que creía que no podría seguir viviendo con un dolor tan intenso durante otros cuarenta o cincuenta años si no encontraba forma de sentirse mejor o diferente. John descubrió una serie de acciones que le ayudaron a resolver el dolor de su corazón, y le permitieron volver a participar plenamente de la vida. A medida que los amigos de John fueron dándose cuenta del cambio en sus puntos de vista y en sus actitudes, empezaron a presentarle a otras personas que también intentaban luchar, como él, para encontrar una salida y liberarse de la esclavitud del dolor que parecía gobernar sus vidas. Al cabo de poco tiempo, John se dedicaba por completo a ayudar a personas que sufrían, y su negocio inmobiliario se quedó en el camino.

Conforme John fue dedicando más de su tiempo a ayudar a personas a hacer frente a muertes, divorcios y otras pérdidas, se dio cuenta que no dispondría jamás del tiempo necesario para ayudar ni siquiera a una pequeña fracción de esas personas cuyas vidas fueron devastadas por acontecimientos trágicos. En este libro comentaremos con todo detalle la historia que llevó a John a escribir su *Manual Superando Pérdidas Emocionales*, que él mismo editó. Una de las razones principales por las que John escribió ese libro fue que se dio cuenta que había muchos millones de personas sufriendo y muy poco tiempo para ayudarlas a todas. El libro permitió a esas personas aprender las acciones que podían utilizar para ayudarse a sí mismas, incluso aunque no tuvieran contacto directo con John. Poco después de esa primera autoedición del libro, la editorial HarperCollins (llamada entonces Harper & Row) publicó una nueva versión del citado *Manual* con el subtítulo *Un programa detallado para superar las pérdidas*, lo que permitió a John mejorar las ideas que había estado puliendo al trabajar con la gente y crear el Grief Recovery Institute.

Esto nos lleva al coautor Russell P. Friedman, quien empezó a trabajar con John en 1987. Aunque la vida de Russell es muy diferente a la de John, él tampoco eligió trabajar en este campo. Russell llegó al Instituto empujado por su segundo divorcio y una desastrosa quiebra, acontecimientos que le hicieron sentirse emocionalmente inválido. Llegó al Instituto no para ayudar a los demás, sino buscando ayuda para sí mismo.

De hecho, la primera vez que Russell tomó conciencia sobre la superación emocional llegó de forma bastante accidental, cuando un amigo le llevó a escuchar a John, que iba a dar una breve conferencia. Hasta ese día, Russell no habría sabido emplear las palabras *duelo o dolor emocional*[2] para explicar cómo se sentía respecto a su divorcio o a su situación financiera. Como muchas otras personas, Russell suponía que el duelo estaba relacionado únicamente con la muerte. Y hasta ese momento, no había muerto nadie de su entorno inmediato, por lo que no comprendía porqué su amigo le había llevado a rastras a escuchar a John.

Pero en esa conferencia Russell escuchó algunas ideas que le hicieron darse cuenta de lo que él estaba sufriendo, y que el final de su matrimonio había significado la "muerte"

2 Grief tiene un sentido más amplio en inglés, pues no se limita sólo a muerte. En este libro traducimos *"Grief"* como pena, duelo, dolor o dolor emocional indistintamente.

de todas las esperanzas, sueños y expectativas de llegar al crepúsculo de su vida con esa persona especial. Russell se puso en contacto con John el día siguiente a la conferencia y empezó a trabajar en el Instituto como voluntario. Cuando John cuenta esta historia suele decir:

—Russell acudió un día hace 13 años, y no he sido capaz de librarme de él, por lo que ahora es mi socio, mi coautor y mi amigo.

En 1998 HarperCollins publicó una edición revisada del *Manual Superando Pérdidas emocionales: Un programa de acción para recuperarse de la muerte de un ser querido, de un divorcio y de otras pérdidas emocionales.*[3]* Una vez más, John, en esta ocasión con la ayuda de Russell, tuvo la oportunidad de mejorar y pulir las acciones que ayudaban a las personas a recuperar un espacio productivo en sus vidas, incluso aunque hubieran experimentado pérdidas devastadoras.

Y, finalmente, con nosotros también participa Leslie Landon Matthews, quien es conocida por todos nosotros con el apodo "Fhud", que es como se pronuncia su titulo PhD., doctora en filosofía. También es conocida como la doctora mamá, título que le va de maravilla por el reciente nacimiento de su tercer hijo. Leslie llegó al Instituto de una forma única, muy diferente de la de John y Russell.

El padre de Leslie era Michael Landon, el actor mundialmente conocido por su participación en series televisivas *Bonanza*, *La casa de la pradera* y *Autopista al cielo*. Michael Landon murió en 1991 a los 54 años. Cualquiera de nosotros posiblemente se sentiría destrozado si muere su padre o su madre, pero el dolor suele hacerse más intenso cuando se trata de una persona joven a la que se priva de lo que creemos que es un ciclo vital normal. Los hijos se quedan con expectativas insatisfechas de cómo habría sido el futuro

---

3 *En 2014 se publicó la versión de vigésimo aniversario en México. (*Nota del editor.*)

con sus padres. Pero la pena de Leslie tenía asimismo una tercera dimensión. La fama de su padre hizo prácticamente imposible que Leslie y su familia manejaran privadamente las emociones sobre esa muerte. La agresión de los medios de comunicación se mostró incluso en el cementerio, impidiendo encontrar una cierta soledad y consuelo íntimo junto a la tumba de su padre.

Leslie asistió a un seminario de tres días sobre la Superación Personal del Dolor Emocional para aprender a manejar los sentimientos conflictivos provocados por la muerte de su padre. Se sorprendió al descubrir que el dolor era casi igual de intenso al experimentado unos años antes cuando sus padres se divorciaron. Ese divorcio había afectado la relación de Leslie con su padre, y había llegado el momento de resolver algunas emociones inconclusas que le habían estado empañando la vida demasiado tiempo.

Cuando Leslie llegó al Instituto, trabajaba como terapeuta matrimonial y familiar, habiéndose especializado en ayudar a los niños. Pero todo su entrenamiento no le había servido como preparación para la mezcla de emociones diversas que experimentó tras la muerte de su padre. Los cambios emocionales positivos que percibió en sí misma tras el seminario le ayudaron a entender que el Instituto para la Superación del Dolor Emocional proporcionaba un nivel de ayuda a las personas que sufrían dolor emocional, mucho más eficaz que todo lo que ella conocía. Leslie se dio cuenta que la mayor parte de los niños con los que trabajaba como terapeuta estaban enfrentándose a una gama de conflictos derivados de pérdidas. Apoyándose en la idea que podía aplicar las técnicas que había aprendido de John y Russell para ayudar a los niños, asistió al Programa de Certificación en Superación del Dolor Emocional.

Pero Leslie no se dio cuenta que John y Russell también tenían un plan. Llevaban tiempo pensando en la posibilidad de escribir un libro sobre cómo ayudar a los niños a enfrentarse a las pérdidas. Pero otros asuntos urgentes siempre habían interferido. Durante el tiempo que pasaron con Leslie notaron que la combinación singular de intereses y personalidad la convertían en una candidata ideal para abordar algunos de los temas fundamentales para un libro de este tipo. Así que empezaron a sugerirle que continuara su doctorado sobre el tema de los niños y el dolor emocional.

La pobre Leslie estaba en minoría. No sólo estaban John y Russell, sino que también su marido, Brian, empezó a animarla a hacer ese trabajo. En esa época Leslie se convirtió en mamá, por lo que tuvo que buscar la forma de ser madre de tiempo completo y además sacar las horas requeridas para la investigación y trabajo, para completar su doctorado, que hizo de manera brillante.

John, Russell y Leslie, cada uno por su lado, llegaron al Instituto para la Superación del Dolor Emocional para resolver los asuntos emocionales que tenían pendientes en sus relaciones con otras personas, vivas y muertas. Además, cada uno de ellos descubrió que tenía un deseo y una disposición para ayudar a otras personas, cuyas vidas habían sido afectadas por pérdidas emocionales significativas de todo tipo. Ese deseo, asociado con la información precisa y efectiva, les ayudó a crear la atmósfera de seguridad para que otros pudieran emprender nuevas acciones para resolver el dolor causado por la pérdida.

Queremos animarle a tomarse el último párrafo al pie de la letra. Sabemos que cada uno de ustedes desea ayudar a sus hijos o a los niños que tiene a su cuidado. Disposición, compasión y amor son motivaciones maravillosas para ayudar a los demás. Subrayamos esa idea con una pequeña aclaración, y es que el hecho que sus hijos pueden sentirse más seguros con una combinación de buenas intenciones junto con las *herramientas adecuadas, las técnicas* y *la información.*

Con nuestros mejores deseos en este nuevo comienzo, desde nuestros corazones al suyo y al de sus niños.

John, Russell y Leslie

P.S.: Superación del Dolor Emocional®. Busque nuestro logo, que es nuestra marca registrada. Le ayudará a identificar a las personas que han sido entrenadas y certificadas por el Instituto para la Superación del Dolor Emocional. Las personas autorizadas para usar nuestra marca registrada tienen contacto directo con nosotros, lo que le asegura que tanto usted como sus hijos tendrán la mejor información disponible para hacer frente a todo tipo de pérdidas.

En este libro aparece en muchas ocasiones la expresión *Superación del Dolor Emocional*. No hemos añadido el logo las demás veces. En su lugar, esperamos que usted use su imaginación y ponga ese símbolo en su corazón, para no olvidar cuál es el objeto de este libro.

Con amor,

JWJ, RPF, LLM.

PRIMERA PARTE
LOS MONOS VEN, LOS
MONOS HACEN

"El padre de mi hijo murió, y quiero saber cómo ayudarle." Esta frase puede parecer desconcertante. Es una declaración emocionalmente positiva de un hecho que suscita simultáneamente muchas preguntas.

Sin embargo, esta frase fue el comentario inicial de una llamada telefónica que Russell recibió en el Instituto para la Superación del Dolor Emocional. Para comprender las circunstancias específicas de esa mujer, Russell tuvo que hacerle las mismas preguntas que tal vez usted se plantea ahora: ¿El padre de su hijo era su marido? ¿Vivían juntos? ¿Amaba ella a ese hombre? La mujer respondió que sí a las tres preguntas. De hecho ella y su marido se querían mucho y se sintió devastada por su muerte repentina. Además del hijo de nueve años, tenían dos hijas, una de catorce y la otra de cinco, por las que también se sentía preocupada.

Su marido había salido de casa una mañana. Era un hombre de cuarenta años aparentemente sano. Llegó al trabajo y sufrió un infarto al miocardio. Una fría llamada telefónica informó a la esposa de su muerte.

Russell animó a la mujer a que hablara de la relación con su marido. Pero ella insistía en que sólo hablaba para ayudar a su hijo pequeño. Entonces Russell le pidió que describiera los problemas que parecía tener su hijo.

A lo largo de la conversación posterior, Russell descubrió que el niño estaba teniendo muchas reacciones normales asociadas a una pérdida tan profunda. Pero lo que turbaba más a la madre era que su hijo no hablaba en absoluto de sus sentimientos por la muerte de su padre. Le contó que cuando le preguntaba cómo se sentía, siempre respondía que estaba bien y se cerraba como una ostra. Si volvía a preguntarle o iba un poco más allá, se retiraba a su habitación y cerraba la puerta. Russell le dijo que se daba cuenta que todo eso debía resultarle bastante abrumador. Después de todo, el niño, que quería mucho a su padre, tenía que haberse sentido aplastado por su muerte, y aún no podía hablar sobre eso. Esta madre estaba segura que lo que le estaba pasando a su hijo, no era nada bueno.

En ese momento, Russell recordó que ella antes le había dicho que quería mucho a su marido:

—Me comentaste —le dijo con cariño— que querías mucho a tu marido y obviamente te sentiste devastada por su muerte.

Tras una breve pausa, Ella dijo que sí con una voz ahogada. Entonces Russell insistió con una pregunta de la que estaba seguro que ya conocía la respuesta.

—Cuando tu hijo y tú están juntos y se sienten sobrecogidos por emociones relacionadas con la muerte de tu marido, ¿qué haces?

—Tengo que ser fuerte por él —respondió de inmediato—. Todo el mundo me dice que lo haga. Así que cuando siento que voy a llorar, me encierro en mi cuarto.

Siguió un silencio muy largo. Russell no lo interrumpió. Finalmente, y posiblemente por primera vez, ella entendió lo que acababa de decir. El foco de la conciencia se le prendió. Se dio cuenta. El silencio terminó cuando ella añadió:

—Dios mío… hace lo mismo que yo, ¿verdad?

Luego le contaremos algo más de la historia de esta madre y de su hijo de nueve años cuyo padre acababa de morir. Su historia es un buen ejemplo sobre cómo puede ayudar a los hijos a hacer frente a todo tipo de pérdidas.

¿Por qué está leyendo este libro?

Es posible que usted esté leyendo este libro como respuesta a una pérdida que le haya sucedido recientemente.

O tal vez sea porque ha observado en su hijo algún comportamiento extraño debido a alguna pérdida que sucedió hace tiempo.

Quizá algún amigo o familiar le haya regalado este libro que le fue de ayuda en su momento o que cree que puede servirle a usted para ayudar a su hijo.

O a lo mejor está leyendo este libro como anticipación a una pérdida que parece inevitable.

La razón obvia por la que usted está leyendo este libro es porque ama a sus hijos y quiere ser capaz de ayudarles.

El hecho determinante es que usted tiene un deseo genuino de hacer lo que sea necesario para ayudar a su hijo a que supere la experiencia de la pérdida con la que se está enfrentando o con la que tendrá que enfrentarse en algún momento de su vida. Nos sentimos honrados en unirnos con usted para asegurarnos que su hijo disponga de la mejor información y el nivel superior de seguridad emocional para hacer frente a la amplia gama de emociones asociadas a todo tipo de pérdidas.

Establecer los cimientos para hacer frente de una forma eficaz a las pérdidas puede ser uno de los mejores regalos que usted haga a su hijo.

1

¿Cuál es el problema?
¿De quién es el problema?

Como usted está leyendo este libro, hay una alta probabilidad que su hijo o un niño del que usted es responsable haya experimentado una o varias pérdidas. Es imposible enumerar una lista de pérdidas que tenga aplicación universal para todas las personas que lean este libro. La siguiente lista representa las pérdidas más comunes, en la secuencia más habitual en la vida de un niño.

❖ Muerte de una mascota, un animal de compañía.

❖ Muerte de un abuelo.

❖ Mudanza.

❖ Divorcio de sus padres.

❖ Muerte del padre, de la madre o de ambos.

❖ Muerte de un familiar o de un amigo.

❖ Accidente grave del niño o de alguien importante en su vida.

El hecho que una o más de las pérdidas enumeradas ya haya tenido lugar, es una parte del problema. La otra parte es que tal vez usted no sepa qué hacer para ayudar al niño a manejar sus sentimientos sobre esas pérdidas.

¿Cuál es el problema?

Ha ocurrido algo que está afectando negativamente a su hijo. Tal vez usted se haya dado cuenta de esto por la forma en que se comporta. Muchos de los signos normales y naturales de la pena son bastante obvios. Muchos de esos signos serían los mismos si el niño se estuviera enfrentando a una muerte, a un divorcio o a cualquier otro tipo de pérdida. Pero en este momento, vamos a fijarnos en la respuesta que tiene un niño ante una noticia de muerte.

Con frecuencia, la respuesta inmediata al enterarse de una muerte es una sensación de estar como anestesiado. Ese estado dura un tiempo diferente para cada niño. Lo que suele durar mucho más, y es aún más universal, es una menor capacidad de concentración.

Otras reacciones comunes incluyen cambios importantes en los hábitos de alimentación o sueño. Estos hábitos pueden oscilar de un extremo al otro. También resulta típica la sensación de montaña rusa con sus altibajos emocionales. Por favor, observe que estamos comentando estas reacciones pero no las estamos calificando como etapas. Son simplemente algunas de las formas naturales en que el cuerpo, la mente y especialmente las emociones responden a la información dolorosa y sobrecogedora que sucedió algo totalmente fuera de lo ordinario. Estas reacciones ante la muerte son normales y típicas incluso aunque haya habido una larga enfermedad, que parezca haber dado tiempo y oportunidad de "prepararse" para lo que sucederá inevitablemente. No podemos prepararnos ni preparar a nuestros hijos, por anticipado, para la reacción emocional ante una muerte.

Este libro (para el beneficio de sus hijos) trata sobre la reacción de su hijo ante la muerte y ante otras pérdidas y sobre lo que usted puede hacer para ayudarle. Como los temas del dolor y la superación emocional están tan nublados por el miedo y por las informaciones incorrectas, le invitamos a examinar sus ideas sobre cómo hacer frente a las pérdidas y a tomar seriamente en consideración si estas ideas le sirven de algo a su hijo. Supongamos que usted está leyendo este libro porque está dispuesto a adquirir las ideas y las herramientas que le capacitarán para empezar a ayudar a su hijo de la forma adecuada. Así que pongamos manos a la obra.

□

Hemos usado varias veces las palabras pena o dolor emocional en las páginas introductorias de este libro. Tal vez valga la pena que definamos lo que queremos decir, para que tengamos mayor claridad y comprensión mutua. Muchas personas asocian la palabra pena sólo con la muerte. Nosotros empleamos una definición mucho más amplia que abarca todo tipo de experiencia de pérdida.

El dolor emocional es el resultado de los sentimientos contradictorios que experimentamos cuando sucede un cambio en un patrón normal de comportamiento, o cuando este comportamiento termina.

Como recordará, nuestra lista de pérdidas incluía la muerte de una mascota, de un abuelo, una mudanza, el divorcio de los propios padres y la muerte del padre o de la madre. Cada una de estas pérdidas representa un cambio fundamental en algo habitual. Con la muerte, la persona o el animal que siempre ha estado ahí, deja de estarlo. Con la mudanza, el hogar familiar o su entorno son diferentes. El divorcio altera todas las rutinas en la vida de un niño: con frecuencia suele incluir cambios en la situación vital y el alejamiento de familiares y amigos.

Las pérdidas que hemos enumerado llevan asociado el impacto emocional obvio que todos podemos imaginar que afecta a nuestros hijos. Pero nuestra definición de dolor emocional incluye la existencia de sentimientos contradictorios. La idea de sentimientos contradictorios requiere una pequeña explicación adicional. Si usted ha tenido alguna vez una persona amada que haya luchado durante largo tiempo contra una enfermedad terminal, tal vez haya experimentado ciertos sentimientos de alivio cuando esa persona murió. El alivio suele provenir de la idea que ese ser querido ya no sufre. Al mismo tiempo, quizás haya sentido que su corazón se rompía porque esa persona ya no estaba presente. En este caso los sentimientos contradictorios son el alivio y la tristeza.

Las mudanzas también disparan sentimientos contradictorios. Echamos de menos algunas de las cosas familiares que nos gustaban de nuestra casa y nuestro vecindario, pero al mismo tiempo también nos gustan algunas cosas del nuevo lugar. Los niños acusan muy especialmente los cambios de localización, de rutinas y de familiaridad física.

PÉRDIDAS OBVIAS Y OCULTAS

La muerte, el divorcio e incluso las mudanzas son pérdidas obvias. Menos aparentes son las pérdidas que tienen que ver con problemas de salud. Un cambio importante en la salud física o mental de un niño o de un padre puede tener un impacto dramático en la vida de un niño. Incluso aunque los niños no suelen estar involucrados directamente con los asuntos financieros, pueden verse afectados por cambios económicos importantes en su familia, tanto si estos cambios son positivos como si son negativos.

Se han identificado más de cuarenta experiencias de vida que producen sentimientos de dolor emocional. En el Instituto para la Superación del Dolor Emocional hemos ampliado esa lista para que incluya muchas de las experiencias de pérdida que son menos concretas y por eso son más difíciles de medir. Pérdida de la confianza, pérdida de la seguridad o pérdida del control son las más destacadas entre las experiencias intangibles, y que alteran la vida de los niños. Las pérdidas intangibles tienden a ser ocultas y con frecuencia no afloran a la superficie hasta bien avanzada la vida, gracias a la terapia o al autoexamen.

A medida que avancemos en este libro, exploraremos detalladamente las pérdidas más habituales que tienen lugar en la vida de los niños. No hay una secuencia predecible de estos acontecimientos dolorosos. De hecho, tal vez usted se haya sentido atraído hacia este libro por una pérdida muy poco frecuente que le afectó a usted y a sus hijos.

Nunca compare las pérdidas

"Lloré porque no tenía zapatos, hasta que conocí a un hombre que no tenía pies."

Esta hermosa frase ayuda a los niños a desarrollar una sensación de proporción. Les enseña a buscar cosas por las cuales estar agradecidos. Lamentablemente, suele emplearse equivocadamente con la idea que al tener una pérdida debemos buscar a alguien que la haya tenido mayor, o más pérdidas, y así no nos sentiremos tan mal. Ilustremos el uso equivocado de esta idea de una forma bastante desgarradora. Imagine a una pareja cuyo hijo haya muerto. Tienen dos hijos más, y suelen escuchar con demasiada frecuencia que no se sientan mal, que todavía les quedan dos hijos.

Los amigos y los familiares por cariño dicen estas cosas tratando de ayudar. Pero están comparando pérdidas para minimizar los sentimientos. ¿Cree que tener dos hijos más disminuye el dolor causado por la muerte de otro? La comparación, por muy bienintencionada que sea, logra lo contrario; hace que la persona que sufre se sienta aún peor. Peor, porque el comentario indica que su amigo no comprende lo que está pasando, lo que hace que además se sienta aislado, lo que empeora un poco más el problema.

Toda pérdida es experimentada al cien por ciento. No hay nada que podamos denominar medio dolor. Esto es especialmente cierto para los niños. Todos hemos visto llorar desconsoladamente a un niño cuando le quitamos un juguete.

La respuesta emocional es inmensa y las lágrimas son reales. A medida que empiece a aplicar nuevas ideas a las pérdidas inevitables que tendrán lugar en la vida de sus hijos, recuerde que no hay que comparar nunca las pérdidas y que tampoco hay que comparar ni ignorar jamás los sentimientos.

EL TIEMPO NO SANA POR SI SÓLO...
SANAN LAS ACCIONES

Dentro de un momento empezaremos a repasar los seis mitos fundamentales que, si no son corregidos, pueden limitar seriamente su capacidad para ayudar a su hijo. Veamos una breve presentación de uno de esos mitos y su posible impacto sobre él.

Nos han hecho creer que el tiempo cura todas las heridas emocionales. Esa falsa creencia probablemente sea el mayor impedimento para recuperarnos de una pérdida del tipo que sea. Veamos un ejemplo de esto. Imagine que sale a la calle y se dirige hacia su coche, y descubre que un neumático se ha desinflado. ¿Tomaría una silla y se sentaría a esperar a que el aire regrese a la llanta? Seguramente no. Lo más probable es que hiciera una de estas dos cosas: cambiaría la rueda y pondría la de repuesto, o llamaría a su taller para que vinieran a cambiarla.

En cualquier caso, la reparación será el resultado de una acción, no del tiempo. Muchas personas se ríen cuando escuchan la comparación con la llanta baja. Algunas discuten, dicen que no es igual recuperarse de la muerte de un ser querido a la reparación de una llanta. Estamos de acuerdo. Pero se necesitan acciones tanto para cambiar la llanta como para resolver el dolor producido por la muerte u otra pérdida.

La superación del dolor o de una pérdida
se consigue cuando la persona que sufre
emprende una serie de acciones pequeñas y correctas.

El objetivo fundamental de este libro es mostrarle la variedad de acciones que pueden realizar ante las pérdidas y enseñarle a elegirlas y utilizarlas para ayudar a sus hijos. Este libro le proporcionará unos lineamientos muy específicos para ayudarle a lograr esa meta de ayudar a sus hijos. Pero antes de tomar en consideración las soluciones, queremos que vea los obstáculos que están entre usted y la aplicación exitosa de dichas acciones.

NORMAL Y NATURAL

Esperamos que la definición de dolor que dimos antes le sea útil a medida que vaya avanzando en este libro. Esta otra definición ilustra el hecho por el cual usted está bien calificado para ayudar a sus hijos:

El dolor emocional es la reacción normal y natural ante la pérdida. Este dolor no es ni un estado patológico ni un trastorno del carácter.

Esta es una definición bastante clara. Indica que usted no necesita ningún título universitario para ayudar a su hijo. Y sería estupendo si esta frase nos aportara toda la información que necesitamos para ayudar. El problema es que, aunque es cierto que la pena es una reacción normal y natural ante la pérdida, la mayor parte de la información que hemos adquirido a lo largo de nuestra vida sobre cómo hacer frente a la pena, no es ni normal ni es natural.

Cuando observamos cómo un bebé responde a la vida, vemos sus reacciones naturales ante la pérdida. Si un niño tiene algo y nosotros se lo quitamos, el bebé rompe a llorar de forma clara y potente. Tal vez usted recuerde la primera vez que dejó a su hijo al cuidado de alguien. Seguramente organizó un buen escándalo. Pero usted sabía que la reacción ante su partida estaba dentro de la gama de un comportamiento normal para su edad.

Como sociedad, parecemos dispuestos a conceder sólo a los niños pequeños el privilegio de las reacciones normales y naturales ante la pérdida, pero conforme van creciendo, empezamos a regañarlos por ser normales.

COMPORTAMIENTO DE CRISIS

Se suele decir muchas veces que en los momentos de crisis volvemos a los viejos comportamientos. Para ilustrar este punto con su experiencia, piense en alguna ocasión en que haya tenido una discusión con su pareja o con un amigo. Cuando las palabras y las emociones empiezan a volar, ¿cuántas veces ha dicho o hecho algo que se había prometido no volver a repetir? En la crisis de una discusión acalorada, solemos regresar a los pensamientos, sentimientos y frases que habíamos esperado no volver a repetir.

Veamos otro ejemplo en el que su propia experiencia puede ayudarle a darse cuenta de ideas que carga desde su infancia y del modo en que han influido en su vida posterior y en la de sus hijos. Como padre, seguro que en alguna ocasión ha abierto la boca y ha empezado a decir algo a su hijo y notó de repente que la voz que salía de sus labios era la de su padre o su madre. "No puedes ir a nadar hasta que haya pasado una hora después de la comida y hayas hecho la digestión." Es muy probable que usted haya escuchado esa frase en su niñez. Pero, ¿se ha parado un momento para preguntarse —o, incluso, preguntar a un médico— si esa advertencia tiene razón de ser? Con frecuencia las ideas y el lenguaje que empleamos provienen de lo que escuchamos hace veinte, treinta o cuarenta años. Es posible que no hayamos vuelto a tener ese pensamiento conscientemente pero, cuando estamos en plena crisis, volvemos a las viejas pautas de comportamiento o a las viejas creencias. Es bastante poco probable que en esos momentos nos cuestionemos la validez o la utilidad de ese comportamiento o creencia.

Por favor, no crea que estamos diciendo que todo lo que usted escuchó decir a sus padres es incorrecto. La mayor parte de las cosas que le dijeron probablemente fueron útiles para ayudarle a vivir una vida segura y feliz. En vez de eso, estamos interesados en examinar algunas ideas que no son válidas para sus hijos. Lo que le sugerimos es que, cuando surgen ciertas situaciones, su cerebro busca automáticamente la información necesaria al respecto. La mayor parte de dicha información está almacenada allí desde la infancia, esperando a ser empleada en las circunstancias adecuadas. Desgraciadamente la mayor parte de la información que hemos almacenado sobre cómo hacer frente a las pérdidas, no suele ser la correcta.

La madre de la que hablamos al comienzo de este capítulo, cuando se enfrentó a la muerte de su marido, confió en sus recuerdos almacenados, pero encontró una idea obsoleta e incorrecta: sé fuerte por tu hijo. Su hijo, con su capacidad natural de imitar, copiaba lo que le veía hacer.

Recuerde la pregunta planteada en el título de este capítulo: ¿Cuál es el problema? ¿De quién es el problema?

La primera parte del problema es que un niño ha sufrido una pérdida. La segunda parte es que, si queremos ayudarle, necesitamos una mejor información que la que nosotros hemos aprendido.

Sabemos que usted tiene prisa para ayudar a su hijo. Abordemos primero la segunda parte del problema.

ENTRE EL PROBLEMA Y LA SOLUCIÓN: SEIS MITOS PRINCIPALES

Antes de presentar las acciones pequeñas y correctas que conducen a la superación, tenemos que descubrir con exactitud qué es lo que nos mantiene atrapados a nosotros y a nuestros hijos. Vamos a exponer seis grandes mitos, y le pedimos que los considere con atención para cuestionar si son útiles o no lo son para hacer frente a las pérdidas. Conforme vaya teniendo una visión más clara de las ideas que no funcionan, podrá sustituirlas con las que sí funcionan. Éstas se convertirán en nuevas herramientas que usted podrá usar para ayudar a sus hijos.

Recuerde, la información que emplean los niños para interpretar sus vidas la recibieron de sus padres, profesores y todas las personas que tienen una posición de influencia sobre sus jóvenes vidas.

Nosotros enseñamos lo que hemos aprendido en nuestro proceso de crecimiento. La primera parte de este libro le pedirá que tome en consideración algunas ideas que son aceptadas casi universalmente, pero cuya veracidad y utilidad posiblemente nunca ha cuestionado. Esos mitos son tan frecuentes que hay una gran probabilidad que los reconozca y vea cómo se ha relacionado con ellos.

El principio del aprendizaje mediante la observación de ejemplos se aplica a todas las áreas de la vida. Aquí vamos a fijarnos fundamentalmente en lo que se enseña a creer a los niños sobre cómo hacer frente a las pérdidas. A medida que usted vaya reconociendo las formas que su hijo va aprendiendo fijándose en usted, puede darse cuenta que usted también aprendió mucho sobre cómo hacer frente a las pérdidas en su infancia.

Antes de empezar a referirnos a pérdidas específicas, vamos a mostrarle cómo se establece ese conjunto de errores sobre el modo de hacer frente a las pérdidas. La información básica en la que se apoyan los niños sobre cómo enfrentarse a las pérdidas es comunicada a una edad muy temprana. Esa información, tanto si es correcta como equivocada, tiende a convertirse en rasgos básicos que se repiten una y otra vez como respuesta a todas las pérdidas posteriores.

2

EL MITO NÚMERO 1:
¡NO TE SIENTAS MAL!

La respuesta lógica al comentario que no nos sintamos mal debería ser: ¿Por qué no? Desgraciadamente, como sociedad no solemos plantearnos esa pregunta. En vez de eso, tratamos de reforzar la idea ilógica que los niños no deben sentirse como se sienten.

Imagine que se acaba de golpear el dedo con un martillo, y que está dando saltos y gritando por el dolor. Seguramente servirá de poco que alguien se acerque y le diga que no sufra, pues no se golpeó a propósito. Dicho comentario no reducirá el dolor ni detendrá la hemorragia ni la hinchazón. Igualmente, recordar que no se ha golpeado el dedo a propósito no le ayudará a sentirse mejor.

Ahora imagine que alguien se acaba de enterar que su madre ha muerto en un accidente de tráfico. Sus amigos y familiares le dirán cosas de este estilo: "No te sientas mal; ella ha vivido una larga vida." O, "No te sientas mal, al menos no sufrió." O "No te sientas mal; está en un sitio mejor".

Seguramente usted ha escuchado este tipo de comentarios. Es posible que incluso los haya dicho en alguna ocasión. El hecho es que tal vez nadie le haya sugerido que los mirara más detenidamente. Esto quiere decir que posiblemente haya dicho cosas semejantes a sus hijos. Usted quiere que sus hijos sean sinceros, pero de forma inconsciente *les anima a que no lo sean* con estas reacciones incorrectas a sus respuestas emocionales normales ante algunos de los acontecimientos de la vida. Resulta adecuado que tengan reacciones tristes, dolorosas o negativas ante acontecimientos tristes, dolorosos o negativos. Si dice a sus hijos que no sientan lo que sienten, les está sugiriendo sin quererlo que deberían estar en conflicto con su verdad y enfrentados con su propia naturaleza.

Veamos un ejemplo extraído de nuestro anterior libro, el *Manual Superando Pérdidas Emocionales*, sobre cómo la respuesta natural de un niño ante un acontecimiento doloroso suele ser rediseñada por los adultos y convertirse en un método incorrecto para manejar las emociones que puede durar toda la vida.

Una niña de cinco años se había peleado con otros niños en la guardería. Regresó a casa bastante alterada. Se acerca a su madre, a su padre o a su abuela, y comienza a contar llorando su infortunio. Esta expresión normal y saludable de la emoción es interrumpida de la forma que usted sabe:

—No te sientas mal. Mira, toma una galleta y te sentirás mejor.

No es necesario que sea una galleta; incluso un apetitoso bocadillo crea la ilusión que podemos apaciguar nuestros sentimientos comiendo.

Esta niña ha presentado su emoción, un sentimiento triste, con toda sinceridad a una persona en la que confía, ya sea uno de sus padres o alguien que la cuida. La emoción es despreciada de inmediato ("No te sientas mal") y luego es anestesiada con comida. Piénselo. Llene ese cuerpecito con comida y algo cambiará. Lo cierto es que la niña se sentirá *diferente, pero no mejor.*

Se siente distraída por la galleta y por la energía producida por la comida, pero las emociones dolorosas que había experimentado no fueron escuchadas ni pudo hablar sobre ellas. Después, cuando la niña quiera hablar sobre lo que sucedió en la guardería, tal vez le digan: "No llores por la leche derramada." Y una vez más se habrán desoído sus emociones.

DULCE, PERO PELIGROSO

El hecho que a las personas que nos quieren no les guste que nos sintamos mal es un sentimiento dulce, pero es peligroso. El niño va a sentir lo que siente a pesar que los demás lo aprueben o rechacen. Si quienes rodean al niño no comprenden que los sentimientos tristes, dolorosos o negativos son normales y útiles, el niño se encerrará en sí y ocultará sus sentimientos. El niño empezará a comportarse como si se sintiera bien, pues esa acción tiene su recompensa: "¿Verdad que es valiente?" o ¡Mira que fuerte es!" son comentarios que los niños escuchan cuando se callan y ocultan sus sentimientos de tristeza tras una pérdida.

SIN TRISTEZA, NO HAY ALEGRÍA

Sentirnos mal tiene un objetivo. Si creemos que los seres humanos están maravillosamente diseñados, entonces tenemos que aceptar el hecho que para tener la capacidad de experimentar alegría o felicidad, tenemos que ser también capaces de experimentar tristeza o un pesar.

Cualquier intento de evitar las emociones tristes, dolorosas o negativas, puede tener consecuencias desastrosas.

Un trágico subproducto del legado de la frase "No te sientas mal", es que puede conducir a algo mucho peor: "No sientas." Es triste, pero hemos tenido que trabajar con muchas personas para las que no sentirse mal se convirtió en no sentir nada en absoluto.

NO EXAGERAMOS

"No te sientas mal" (o "No te sientas triste") es el comienzo de una buena cantidad de frases que sugieren a los niños que lo que están sintiendo no es correcto. Aquí tiene una pequeña lista de frases bastante conocidas.

Relacionadas con la pérdida de un animal

No te sientas mal... el sábado te compramos otro perro.

No te sientas mal... sólo era un perro [o un gato, etc.].

Relacionadas con la muerte

No te sientas mal... ella está en un sitio mejor.

No te sientas mal... ya ha dejado de sufrir.

No te sientas mal... era la voluntad de Dios.

No te sientas mal... hiciste todo lo que pudiste.

No te sientas mal... el abuelo está en el cielo.

Relacionadas con una ruptura amorosa

No te sientas mal... sobran hombres en el mundo.

No te sientas mal... no era adecuada para ti.

No te sientas mal... era un amor de niños.

Relacionadas con niños cuyos padres se divorcian

No te sientas mal... no es culpa tuya.

No te sientas mal... Mamá y Papá tendrán más tiempo para ti.

No te sientas mal... Mamá y Papá te siguen queriendo.

No te sientas mal... tendrás dos fiestas de cumpleaños y dobles vacaciones.

Relacionadas con malos resultados en los exámenes

No te sientas mal... lo harás mejor la próxima vez.

No te sientas mal... hiciste lo que pudiste.

Cada uno de los ejemplos anteriores comienza con la frase "No te sientas mal". No es una exageración. Es una representación realista de lo que ocurre en la vida. Un estudio reciente mostró que cuando un niño cumple 15 años, ha recibido más de 23,000 refuerzos que le indican que no es aceptable mostrar los sentimientos de tristeza ni comunicarlos.

Simplemente como broma, invirtamos esta idea. Considere la frase "No te sientas bien", que es posible que no haya escuchado nunca. Las palabras parecen una tontería, ¿verdad?

Imagine ahora que llega a casa trayendo unas calificaciones extraordinarias y que sus padres le dicen:

—No te sientas bien... lo harás peor la próxima vez.

Imagine ahora que está contando a un amigo que todo le va muy bien en la vida y que él le responde:

—No te sientas bien... las cosas van a empeorar.

Imagine que cuenta a alguien que está enamorado y que esa persona le responde:

—No te sientas bien... recuerda que el índice de divorcios es del 50 por ciento.

□

Aunque es verdad que hay algunas personas muy negativas que están dispuestas a responder velozmente para recordarnos los baches que tiene la vida, la verdad es que la mayor parte de las personas se muestran encantadas por nuestras emociones positivas, felices y alegres. Las emociones positivas son apoyadas por las personas que nos rodean. Raramente tenemos que justificar, explicar o defender nuestra felicidad.

Por otra parte, las emociones tristes, dolorosas o negativas son recibidas con frecuencia con ese "No te sientas mal" o "No deberías sentirte así". Recuerde a la niña que dice la verdad sobre cómo se siente y la primera recomendación que recibe es que no se sienta mal. Nuestra pregunta es: "¿Por qué no?" ¿Por qué no deberíamos sentirnos mal cuando nos pasa algo malo? ¿Por qué no deberíamos sentirnos tristes cuando nos ha pasado algo triste?

¿Por qué está bien sentirnos bien cuando nos pasa algo bueno, y no está bien sentirnos tristes cuando nos pasa algo triste?

Es normal y natural que nos sintamos felices como respuesta a acontecimientos positivos. Es igualmente normal y natural que nos sintamos tristes como respuesta a los acontecimientos negativos. Lo que no es normal ni natural es rechazar ninguna emoción humana como si no fuera válida. La mayor causa de confusión emocional en nuestra sociedad proviene de la idea obviamente falsa de que no deberíamos permitirnos experimentar sentimientos tristes, dolorosos o negativos.

Cuando nuestros hijos son bebés, comunican todos sus sentimientos, felices y tristes, con toda la fuerza de sus pulmones. En un cierto momento, empezamos a entrenar a los niños para que lleguen a creer que tener sentimientos tristes y comunicarlos, no está bien. Para la mente en pleno desarrollo del niño, la elección es simple:

Los sentimientos buenos están bien y son aceptados, mientras que los sentimientos tristes son malos y son rechazados.

Desde una edad muy temprana, los niños aprenden las reglas implícitas. Tienen muy claro qué comportamientos son recompensados y cuales son desalentados. Ésta es la razón por la que usted necesita hacer una evaluación objetiva de la propia capacidad para aceptar y procesar sus sentimientos de dolor o tristeza.

Igual que usted observaba a sus padres cuando era joven, ¡sus hijos lo están observando ahora!

Anteriormente comentamos lo ridículo que sería si alguien respondiera a un acontecimiento positivo con la frase

"No te sientas bien". Pues aún más absurdo —por no decir destructivo— resulta decir, amorosamente, a un hijo que no se sienta mal como respuesta a una experiencia dolorosa. Como ya dijimos, hacer esto provoca que el niño entre en conflicto con su verdadera naturaleza, en conflicto con la verdad y, finalmente, en conflicto con la persona que está intentando consolarle.

Esta regla puede aplicarse tanto a los niños como a los adultos. Si es verdad que los sentimientos tienen un propósito, entonces conviene que honremos esta *verdad*. Los niños, que observan a los adultos (especialmente a sus padres) tratando de buscar una orientación emocional, son víctimas finales del error que supone creer que ignorar los sentimientos negativos o dejarlos de lado pueda tener resultados positivos.

Uno de los desdichados resultados a largo plazo de las ideas distorsionadas sobre cómo hacer frente a los sentimientos de tristeza es puesto en evidencia por el gran número de personas que acuden a nuestros seminarios con la trágica queja de que son incapaces de llorar. Sin excepción, sus historias contienen un mensaje impactante y repetitivo: "No te sientas mal."

Es natural que los padres quieran reconfortar a sus hijos. Cuando un niño es demasiado pequeño para decir con palabras lo que le incomoda, nos apoyamos en soluciones generales esperando que de este modo el bebé se sienta mejor. Abrazamos a los bebés, los recostamos en el hombro, y los arrullamos suavemente. No hay nada malo en esto. Poco a poco aprendemos a reconocer y diferenciar las necesidades de nuestros hijos. Entonces podemos decir si el bebé tiene hambre, si está cansado o si requiere que le cambiemos los pañales. Aplicamos las soluciones específicas a los problemas que se presentan.

Pero al margen de nuestra creciente familiaridad con el niño y con sus necesidades, es cierto que hay veces en que no conseguimos identificar el problema específico y por tanto no podemos solucionarlo. Pero, como siempre, no queremos que nuestros hijos se sientan mal. Como padres nos resulta muy difícil aceptar que hay ocasiones en que nuestros hijos no se sienten bien sin que haya una razón específica, identificable y susceptible de ser corregida. Nos resulta muy difícil dejar que se sientan mal simplemente porque es su realidad inmediata.

Hágase las siguientes preguntas: ¿No hay ocasiones en que usted también se siente un poco decaído, tristón, apagado? ¿Conoce las razones exactas de su estado de ánimo? Mientras lo piensa, imagine que acaba de decir a un amigo que se siente un poco triste sin saber muy bien porqué. Entonces imagine que ese amigo, con la mejor intención, le dice: "No te sientas mal. Deberías sentirte agradecido… tienes dos piernas y dos brazos y hace un día espléndido." Su amigo no habría comprendido que era como comparar manzanas con naranjas: los brazos y pies sanos no le sirven para sobrellevar la tristeza.

Creemos que hay una idea terriblemente errónea que ha ido evolucionando a lo largo de los años. La idea que nos ha hecho creer que *sentirnos mal está mal*. Es mejor comprender que la esencia de nuestra humanidad es que nuestros sentimientos están cambiando constantemente, de este momento al siguiente. La mejor ilustración de la inconstancia de las emociones humanas se puede ver en los bebés que oscilan entre los estados de alegría y tristeza sin que aparentemente haya ningún estímulo externo. Nunca se lo cuestionan hasta que empezamos a enseñarles y a repetirles: "No te sientas mal."

¿QUIÉN ES EL RESPONSABLE DE LOS SENTIMIENTOS?

Muchas de las personas que leen este libro seguramente estarán conscientes de la mentalidad de víctima que parece ser casi epidémica en nuestra sociedad. Si la palabra *víctima* le parece un poco dura, cámbiela por *desamparado*. En ambos casos, estos términos aluden a la idea que nadie es responsable de lo que dice, siente o hace.

En nuestros seminarios hemos observado lo frecuente que es durante la infancia escuchar frases como: "No hagas esto; vas a hacer que tu padre se enoje", o "Tu mamá se siente tan orgullosa de ti". Si observa cuidadosamente estas frases, se dará cuenta que sugieren que alguien es capaz de hacer que otra persona se sienta de un modo diferente. Un pilar fundamental para sentirnos "víctimas" es la idea que *otras personas* son los arquitectos de *nuestros* sentimientos. Los niños son muy, muy listos. Se dan cuenta rápidamente que tienen el poder de hacer que su papá o su mamá se sientan de algún modo, luego papá o mamá pueden hacerles sentir a ellos de algún modo diferente.

Muchos padres o profesores dicen equivocadamente que las palabras o las acciones de otras personas son la causa primera de los sentimientos de los niños. Esto implica que los otros pueden hacer al niño sentir de una u otra forma.

Esta es una historia real que sucedió al hijo de una amiga nuestra:

Un lunes, en la clase de niños de cuatro años, faltaba uno de los dos profesores. Los niños preguntaron dónde estaba el profesor. La respuesta que recibieron: "Fueron tan malos el viernes que el señor X se ha tenido que quedar en casa para descansar de ustedes."

¡Qué pesada carga les impusieron a esos niños! ¡Qué absurda ilusión hacer creer a los niños que podían lograr que alguien enfermara!

Pero todavía no acaba la historia. La madre que nos contó esta anécdota estaba en la clase de al lado y escuchó al profesor decir esas palabras. Al día siguiente su hijo le dijo por primera vez que no quería ir al colegio. Tras una pequeña charla, la madre se dio cuenta que se había sentido muy afectado por lo que había dicho el profesor y creía que era responsable que el otro profesor estuviera enfermo.

Este incidente muestra el peligro que tiene transmitir a los niños la idea que son responsables de los sentimientos de los demás, lo que les lleva a creer automáticamente que los demás pueden ser responsables de sus sentimientos.

Los profesores y maestros, así como los padres, tienen una poderosa influencia en las mentes y los corazones de los niños. Usted o yo podemos rechazar ideas con las que no estamos de acuerdo, pero los niños oyen las palabras de sus profesores o de sus padres como si fueran el mismísimo evangelio.

También hay otro conflicto importante en lo que se refiere a lo inadecuado del momento en esa asignación incorrecta de responsabilidad acerca de los sentimientos. Los niños pequeños viven de forma natural en el presente. Les cuesta trabajo llegar a comprender la idea del pasado y del futuro. Si el lunes el profesor les pide que recuerden su comportamiento del pasado viernes, les está empujando hacia el desastre.

El viernes ambos profesores perdieron la oportunidad de ayudar a los niños a enfrentarse a su falta de atención. El lunes, uno de los profesores reprochó a los niños por los errores de ambos profesores.

Sería maravilloso si pudiéramos decir que fue un incidente raro y aislado. Pero no creemos que lo sea.

Quisiéramos que usted aprendiera a comunicarse con precisión sobre las emociones, de forma que sus hijos puedan aprender de usted. En resumen, comentarios como "Me estás haciendo enojar", necesitan ser reestructurados. Esta frase hace que la otra persona sea responsable de cómo se siente usted. Es mucho más exacto decir "Estoy enojado". En este ejemplo, usted está asumiendo la responsabilidad de sus reacciones a las palabras o acciones de la otra persona.

Ésta puede ser una de las lecciones vitales más importantes que usted enseñe a sus hijos. Conviene que usted llegue a darse cuenta del uso que hace de la idea que los demás hacen que usted se sienta de una forma u otra. Al ir cambiando el lenguaje, sus niños también cambiarán. Y con esto, todo el mundo saldrá beneficiado.

3

EL MITO NÚMERO 2:
REEMPLAZA LA PÉRDIDA,
PRIMERA PARTE

Cuando John nació, su familia tenía una perra. Era un bulldog que se llamaba Peggy. Ya no era joven; tenía unos seis años. Peggy adoptó a John en cuanto llegó del hospital. Peggy insistió en dormir en la habitación de John y raramente le perdía de vista. A medida que John fue creciendo, la perra le toleró cortésmente todas las molestias que los niños que gatean le dan a perros o gatos. Cuando John creció, se hicieron los mejores amigos. Iban juntos a todas partes. Eran un equipo. Peggy incluso enseñó a John a ir a recoger los objetos que le lanzaba. Si John tiraba un palo, Peggy, que ya estaba vieja, no iba a por él y John tenía que ir a traerlo.

Cuando John tenía seis años Peggy solía dormir en un cesto en la cocina. Una mañana John entró en la cocina y silbó a Peggy. La perra no se movió. John volvió a silbar. Peggy siguió sin responder. John se abalanzó sobre el cesto de Peggy sintiendo que algo malo estaba pasando. Enseguida se dio cuenta que Peggy no se movía. La tocó. Estaba fría. John llamó con un grito desgarrador a la mayor autoridad que había sobre la tierra: "¡Mamá!"

La madre de John entró corriendo a la cocina. John estaba acurrucado sobre el cesto de Peggy llorando desconsoladamente. La madre de John le quería mucho, pero no sabía cómo reaccionar ante la emergencia emocional producida por la muerte de la perra de John. Le dijo:

—Las hojas se ponen cafés y caen al suelo, y el verano se convierte en otoño. —John la miraba atónito. No podía asociar lo que le había pasado a Peggy con esta lección de biología. Viendo que su hijo estaba muy confuso, le dijo—: Espera a que tu padre vuelva a casa. Él sabrá ayudarte.

Al final del día, el padre de John llegó a casa y se enteró de lo que había pasado. En ése momento crítico por la muerte de la mejor amiga y compañera de su hijo, le dijo:

—No te sientas mal, [pausa] el sábado te compraremos otro perro.

Ya hemos hablado extensamente de la frase "No te sientas mal". Aquí volvemos a encontrarla, dicha bienintencionadamente; pero se trata de un padre amoroso que está diciendo a su hijo que *no* sienta lo que siente. Y le promete que si hace un buen trabajo no sintiendo lo que siente, el sábado próximo le comprarán un perro nuevo. A esto lo llamamos "reemplazar la pérdida".

Nadie mencionó los sentimientos que John estaba teniendo por la muerte de su mejor amiga. Pero el padre de John, un modelo muy importante en la vida de John, le dijo que "no se sintiera mal". John intentó no sentirse mal con todas sus fuerzas. Pero *se sintió* mal, de modo que trató de ocultar lo que estaba sintiendo para hacer lo que sugería su padre.

Y, fieles a su palabra, los padres de John le llevaron el sábado siguiente a comprar un nuevo perro. El problema, como lo ve John al mirar atrás, era que él estaba devastado por la muerte de Peggy. No recibió ayuda de sus padres para enfrentarse eficazmente a las emociones asociadas a esa pérdida. Sin saber porqué, John se sintió incapaz de establecer un vínculo con el nuevo perro. Se lo regaló a su hermano menor.

Pero John había recibido ya dos grandes conocimientos equivocados sobre cómo hacer frente a las pérdidas: no te sientas mal y reemplaza la pérdida. Resulta trágico darnos cuenta que es una experiencia muy habitual para los niños. La muerte de un animal y las ideas sobre cómo hacer frente a esa pérdida crean un modelo que se convierte en un desafortunado hábito para enfrentarse a problemas futuros.

Imagine el impacto a largo plazo de estas dos ideas que son enseñadas al niño en un momento crucial y muy cargado emocionalmente de su vida. La idea que podemos mitigar el dolor inevitable de la pérdida tratando de sustituir el objeto perdido —en este caso la perra— genera un conflicto tremendo en el niño. En primer lugar, niega la importancia de la relación entre el niño y ese animal concreto. En segundo lugar, introduce la idea que las relaciones significativas son algo de usar y tirar. En tercer lugar, crea la ilusión que el niño y el nuevo perro llegarán a tener la misma relación que tuvieron el niño y su primer perro.

TODAS LAS RELACIONES SON ÚNICAS

Las relaciones con personas, con animales, e incluso con objetos queridos, son únicas. No hay dos personas que puedan tener una relación idéntica con algo o con alguien. Sí, puede haber parecidos o similitudes, pero las relaciones nunca son idénticas... nosotros aportamos nuestra individualidad a cada relación. Aquellos lectores que tengan más de un hijo sabrán con exactitud a qué nos referimos. Cada uno de los hijos es diferente y único a la vez. Incluso los padres que tienen gemelos, saben que por muy parecidos que sean, tienen personalidades diferentes.

También los animales tienen personalidades diferentes. Si en alguna ocasión ha visto una camada de perritos o gatitos, sabe que en muy poco tiempo es posible decir quién es osado, quién es tímido, quiénes necesitan más atención, o a quién le gusta ir a su paso. Si combinamos lo único de un niño con lo único de un animal, podemos darnos cuenta que la individualidad de una relación es irremplazable. Nunca puede ser lo mismo con otro animal, porque éste será diferente. Por eso, la idea de sustituir la pérdida es muy peligrosa, pues supone poder sustituir la relación, lo que es manifiestamente imposible.

Lo que es posible es tener una nueva relación con otro animal, que también será única. Pero antes que intentemos comenzar una nueva relación, tenemos que completar la relación emocional con el animal que ha muerto. Lo mismo habría que hacer en el caso que el animal se hubiera escapado. No concluir las relaciones pasadas puede hacer que sea imposible o muy difícil participar plenamente en nuevas relaciones. Los niños suelen tratar de recrear las relaciones viejas con el nuevo animal, especialmente cuando no se les ha enseñado a resolver la relación anterior. Esto no es bueno para el nuevo animal, que es él mismo y al que se le presiona para que sea como la anterior mascota. Recuerde que los animales, como las personas, tienen personalidades diferentes, y tratar que el nuevo perro sea igual que el anterior supone un conflicto con su naturaleza individual única.

Lo triste es que diariamente escuchamos historias en las que reemplazar la pérdida supone una tensión adicional en las relaciones. Es frecuente que unos días después de la muerte de un animal los amigos bienintencionados lleguen a casa con un cachorro nuevo. Se hace éste regalo sin el conocimiento, el permiso o el consentimiento de la persona que está sufriendo. Esta escena suele terminar mal: quien recibe el regalo se siente molesto y el que lo hace queda desconcertado. Todo porque nuestra sociedad trata de convencernos que estaremos mejor si no nos sentimos mal y reemplazamos la pérdida.

Antes que contemplemos otro aspecto peligroso de la idea de reemplazar la pérdida, hagamos una observación adicional sobre la combinación de los dos mitos. La recomendación de "No te sientas mal" y de reemplazar la pérdida suelen ir juntas. Como enseñamos a nuestros hijos a creer que los sentimientos tristes, dolorosos o negativos no están bien, les estamos enseñando automáticamente a buscar un sentimiento diferente, una relación diferente o un objeto diferente para sustituir ese sentimiento triste. Hemos visto ponerse frenéticos a muchos padres tratando de "reparar" a sus hijos tras la muerte de un animal querido. Esos padres no se dan cuenta que sus hijos no necesitan ser reparados. Fundamentalmente necesitan ser escuchados. Sus sentimientos de pérdida son normales y naturales; no hay nada que componer, sino tan sólo que reconocer y escuchar.

Los niños tienen que sentirse mal cuando sus corazones se rompen. No trate de arreglarlos con una sustitución.

LA BICICLETA ROBADA

Es frecuente que una de las primeras pérdidas de la vida de un niño sea la pérdida de una posesión. Cuando John tenía unos 8 años, alguien le robó su bicicleta nueva. Experimentó todos los sentimientos normales de un niño cuando le roban algo. En casa le dijeron: "No te sientas mal... [pausa] el sábado te compraremos una bicicleta nueva." Este comentario fue acompañado con el discurso sobre la necesidad que fuera más responsable de sus cosas. (¿Cuántos de ustedes recuerdan ese discurso?)

En cualquier caso, las ideas de John sobre cómo hacer frente a las pérdidas se vieron reforzadas. De nuevo se trataba de no sentirse mal y de reemplazar la pérdida. John era un niño pequeño; no se le ocurrió de ninguna manera cuestionar la sabiduría de sus padres. Incluso aunque no consiguió sentirse bien con el perro ni después con la bicicleta, aceptó el consejo de sus padres como una verdad. Después de todo, ¿en qué otro sitio podría aprender a manejar sus sentimientos?

JUGUETES Y MUÑECAS...
PERDIDOS PERO NO OLVIDADOS

Muchos de ustedes habrán tenido la embarazosa experiencia de haber tirado a la basura un juguete viejo de su hijo, y ver luego que tenía una tremenda reacción emocional. Tal vez no haya sido posible recuperar ese preciado objeto. En esa escalada emocional, una forma segura de empeorar la situación es decir al niño que no debería sentirse como se siente. ¿Recuerda la historia de la niña a la que le decían que no sintiera mal tras haber sido maltratada por otros niños? No sirve de nada decir a un niño que no se sienta como se siente. Eso implica que hay algo malo en el hecho de tener una emoción determinada.

En vez de hacer que su hija se aparte de su realidad emocional, sería mucho más útil que usted compartiera con ella sus observaciones sobre lo que ha sucedido: "Veo que te sientes muy mal por haber perdido tu muñeca, ¿verdad? Siento mucho haberla tirado."

Tal vez usted tiró la muñeca porque había estado guardada mucho tiempo en un armario o en el garaje sin que su hija quisiera jugar con ella. Pero el hecho que no estuviera a la vista o que no la utilizara no tiene la menor importancia. Muchos padres cometen el error de insistir en una idea intelectual ("No jugabas con esa muñeca desde hacía meses") en vez de reconocer la verdad emocional de la niña ("Esa muñeca te gustaba mucho").

En una historia, hablar de correcto o de equivocado es una idea intelectual. Pero los sentimientos asociados con la historia son algo emocional.

Hay que escuchar las emociones y reconocerlas antes de abordar los hechos de la historia.

Si un niño reproduce el mismo conflicto una y otra vez, suele ser porque no se han reconocido sus sentimientos.

Conozca a Leslie y aprenda algo más sobre las posesiones estimadas

Usted conoció a Russell en la historia de la presentación cuando ayudó a la mujer que había enviudado. Después conoció a John cuando hablamos sobre su perra Peggy y sobre las otras pérdidas que experimentó en su infancia. Ahora ha llegado el momento de conocer a Leslie. Le contará una historia sobre su hija Rachel y una de sus posesiones más queridas.

Rachel, como muchos otros niños, se sentía muy ligada a su biberón. Cuando tenía entre uno y dos años, su "bibe" era mucho más que una fuente de comida; representaba comodidad y seguridad. Naturalmente tenía varios biberones. Los biberones iban siempre a donde Rachel iba. Cuando cumplió los dos años, llegó el momento de empezar a prepararla para que se despidiera de los biberones. Como me daba cuenta del aspecto de pérdida de algo familiar que tendría ese cambio, no estaba dispuesta a esconder sus biberones y dejarla con un conflicto emocional. Además, su hermano pequeño, Justin, aún usaba el biberón, lo que sería un recordatorio permanente si le quitaba el suyo sin prepararla.

Tras presentarle la idea que había llegado el momento de dejar de usar biberones, pusimos en marcha un plan. Hablamos sobre cuánto tiempo necesitaría para despedirse. Hicimos un calendario. Con esa edad, le encantaban las calcomanías, así que las empleamos para que llevara cuenta de los días que quedaban. Entonces cogí una bolsa de papel café y Rachel la coloreó con sus crayolas y la decoró con más calcomanías. La llamamos la Bolsa del Adiós a los Bibes. Hablamos sobre sus biberones y sobre cómo nos despediríamos de ellos.

Durante ese tiempo yo ya había empezado a eliminar el biberón de la tarde. Luego eliminé el biberón de la mañana, y sólo le quedaba el biberón nocturno, que era el que mayor significado tenía para ella.

Rachel insistía mucho sobre cómo le gustaba que se limpiaran sus biberones y cómo quería que se les pusiera el chupón.

También le gustaba asegurarse que eran sus biberones, y no los del hermano. Leímos historias acerca de lo que pueden hacer los hermanos y hermanas mayores que los pequeños no pueden, lo que le ayudó a sentirse grande e importante.

Elegí un día en que sabía que pasaría el camión de la basura. Rachel puso orgullosamente los biberones en su bolsa de papel y la colocamos en el contenedor de la basura. Ella miraba desde la ventana cómo el camión se llevaba la basura. Juntas dijimos adiós a los biberones mientras el camión se alejaba.

Yo tenía un poco de miedo, pero Rachel estaba dispuesta a salir a jugar al jardín. Más tarde, esa noche, pidió el biberón y yo le recordé que ya no había biberones. Empezó a llorar. Le pregunté si su corazón se sentía un poco triste y echaba de menos los biberones. Asintió y se acurrucó en mis brazos abrazada a su almohada con la que dormía todas las noches. Durante una semana aproximadamente, pidió todas las noches su biberón, y yo le recordé que ya no había biberones. Tras unas cuantas veces, empezó a recordar el adiós. Y entonces estuvo lista.

Este acontecimiento fue muy importante en la vida de Rachel, y tuvo asimismo beneficios para su hermano, así como para su mamá y su papá. Los vínculos emocionales que hacen los niños son esenciales para tener una vida feliz. La terminación efectiva de los vínculos es igualmente importante. Esto resultó especialmente importante en nuestra familia unos años después cuando tuvimos que enviar al perro de Rachel y de Justin a vivir con otra familia. Las lecciones de afirmación emocional al decir adiós a los biberones volvieron a ser utilizadas en la dura tarea de despedirse del perro.

REEMPLAZA LA PÉRDIDA (SEGUNDA PARTE) (CON UN ÍNDICE DE DIVORCIOS CERCANO AL 50 POR CIENTO... CASI NADA)

Con la idea de reemplazar la pérdida como telón de fondo, miremos algo que sucede un poco después en la vida, generalmente durante los años de la adolescencia. Cuando nuestros hijos llegan a la adolescencia, la naturaleza les anima a empezar a experimentar rituales de cortejo que llevan a conseguir pareja, al matrimonio y a la reproducción. (Naturalmente todos esperamos que nuestros hijos consigan sus objetivos vitales en el momento adecuado... *y no demasiado temprano.*) Pero como saben los padres de adolescentes, no es fácil bajar la velocidad de las potentes fuerzas de la naturaleza. A medida que los chicos empiezan a tener relaciones románticas y tienen que hacer frente a esos sentimientos, vuelven a recurrir a las informaciones correctas o equivocadas con las que están equipados. Sin embargo, como son jóvenes y no tienen mucha práctica en el manejo de ideas incorrectas, tratarán de hacer lo que es emocionalmente correcto: tratarán de decir la verdad.

Un adolescente tiene su primera relación romántica. Los pájaros cantan, el sol luce y la música suena por doquier. Y un día la relación se termina y entonces se rompen los corazones. Miguel llega a casa destrozado. Su lenguaje corporal indica que no todo está bien en su mundo. Su padre o su madre le preguntan qué pasa. Dice la verdad: "María y yo terminamos." Una frase sencilla y dolorosa. Una invitación perfecta para que papá o mamá escuchen y reconozcan sus sentimientos.

Pero con demasiada frecuencia dirán a Miguel: "No te sientas mal... hay muchos peces en el mar." En otras palabras: "No te sientas mal... reemplaza la pérdida." No te sientas como te sientes... búscate otra amiga.

Está muy clara la conexión entre las dos ideas de "No te sientas mal... te compraremos otro perro el sábado" y "No te sientas mal... hay muchos peces en el mar". La cuestión es si alguno de estos dos comentarios ayudará en realidad al niño a resolver los sentimientos dolorosos asociados con el fin de la relación. O si ese comentario animará equivocadamente al chico a sepultar sus sentimientos sobre esa primera relación para que inicie una nueva.

Lo que queda pendiente de cada relación pasada se entierra, lo acumulamos y lo llevamos con nosotros a las siguientes relaciones. Para cuando nos casamos, podemos tener un gran repertorio de pérdidas sin resolver sobre viejas relaciones. Ese repertorio puede convertirse en un campo minado listo para explotar en cuanto la pareja pisa descuidadamente un dolor sepultado. El índice de divorcios en el primer año de matrimonio llega a casi el cincuenta y cinco por ciento, y el divorcio a largo plazo se ha disparado hasta cerca del cincuenta por ciento.

Si miramos críticamente esos dos mitos, "no te sientas mal" y "reemplaza la pérdida", podemos ver el daño abrumador que causan en nuestra sociedad.

Piense en esto:

Tal vez sea mejor que nos sintamos mal cuando sentirnos mal es la reacción normal ante un acontecimiento doloroso.

4

EL MITO NÚMERO 3:
SUFRE A SOLAS

John gozó de una relación muy estrecha con su abuelo quien vivía cerca de su casa. Su abuelo le enseñó a cazar, a pescar y a jugar fútbol. Como el padre de John viajaba mucho, su abuelo fue muy importante para él. Un día, cuando John estaba en clase, un estudiante entró en el aula y entregó una nota a la profesora. Ella la leyó y luego se dirigió al pupitre de John y le dijo que su abuelo había muerto. Dice John que en ese momento su mente empezó a decir "No te sientas mal... el sábado..." y empezó a llorar desconsoladamente comprendiendo que el sábado nadie le iba a comprar un abuelo nuevo.

La profesora adoraba a John, pero no estaba bien preparada para hacer frente a la pérdida en medio de la clase, por lo que le dijo:

—John, tal vez deberías ir a la oficina para estar solo.

Y él salió y se sentó en la oficina durante un tiempo que le pareció eterno. Tenga presente que una de las personas más importantes de su vida había muerto y le dijeron que saliera de la clase como si estuviera castigado.

Finalmente llegó un amigo de la familia a recogerlo y llevarlo a casa. Entró corriendo y en la sala estaba su madre sentada y llorando en un rincón. Su padre acababa de morir. John se dirigió a su madre para consolarla y para ser consolado. Pero no llegó hasta ella. Uno de sus tíos se interpuso y le dijo:

—John, no molestes a tu madre. Pronto estará bien.

La idea que había que sufrir a solas se introdujo en el cerebro de John con las acciones y las reacciones de los adultos en su entorno. John también se encerró en su habitación.

Una de las definiciones que da el diccionario de la palabra *mito* es una idea falsa o carente de fundamento. Con 14 años y tras la muerte de su perra, el robo de su bicicleta y ahora la muerte de su abuelo, John había adquirido tres mitos muy poderosos o creencias falsas para hacer frente a las pérdidas:

- ❖ No te sientas mal.
- ❖ Reemplaza la pérdida.
- ❖ Sufre a solas.

Si usted se siente identificado con cualquiera de los tres mitos que hemos comentado, es muy posible que también se los haya transmitido a sus hijos.

TRASPASO MULTIGENERACIONAL

Traspaso multigeneracional es un término elegante para una idea muy sencilla. Quiere decir que enseñamos lo que aprendemos. Recuerde quién inculcó esos mitos en la mente de John. La información venía de padres, maestros y posiblemente incluso miembros de la iglesia, y todos ellos tenían una influencia poderosa. Y recuerde que nadie se detenía a considerar estas ideas para ver si eran válidas, verdaderas o útiles.

Antes de seguir, queremos que comprenda el impacto que pueden tener las acciones verbales y no verbales de los padres, guardianes, custodios o cualquier adulto responsable sobre un niño. Hay noticias buenas y malas respecto al modo en que los padres influyen en sus niños. Como antes dijimos, las señales y la información que traspasamos a nuestros hijos son percibidas como esencialmente ciertas, pues al ser nuestros hijos tan pequeños no disponen de otra información para comparar.

Cuando éramos niños, absorbimos una gran cantidad de información durante una época que podemos calificar de preconsciente. Al avanzar la vida, es raro que lleguemos a saber exactamente por qué creemos ciertas cosas y cómo hemos llegado a creerlas. Se acepta generalmente que la memoria consciente comienza entre los dos y los cinco años de edad.

Un bebé de tres meses no comprende ni puede preguntar por qué su madre actúa como si no hubiera pasado nada, o por qué se "hace la fuerte" como reacción ante una pérdida. Pero el bebé de tres meses se verá afectado, sin duda, por los sentimientos y las acciones de su madre. Los expertos en la memoria dicen que un bebé de tres meses no tendrá recuerdos conscientes de esa época ni de ningún acontecimiento específico. Sin embargo, al menos han sucedido dos cosas importantes. La primera es que el bebé ha tenido una cierta respuesta a los sentimientos de su madre. La segunda es que el bebé almacenará un recuerdo sobre los sentimientos aunque nunca tenga acceso directo a los mismos, aunque no sepa lo que significan ni qué los ha causado.

Los niños, desde la infancia en adelante, son influidos de forma importante por las acciones y los sentimientos de quienes juegan papeles decisivos en sus vidas. A medida que vamos creciendo, solemos cuestionarnos muchas de las creencias y de los valores que nos transmitieron nuestros padres, nuestras escuelas, nuestras religiones y nuestras sociedades. Durante ese cuestionamiento, empezamos a poner un sello de individualidad sobre nuestro sistema de creencias, y esto es algo muy bueno.

Pero la mayor parte de personas nunca se cuestionan las ideas y creencias básicas que adquirieron sobre cómo hacer frente a las pérdidas. Con frecuencia nos dirigimos a un millar de personas y les pedimos que completen la frase: "Ríe y el mundo reirá contigo, llora y llorarás..." Novecientas noventa y cinco personas de esas mil suelen completar la frase diciendo "*solo*", lo que demuestra nuestra hipótesis que casi nadie cuestiona este tipo de ideas.

En el relato de la muerte del abuelo de John, todo lo sucedido tras ese acontecimiento sugería e incluso ordenaba a John que sufriera solo. Aplicamos esta idea equivocada a nosotros mismos, la enseñamos a los demás y, tristemente, la enseñamos también a nuestros hijos.

La pérdida es inevitable. Lo que no tiene que ser inevitable es perpetuar el problema de pasar información incorrecta de una generación a la siguiente, sin plantearnos nada al respecto. La buena noticia es que uno de los principales objetivos de este libro es plantearnos esas preguntas para tener una mejor información con la que ayudar a nuestros hijos a hacer frente a las pérdidas.

SUFRE A SOLAS... VEÁMOSLO DE CERCA

Como este libro trata sobre el bienestar de nuestros hijos, empecemos con los bebés para ver si la idea de sufrir a solas les parece cierta. Cuando los bebés tienen cualquier tipo de incomodidad, ¿qué es lo que hacen? Lloran para pedir ayuda. No "ponen cara de ser fuertes". Comunican con toda la fuerza de sus pulmones que necesitan algún tipo de ayuda. Los padres amorosos responden a su petición y procuran dársela. En la esencia de la respuesta paterna está la idea que el niño *no está solo*.

Imagine que cuando ese niño cumpla cinco o seis años le digan: "Si vas a llorar, vete a tu cuarto." En otras palabras: Sufre solo. U otros comentarios más fuertes como: "Deja de llorar o te voy a dar motivo para hacerlo."

Es fácil entender lo que esto puede afectar a la confianza del niño, lo que significa escuchar, cuando está teniendo una respuesta emocional normal y natural a un acontecimiento de la vida, que no está bien ese sentimiento. "No te sientas mal, pero si *insistes* en sentirte mal, nosotros no queremos verlo, así que vete a tu cuarto y sufre a solas."

No estamos sugiriendo que un niño mayor tenga que volver a los modos que empleaba cuando era un bebé para recibir el consuelo que necesita. Lo que estamos diciendo es que los niños tienen que sentir que no hay problemas para expresar toda la gama de sus emociones.

Naturalmente, conforme crecen los niños, debe haber un cambio en el modo en que se comunican. Los padres son responsables de comprender y guiar ese cambio. Si usted, como padre o responsable del niño, nunca se ha cuestionado el valor que tienen las ideas de "no te sientas mal" o "sufre a solas", entonces tendrá dificultades para guiar eficazmente a sus hijos.

El hecho que usted esté leyendo este libro es una clara indicación que quiere ayudar. No puede ayudar a sus hijos a no ser que examine sus propias creencias. Si la lectura de algunas de estas ideas le hace darse cuenta que nunca ha mirado críticamente sus creencias y que se ha limitado a pasarlas a sus hijos, no sea demasiado duro. No es tarde. Conforme usted vaya cambiando, sus hijos cosecharán los beneficios.

Piense ahora en la posibilidad de comunicar lo que está aprendiendo aquí. Es una oportunidad excelente para que los cónyuges hablen sobre ideas que tal vez nunca hayan discutido antes. Si su pareja falleció, tal vez sea una de las razones por las que usted está leyendo este libro. Anímese a hablar con familiares o amigos. Si perpetúa el mito de sufrir a solas, usted y sus hijos sufrirán más.

Recuerde la historia con la que comenzó este libro, la del niño de nueve años cuyo padre había muerto: se levantaba de la mesa y se encerraba en su habitación... tal como había visto hacer a su madre. Si se tratara de hechos aislados que no tuvieran consecuencias a largo plazo, no emplearíamos tanto tiempo tratando de desenmascarar estos peligrosos

mitos. Pero no son hechos aislados y tienen muchas consecuencias a largo plazo.

¿Considera que esa idea de "sufrir a solas" pueda tener
alguna efecto en el índice de divorcios? Si así lo cree, estamos
de acuerdo. ¡Cuántos no hemos sabido manejar las emociones de una situación y nos hemos encerrado en nuestro cuarto, o en el garaje, o hemos salido a dar un paseo en coche, o
hemos limpiado la cocina o hemos cortado el césped! Estas
acciones pueden ser el resultado directo de la lección aprendida y repetida toda la vida que hay que sufrir a solas. ¿For-
talecen estas acciones el matrimonio o llevan a alejamiento y
finalmente al divorcio?

Y, ¿de qué modo éstas dinámicas entre los cónyuges afectan a los hijos? Tanto si los niños las observan directamente,
como el muchacho que veía a su madre levantarse de la mesa y
encerrarse en su dormitorio, o indirectamente como resultado
de la tormenta emocional experimentada por sus padres, los
niños son afectados. No se engañe creyendo que puede ocultar esas cosas a sus hijos. Incluso si ellos no pueden identificar
lo que pasa, saben que hay algo que no marcha bien.

¿POR QUÉ LAS PERSONAS SUFREN A SOLAS?

Las personas sufren solas porque tienen miedo de ser juz-
gadas o criticadas por los sentimientos que experimentan.
Recuerde el primer mito: No te sientas mal. Esta recomendación sugiere que tenemos algún tipo de defecto si nos sentimos mal, o si el sentimiento dura algo más de un instante.
Se nos enseña que no nos sintamos mal, pero si esto sucede,
entonces debemos retirarnos a nuestra habitación. Aceptamos la idea que no está bien que nos sintamos mal y, aún
más, que no está bien que nos sintamos mal delante de otros.

Si cree que exageramos, piense en la siguiente interacción
entre marido y mujer. El marido llega a casa de trabajar. La

mujer ha tenido un día muy difícil, y nada le ha salido bien. El marido le pregunta qué le pasa, y la mujer refunfuña: "*¡Nada!*" Invierta los papeles: la esposa pregunta y el marido refunfuña. No tiene que ver con el género. Es un asunto de seguridad. Estamos casi seguros que casi cualquier lector puede identificarse con esta escena. La cuestión es: ¿Por qué esta mujer, que ama a su marido, no le dice la verdad? La respuesta es que si ella le dice cómo se siente, hay una gran probabilidad que el marido responda con algo como [¡ahora todos juntos!] "No te sientas mal", seguido de algún cliché intelectual como "Mañana será otro día".

Pero la realidad es que ella *se siente mal*. Ha sido un día pésimo y la única persona en que puede confiar, le dice inmediatamente que no debe sentirse como se siente. Así que, en vez de decirle la verdad, lo que la pone vulnerable, sufre a solas y no le dice nada. Y lo cierto es que posiblemente el hecho de no callarlo provoque un hueco adicional entre ellos.

Piense otra vez en la niña de cinco años que se sentía mal tras haber visto que sus sentimientos eran despreciados en la guardería. ¿Recuerda lo arriesgado que fue para ella decir la verdad sobre cómo se sentía? En vez de ser escuchada, le dieron una galleta. Tal vez cuando crezca se convierta en la mujer que dice "*Nada*" como respuesta a la pregunta de su marido.

¿Por qué las personas sufren a solas? Porque desde la infancia se nos ha enseñado que los sentimientos tristes, dolorosos o negativos no son aceptables en público… ni en privado. Y como lo hemos practicado mucho, hemos alcanzado la perfección.

¿Alguna vez está bien estar solo?

En nuestras conferencias, en nuestros seminarios y en nuestros escritos, decimos que las personas que sufren tienden a aislarse. Lo decimos porque es cierto. Es cierto, pero no es natural. Recuerde, los bebés llaman cuando sienten dolor. No nos aislamos por naturaleza. Nos aislamos por el aprendizaje, por la educación y por la socialización. Nos aislamos porque nos han enseñado que reímos acompañados, pero que lloramos a solas.

Pero esto no significa que necesitemos estar rodeados de gente las 24 horas del día, siete días a la semana. La soledad no es mala. Repasar pensamientos y sentimientos no está mal. Estar a solas no está mal. Hay una necesidad normal y natural de estar a solas, separados de los demás y lejos del mundanal ruido.

MÁS BUENAS NOTICIAS: OTRAS CREENCIAS PRODUCEN MEJORES RESULTADOS EN LOS NIÑOS

Hemos repasado con detalle tres mitos fundamentales y hemos comentado cómo pueden tener un impacto negativo sobre los niños y sobre su futuro como adultos y padres. Ahora vamos a observar los beneficios a corto y largo plazo producidos en niños que han sido educados con creencias mejores sobre cómo hacer frente a las pérdidas.

En la tesis doctoral de Leslie se comparaba a niños que habían sufrido la muerte de un miembro de la familia. Un grupo estaba constituido por niños cuyos padres y responsables conocían los principios de la superación del dolor emocional expuestos en nuestro libro anterior, el *Manual Superando Pérdidas Emocionales*. El segundo grupo no tenía ningún conocimiento del libro ni de sus principios ni sus recomendaciones.

La diferencia esencial entre los dos conjuntos de padres y responsables era esta: El otro grupo había sido impulsado a cuestionar sus creencias sobre cómo hacer frente a una pérdida (del mismo modo que venimos haciendo en este libro). Como resultado directo de estudiar y ajustar sus propias creencias, estos padres y personas responsables transmitieron mejores técnicas e ideas a los niños a su cargo. Los niños de este primer grupo, más preparados, eran más hábiles para comunicar sus sentimientos tristes, dolorosos o negativos. Podían expresar libremente y con honestidad que se sentían tristes, y luego seguir avanzando hacia nuevos sentimientos. Los individuos de este grupo no creían tener algún defecto si se sentían tristes. Con el tiempo, el vínculo de confianza con sus padres y su apertura sobre sus sentimientos se había mantenido estable. Este grupo incluía a niños que tenían entre cuatro y ocho años cuando tuvo lugar una pérdida importante en sus vidas. Habían conservado las lecciones positivas que aprendieron como resultado de la información que tenían sus padres y responsables sobre cómo hacer frente a las pérdidas de una manera más eficaz. Otros chicos del estudio, que tenían ocho o nueve años cuando había sucedido la pérdida y que en el momento de realizar el trabajo eran ya adolescentes, no tenían miedo a hablar sobre sus pérdidas o a escuchar a otros hacerlo. Además, sabían ayudar a sus amigos cuando éstos se enfrentaban a una pérdida.

Recuerde que lo que creemos es lo que enseñamos. Si usted adquiere una información más eficaz para hacer frente a las pérdidas, será mejor maestro. Sus hijos serán los beneficiarios automáticos.

PAUSA PARA REFLEXIONAR Y RECAPITULAR

A medida que avanzamos es posible que vaya comprendiendo que lo aprendido en su infancia para manejar los sentimientos asociados con pérdidas y decepciones no era correcto ni era útil. No sea excesivamente severo con usted, y tampoco sea severo en su recuerdo con quienes le enseñaron. Se trataba de individuos, instituciones, películas, libros y otras fuentes. Sabemos que todos los que le enseñaron creían que lo que enseñaban era lo correcto, pues en caso contrario le habrían enseñado otras cosas.

Tal vez se vaya dando cuenta que usted tiene asuntos emocionales pendientes de resolver en su relación con alguna persona o con algún acontecimiento de su pasado. Puede que haya empezado a comprender que algunas de sus ideas se basaban en lo que le mostraron o le dejaron de mostrar como respuesta a muertes, divorcios y otras experiencias.

Es posible también que haya comprendido que usted adquirió este libro para poder ayudar mejor a sus hijos a hacer frente a algún acontecimiento doloroso de sus vidas, pero ahora se da cuenta que el libro le señala en primer lugar a usted. Si cree esto, está en lo cierto. Es incluso posible que se sienta un poquito molesto con nosotros por dirigirnos a usted. Nos gustaría decir que lo lamentamos, pero no sería cierto.

Estamos siendo tan gentiles como podemos. No le pedimos que antes de ayudar a sus hijos emprenda acciones a gran escala para resolver todas sus pérdidas del pasado. Sólo le pedimos que sopese algunas ideas y supuestos fundamentales antes de empezar a ayudarles. Puede que algún día se sienta empujado a mirar atrás y empezar a trabajar con su pasado. Cuando llegue ese momento, adquiera un ejemplar del *Manual Superando Pérdidas Emocionales* y ponga manos a la obra.

Hemos analizado con detalle tres de los más importantes mitos que son aceptados casi universalmente. Esperamos que esté empezando a tener una nueva perspectiva al respecto y que empiece a responder de forma diferente ante sus hijos. Hay otros tres que nos gustaría destacar para que tenga una mayor conciencia sobre lo que puede ser de ayuda para sus hijos. Tal vez se sienta impaciente de emprender nuevas acciones, pero ahora estamos estableciendo unos cimientos más firmes. El capítulo siguiente puede abrirle los ojos.

5

EL MITO NÚMERO 4: SÉ FUERTE

Al principio de este libro dijimos: "El padre de mi hijo murió, y quiero saber cómo ayudarle." Ha llegado el momento que volvamos a esa historia. La madre de nuestro relato era una madre cariñosa. Quería lo mejor para su hijo. Pero esta madre había sido socializada en un mundo que nos dice que tenemos que ser fuertes. Cuando estaba cerca de su hijo y experimentaba una emoción, se contenía para poder ser fuerte.

El mito de ser fuertes es tan poderoso que tiene dos sub-mitos, como si fuera un planeta con dos lunas. En el tiempo que había transcurrido desde la muerte de su marido, sus amigos la habían bombardeado con la frase que tenía que ser fuerte por sus hijos. Dadas las circunstancias de su vida, el hecho de esta aturdida junto con el telón de fondo de un sistema de creencias que nos insta a ser fuertes, y la idea de tener que ser fuerte por sus hijos se coló, sin ser cuestionada. Era una extensión lógica de la idea de ser fuertes. Como otros muchos padres, nunca se había detenido a considerar la sabiduría o la validez de este cliché asociado con cómo hacer frente a una pérdida, ni de ningún otro.

Otro aspecto de esta situación es la sencilla idea que perfeccionamos aquello que practicamos. Esta madre había practicado el ser fuerte por su hijo en otros acontecimientos emocionales anteriores a la muerte de su marido. De hecho, como muchos de nosotros, estaba tan entrenada que no se daba cuenta que estaba siendo fuerte. Fue precisa la presencia de un observador exterior para darse cuenta de que le estaba enseñando inconscientemente a su hijo un hábito que le estorbaría a lo largo de su vida. Su hijo, al imitar las acciones de su madre, estaba haciendo lo que creía que era lo correcto.

ESPERE: HAY MÁS

Como hemos observado, el niño imitó a su madre que estaba siendo fuerte por él. Y si dirigimos nuestra atención a los otros niños, podremos ver variaciones de este tema de ser fuertes. La preocupación de esta madre hacia su hijo de nueve años era sólo la punta del iceberg. También sus dos hijas estaban siendo afectadas por las acciones y las omisiones de su madre, cada una a su manera.

Su hija de 14 años adoptó el papel de la responsable de la familia. Al observar los intentos de su madre de ser fuerte y el silencio de su hermano, esta niña decidió que iba a *salvarlos* a todos. De la noche a la mañana, trató de transformarse en adulta. En parte era porque imitaba a su madre siendo fuerte por sus hijos. En parte era debido a la acumulación de tanta información incorrecta que había recibido de otras personas, libros, películas y televisión. Como ya era mayor, creía que tenía que comportarse como una adulta.

El intento de esta hija de "arreglar" a su familia es asimismo el efecto secundario del intento de la madre de ser fuerte por sus hijos. La niña había aprendido que "hay que ser fuerte por los demás". En los años que llevamos trabajando con personas que sufren, uno de los problemas más frecuentes y más difíciles es el del niño que ha sido obligado a adoptar (o ha asumido) el papel de cuidador de todo el mundo. Es uno de los ejemplos más desgarradores de pérdida de experiencias de la niñez. Aunque a veces podemos ayudar a esas personas a recuperar sus corazones, no podemos devolverles sus infancias.

Nos gustaría que los padres, tutores, cuidadores y maestros pudieran leer lo que sigue con voz alta y clara: Por favor, eviten frases como "Tienes que ser fuerte por tu madre, o por tu padre" o "Ahora tú eres el hombrecito o la mujercita de la familia". Esto es igualmente cierto cuando estamos tratando las consecuencias de una muerte o de un divorcio. No queremos que nuestros hijos se conviertan en pequeños terapeutas. Necesitan seguir siendo niños. La muerte o el divorcio les afectará enormemente sin necesidad de la carga emocional adicional que supone crecer antes de tiempo.

Hemos visto matrimonios saboteados y destruidos por un cónyuge que se ocupa del otro de forma que le hurta su dignidad o su integridad. Con frecuencia se puede seguir la pista de esto y remontarnos hasta un niño que ha tenido que ser fuerte o que ha tenido que responsabilizarse de sus padres o de otros, un hábito desdichado que se convierte en un impedimento para toda la vida.

FUERTE O HUMANO
(ELIJA UNA OPCIÓN)

"Tengo que ser fuerte por él. Todo el mundo me dice que lo haga. Así que cuando siento que voy a empezar a llorar, me encierro en mi habitación." Éstas eran las palabras de la madre del primer capítulo de este libro. La idea de ser fuertes se ha distorsionado tanto que llega a significar que no hay que demostrar nuestras emociones delante de los demás, y especialmente delante de los niños.

Tal vez valga la pena volver a definir la palabra *fuerte* para que tengamos una nueva perspectiva sobre lo que significa.

❖ La fortaleza auténtica es:

La demostración natural de las emociones.

Decir y hacer lo que es emocionalmente adecuado.

❖ La fortaleza auténtica crea estos resultados:

Enseña a comunicar los sentimientos sin sepultarlos.

Ahorra energía para poder realizar otras tareas.

Como ve, nuestras definiciones de fortaleza se refieren más a lo que es *humano* que a lo que es fuerte. Es posible ser humano y llevar a cabo lo que a veces parece un número abrumador de tareas. La expresión adecuada de las emociones libera energía para hacer frente a la vida. La alternativa es contener los sentimientos, lo que produce explosiones o implosiones. Como nuestros hijos no dejan de observar todo lo que hacemos, tenemos que darnos cuenta que nuestras creencias y nuestras acciones se convertirán en sus creencias y sus acciones.

Apenas hemos comenzado este libro y ya hemos identificado algunos conceptos equivocados fundamentales:

❖ No te sientas mal.

❖ Reemplaza la pérdida.

❖ Sufre a solas.

❖ Sé fuerte.

    (Sé fuerte por tus hijos.)

    (Sé fuerte por otros.)

Es posible que usted se reconozca, o reconozca a su familia, en algunos de estos mitos o en todos ellos. Una vez más le recordamos que no sea demasiado crítico ni severo conforme vamos desvelando otras creencias que tal vez desee revisar antes de transmitir a sus hijos.

6

EL MITO NÚMERO 5:
MANTENTE OCUPADO

Volvamos a la madre de nuestro primer ejemplo, pero ahora para ver algo relacionado con su hija de cinco años. Esto nos lleva a otro mito relacionado con las pérdidas. Amigos y familiares aconsejaron a esta madre que se mantuviera ocupada. Se convirtió en un torbellino de actividad. Su agenda era agotadora, por la idea equivocada que cuanto más ocupada estuviera, menos sentiría el dolor.

Este mito de mantenernos ocupados se expresa con tanta frecuencia, que no creemos que haya ni una persona que no lo haya escuchado un sinnúmero de veces tras cualquier tipo de pérdida.

En este caso, fue la hija de cinco años la que imitó la comunicación no verbal de su madre y se convirtió en una especie de derviche danzante en miniatura. Aunque nunca había sido una niña especialmente ordenada, ahora se volvió una *Doña Limpia*. Parecía moverse con el mismo ritmo frenético que su madre, como si toda esta actividad le ayudara a no sentir el dolor de su corazón. Otra herramienta incorrecta, "Mantente ocupada", había sido transmitida a la niña.

Dejando de lado a los niños por un instante, no podemos decir cuántos viudos o viudas nos han dicho lo agotados que se sentían al tratar de seguir ese consejo de "mantenerse ocupados" que les llega desde todas partes. Amigos y familiares, sacerdotes y terapeutas, aconsejan a los demás que se mantengan ocupados, sin tener la menor idea de lo dañina que puede ser dicha sugerencia.

El dolor causado por una muerte o un divorcio posiblemente representa el mayor desafío en la vida de un niño. Adaptarnos a la vida sin contar con alguien que siempre ha estado ahí, puede ser doloroso, difícil y confuso. Sufrimos el cambio de todo lo que nos es familiar. Como la pérdida representa un cambio fundamental, no creemos que sea una buena idea recomendar a un niño que haga un montón de cambios adicionales en su vida mientras sigue luchando con la conmoción producida por la pérdida. Si el niño no era del tipo de persona muy ocupada antes de la pérdida, entonces estar ocupado representa otro cambio adicional al que tiene que adaptarse. Y esto es precisamente lo que menos necesita el niño: más cambios. Por otra parte, si el niño siempre fue muy activo, entonces lo de estar ocupado será para él lo natural, por lo que no vale la pena que animemos ningún cambio de ese tipo.

Imagine que esta niña de cinco años era la princesita de su papá. Puede haberse sentido aplastada por su muerte. Pero, a su edad, su comprensión de la muerte sin duda es muy limitada. La muerte de su padre ha supuesto una crisis inimaginable para ella, una crisis para la que no tiene punto de referencia, ni herramientas, ni técnicas. Tenía una cantidad increíble de energía emocional, reacción normal y natural a la muerte de su padre. Todo lo que podía hacer era observar a su madre e imitarla. Por consiguiente, toda esa energía emocional se dirigió a la limpieza y a mantenerse ocupada.

Lo bueno para esta niña, para su hermana y para su hermano, fue que su madre llamó por teléfono al Instituto para la Superación del Dolor Emocional poco después de la muerte de su marido. A medida que su madre fue recibiendo ayuda de nuestra parte, fue capaz de guiar mejor a sus hijos. Estamos encantados al decir que tanto la madre como los chicos están bien, incluso ahora que sus vidas fueron modificadas para siempre por la muerte.

UNA ILUSIÓN PELIGROSA

Mantenernos ocupados, además de ser agotador, puede producir una ilusión peligrosa. La ilusión de creer que al embarcarnos en la actividad y al ir pasando los días, las semanas y los meses, hemos hecho algo productivo para manejar las emociones pendientes que están vinculadas de forma natural a la muerte, al divorcio y a otras pérdidas. Esto está muy lejos de la verdad. Todo lo que hemos conseguido es distraernos del dolor causado por la pérdida y es muy probable que en ese proceso hayamos sepultado las emociones poniéndolas fuera de nuestra vista.

Pero las emociones dolorosas son muy persistentes. No se desvanecen tan fácilmente. Posiblemente usted conozca a personas que hablan de acontecimientos que tuvieron lugar hace treinta, cuarenta o cincuenta años con un dolor emocional que hace que parezca que sucedieron ayer. Nos Podemos mantener ocupados todo el día, pero cuando nos detenemos y nos acostamos por la noche, es probable que encontremos en nuestro corazón el mismo dolor que estaba allí ayer y anteayer.

Los niños y los adultos son idénticos en este aspecto. Mantenernos ocupados no tiene mayor valor para ellos que para los adultos. Los niños pueden ser un poco más sinceros y estar más dispuestos a decir que siguen sintiendo dolor. Por favor, escúchelos. No les anime a que pasen una aplanadora sobre sus sentimientos sólo porque usted tal vez creyó el mito de mantenerse ocupado.

EL IMPACTO REAL DE LA PÉRDIDA: MANTENERNOS OCUPADOS Y VIVIR ANCLADOS EN EL DOLOR

Recuerde que la muerte de una persona amada es un acontecimiento devastador en las vidas de todas las personas involucradas. No es raro que esas personas afectadas se sientan anestesiadas o incluso paralizadas por ese hecho. Suele ser como si una máquina hubiera recibido una sobrecarga y un interruptor, al detectar el problema, hubiera desconectado el equipo. Cuando las personas responden a las emociones desbordantes producidas por la pérdida, sería una estupidez apurarles para que vuelvan al ritmo habitual de la vida mientras que están tratando de procesar esta nueva realidad.

Gran parte de la ayuda bienintencionada aunque equivocada proviene de la errónea interpretación de clichés y de estereotipos. La frase que dice que "la ociosidad es la madre de todos los vicios", es el fundamento de la idea que es mejor mantenernos ocupados. Resulta fácil entender cómo se puede aplicar de forma muy nociva dicha frase a una situación de pérdida.

Sabemos que el cuerpo humano puede producir sustancias químicas que actúan como anestésico cuando experimentamos una calamidad física. Nuestros cuerpos incluso nos obligan a perder la conciencia para protegernos de un dolor incontrolable.

Parece que también existe un equivalente psicológico que nos para en seco cuando recibimos una noticia que es demasiado dolorosa de aceptar. Esto es especialmente notable cuando a alguien se le comunica la muerte repentina de un ser querido.

Muchas personas afligidas comentan que experimentan una sensación de insensibilidad, ya sea constante o intermitente, durante un período de tiempo tras la muerte de un ser querido. La duración de este tiempo es única e impredecible para cada persona. Con todas las personas que hemos observado en el Instituto para la Superación del Dolor Emocional, no tenemos la menor duda de que esa insensibilidad tiene una función positiva. La más obvia es el modo en que este mecanismo permite que nuestras mentes, nuestros corazones y nuestros espíritus integren y asuman la indeseable realidad de la muerte. Y la insensibilidad puede apartarnos literalmente de los afanes cotidianos para que podamos enfocarnos directamente en procesar la pérdida y no distraernos con otras actividades.

Si todo esto es cierto para los adultos, es exactamente igual para los niños. En cierto modo, manejar una tragedia repentina puede ser aún peor para ellos, porque no tienen las herramientas de la comunicación para explicar lo que piensan o lo que sienten. Si un adulto responde a ese acontecimiento estando preocupado y siendo improductivo en el trabajo, el niño responde estando preocupado no siendo productivo en el colegio. El problema es que en los colegios se suele tratar al dolor como un problema de disciplina en vez de como una realidad emocional.

Queremos enfatizar de nuevo que, como cada persona —ya sea menor de edad o adulta— responde a la pérdida, es única e individual. Estamos hablando del tiempo en que las personas no son muy funcionales, en que el trabajo o el colegio no tienen gran importancia para ellas. Hay muchos factores que gobiernan el regreso del individuo al ritmo de la vida tras una pérdida. No hay ningún plazo universal ni realista como para que nos sintiéramos cómodos poniéndolo por escrito.

Las tres áreas más importantes afectadas por el dolor son la emocional, la espiritual y la intelectual. La pena, por definición, es la respuesta emocional a una pérdida de cualquier tipo. Preste atención especial a este aspecto en la vida de su hijo. Como padre o responsable, observe los tres elementos en sus niños: primero, el emocional; luego, el espiritual; y, por último, el intelectual.

Dediquemos unos instantes a discutir el término *espiritual* dentro del contexto de la pérdida. Aunque no estamos refiriéndonos a ninguna connotación religiosa específica, cuando empleamos la palabra *espiritual* estamos conscientes que muchas personas emplean principios religiosos como parte de su idea de la espiritualidad. Cuando nosotros hablamos de espiritualidad nos referimos al alma, o el espíritu, o la parte intuitiva de la existencia humana. Hablamos de ese aspecto que no puede ser definido como emocional ni como intelectual, sino que precisa su propia categoría.

También creemos que usted, como padre o responsable, tiene una comprensión muy clara del aspecto espiritual de sus niños. Le sugerimos de todo corazón que esté muy atento para percibir cualquier diferencia o cambio en este dominio tras una pérdida de cualquier tipo. Además de estar atentos a sus altibajos emocionales, trate de estar pendiente de su estado espiritual. Sabemos que al mismo tiempo usted estará preocupado por sus propias emociones y por su espíritu. Tal vez falleció su madre, su padre, su hermano, su hermana o su cónyuge. Le será difícil seguir la montaña rusa de sus propias emociones, con más razón la de sus niños. Aunque se sienta dividido entre sus propias reacciones y sus deseos de ayudar a sus hijos, es importante que trate de usar su experiencia para crear un puente que le una con sus hijos en vez de permitir que se vuelva un abismo.

VIVIR ANCLADO EN EL DOLOR SUELE SER EL RESULTADO DE NO SER ESCUCHADO

Quizás llegue un momento en que usted se dé cuenta que uno de sus hijos se ha quedado enganchado por una amplia variedad de razones. Una de ellas se relaciona con uno de los comentarios que hicimos al principio de este libro. Repetimos: las nociones de bien o mal son intelectuales. Los sentimientos asociados con una historia son emocionales.

Hay que escuchar y reconocer las emociones antes de abordar los hechos de la historia.

Si un niño reproduce el mismo conflicto una y otra vez, casi siempre suele ser porque *no se ha sentido escuchado en sus sentimientos.*

Las palabras finales de la frase anterior tienen gran importancia en este momento. Cuando el niño parece estar atorado en un conflicto, puede ser porque no se ha sentido escuchado. Los niños suelen repetir lo que piensan y lo que sienten, con la esperanza que alguien les preste esa atención. Pero si los padres o responsables del niño le dicen cosas como "No te sientas mal", "Tienes que ser fuerte" o "Mantente ocupado", el niño no creerá que los adultos le están escuchando.

Algunos niños insisten desesperadamente tratando de ser escuchados. Podemos llegar a la conclusión equivocada que están atorados negativamente en ese tema. Nosotros, por otra parte, quisiéramos creer que son listos y que no piensan claudicar. Muchos niños, tras varios intentos, se rinden. Sepultan sus sentimientos y pueden llegar a desarrollar problemas de conducta para acomodar la energía que es generada una y otra vez por la falta de reconocimiento de las emociones que tratan de comunicar. Tristemente, cuando esto sucede se suele pasar por alto el incidente original del dolor. Se dirige la atención a la conducta del niño, que se contempla de manera incorrecta como un problema disciplinario en vez de como un conflicto producido por la pérdida.

POR FIN ESCUCHADO

De vez en cuando se nos llama para tener una consulta con un productor televisivo o cinematográfico a propósito del dolor emocional. Quieren saber cómo reaccionaría un personaje dadas las circunstancias concretas que rodean a una pérdida. Nos encanta atender a estas solicitudes porque implican que algunos aspectos de la pérdida y de su superación serán presentados correctamente. Pero nuestra aportación será simplemente una pequeña contribución para contrarrestar la enorme cantidad de información incorrecta que se transmite en esos dramas ficticios, así como en los noticieros.

John recuerda vívidamente una de esas experiencias, y la emplearemos para ilustrar un aspecto concreto. John había sido invitado a una consulta por un productor y un director de cine muy conocidos sobre una película que estaban haciendo. Se citaron en un restaurante en la parte alta de Los Ángeles. John llegó primero, luego el director, y por último el productor.

El productor llegó acompañado por su nieta de nueve años, Briana. Cuando llegaron a la mesa, el productor explicó con pesar que tenía que cuidar ese día a la niña y se disculpó por la presencia de la niña en la reunión. John recuerda que pensó que estaba encantado de la presencia de la niña, pues así habría alguien divertido con quien hablar. Las consultas duraron tan sólo una media hora. Entonces el director y el productor se trasladaron a una mesa vecina para comentar lo que acababan de aprender.

John y Briana empezaron a charlar. Al poco rato, Briana decidió que podía hablar de sus sentimientos con John. De forma inesperada y muy seriamente, dijo:

—Señor James, no sé si sabe que he tenido una vida muy dura.

—En vez de sonreír condescendientemente John preguntó ¿Qué te ha pasado?

—Mi otro abuelo murió. Nos tuvimos que mudar de Nueva Jersey a California; tuve que abandonar a todos mis amigos, y no quiero hacer nuevos amigos. Y mi gato… mi gato que había estado conmigo toda mi vida, se escapó.

¿Recuerda la frase con que empezó a hablar?: "Señor James, no sé si sabe que he tenido una vida muy dura."

¿Había tenido Briana una vida muy dura? La mayor parte de nosotros respondería que sí, que había pasado unos momentos difíciles. Pero, a decir verdad, su historia es bastante típica. No es extraño que un niño de nueve años pase por la muerte de un abuelo, por una mudanza que supone perder sus amigos y empezar en un nuevo colegio, y por la pérdida de una mascota. De modo que las circunstancias de su vida no eran raras. ¿Por qué decía entonces que había tenido "una vida muy dura"? Si lo pensamos relacionándolo con lo que ya se ha dicho en este libro, la respuesta se vuelve muy clara: lo que hacía que la niña sintiera que su vida hubiera sido muy dura era que no tenía a nadie que la escuchara. Nadie podía oír sus gritos pidiendo ayuda. Nadie había respondido a sus sentimientos ante esos acontecimientos.

Durante la conversación, John se enteró que este fracaso en la comunicación no era culpa de Briana. Ella había tratado varias veces de hablar de los sentimientos producidos por los cambios acaecidos en su vida, pero las respuestas que recibió eran siempre de naturaleza intelectual, o venían precedidas por el típico comentario de "No te sientas mal". Era como si todo el mundo hubiera tratado de "reparar" su cabeza explicándole los hechos. Pero ella comprendía esos hechos. No era su cabeza la que estaba averiada, sino su corazón.

Cuando escuchó a John hablar con su abuelo y con el otro hombre sobre cómo hacer frente a una pérdida, comprendió que John podía ser la persona que la escuchara, que era lo que ella necesitaba. Así que su comentario de que había "tenido una vida muy dura" no era en absoluto inesperado. Era el resultado de darse cuenta que John hablaba abiertamente sobre cosas tristes.

7

EL MITO NÚMERO 6:
EL TIEMPO TODO LO CURA

Tal vez ésta sea la información más inadecuada que se nos ha impuesto. Como la mayor parte de las falsas creencias, esta idea se basa parcialmente en la realidad. La superación de una pérdida y la superación de un dolor emocional suceden dentro de un período de tiempo. Sin embargo, hay un mundo de diferencia entre la idea que el tiempo todo lo cura y la idea que el dolor emocional necesita tiempo para sanar.

Ya hemos comentado nuestra explicación humorística de lo que el tiempo por sí mismo puede o no puede sanar. Entonces le pedimos que imaginara que se da cuenta que su coche tiene una llanta baja de repente. ¿Sacaría usted una silla y esperaría hasta que el aire volviera a entrar en ella? La respuesta era obvia. El tiempo no iba a inflar la rueda.

¿Por qué persiste entonces ese mito que el tiempo todo lo cura? Contemplemos en primer lugar cierta verdad en la que se apoya esta falsedad. Las pérdidas más importantes, como la muerte o el divorcio, pueden producir una cantidad abrumadora de energía emocional. Como comentamos en el capítulo anterior, a veces el dolor es tan insoportable que nuestros corazones y nuestros cerebros se vuelven insensibles. A medida que nos vamos acomodando y aceptando la realidad de la pérdida, parte del dolor disminuye de forma natural. La mayor parte de la gente interpreta que esa reducción del dolor ha sido producida por el paso del tiempo. Esto es cierto, pero sólo en lo que se refiere al dolor inmediato asociado a la pérdida.

En el capítulo anterior comentamos los peligros implícitos en el mito que nos recomienda que nos mantengamos ocupados. Si combinamos lo de *mantenernos ocupados* con lo de *el tiempo todo lo cura,* la idea resultante es que si nos mantenemos muy ocupados y permitimos que pase suficiente tiempo, entonces sanaremos. Muchos de los mitos aquí expuestos están entrelazados por hilos invisibles, como en lo que acabamos de exponer. Como la mayor parte de la gente nunca se fija con detalle en este tipo de ideas, no suelen comprender lo que significan los comentarios de este tipo. Por ejemplo, aunque puede haber personas que nunca dicen a sus amigos en dolor que el tiempo todo lo cura, sin pensarlo demasiado pueden recomendarles que se mantengan ocupados.

DOLOR EN LA EMPRESA Y DOLOR EN EL COLEGIO

Si usted se cae y se rompe un brazo, tendrá una baja en su trabajo entre cuatro y seis semanas, y todo el mundo querrá escribir alegremente su nombre en el yeso. ¿Qué pasa cuando muere su madre, o su marido, o su hermana, o su hijo? ¿Cuál es el tiempo aceptado para procesar los sentimientos abrumadores producidos por la muerte de un ser querido? Respuesta: ¡tres días! Sí, tres días para reparar un corazón roto por la muerte de un ser querido, y varias semanas por un brazo roto. ¿No estarán un poco desequilibradas nuestras prioridades?

Si estas ideas socialmente aceptadas implican que tengamos que estar de vuelta en el trabajo cuatro días después de la muerte de un ser querido, con buen aspecto y produciendo plenamente, entonces se refuerza el mito que el tiempo es un elemento necesario en la superación. Tiene poco sentido que alguien sea capaz de recuperar su equilibrio con tanta rapidez tras la muerte de un ser querido. Además, la idea de "superación instantánea" es una carga tan fuerte, que muchos dolientes tienden a decir que "están bien" aunque estén desgarrados por el dolor.

Aunque hemos empleado este ejemplo orientado hacia los adultos y a sus bajas laborales, consideremos cómo se aplica esta idea en el caso de los niños. ¿Se emplean las mismas ideas en el lugar de trabajo que en el colegio? ¿Esperamos que nuestros niños vuelvan a clase animosos, alegres y productivos sólo unos días después de una pérdida tan demoledora? Lamentablemente, así es.

Sabemos que se exige a los profesores que tengan destreza en el manejo de muchos aspectos académicos y administrativos que pueden ser importantes para el bienestar de los niños. También sabemos que los profesores están obligados a interactuar con los niños que sufren de forma regular. Por tanto, creemos que maestros, profesores y administradores pueden beneficiarse sobremanera de las ideas expuestas en este libro.

No hay tiempos específicos

Muchas organizaciones bienintencionadas publican folletos que sugieren períodos de tiempo para pérdidas individuales. Sugieren que se necesita aproximadamente un año para superar la muerte de un familiar o de un amigo, y dos años para la muerte de un padre o un cónyuge, y creen que nunca llega a superarse la muerte de un hijo. Estudiemos cuidadosamente el término "superar". Superar en este contexto implica olvidar algo. No hay forma de olvidar a la madre, a la pareja o a un hijo. Hemos conocido a personas que cuando mostraban alguna emoción triste por la muerte de alguien fallecido hacía tiempo, les decían que era una prueba que no lo habían superado. Con esta lógica, si usted tiene un recuerdo cariñoso de alguien que murió hace mucho tiempo, es porque no lo ha superado.

No estamos de acuerdo con la idea que el tiempo, por sí mismo, sea útil. Hemos conocido personas que han tardado más de veinte años sin sentirse mejor. Una de las expresiones más frecuentes que escuchan las personas que sufren es: "Ya deberías haberlo superado." Cuando las personas no se sienten mejor tras un período de tiempo arbitrariamente asignado, a veces empiezan a decirse a sí mismas: "Ya debería haberlo superado." Desgraciadamente, el mito que el tiempo todo lo cura refuerza la idea errónea que el tiempo es una fuerza activa que tiene el poder de hacer algo y que, si usted se limita a esperar, todo se arreglará.

Por último, la idea de que *nunca* se llega a superar la muerte de un hijo es quizás uno de los elementos más destructivos que conocemos. Hemos visto a personas que dejaban literalmente de vivir como resultado que les habían dicho que nunca superarían la muerte de su hijo. ¿Para qué molestarse entonces en tratar de mejorar?

La buena noticia es que cuando hemos tenido la oportunidad de comunicarnos directamente con la gente, hemos podido darles esperanza empleando un lenguaje diferente. Les decimos que nunca olvidarán a su hijo, y que si emprenden las acciones de superación del dolor emocional, podrán tener recuerdos amorosos de su ser querido sin que esos recuerdos se vuelvan demasiado dolorosos. Serán capaces de recuperar el significado y el valor de la vida, incluso aunque sus vidas sean totalmente diferentes de lo que hubieran podido ser si esa muerte no se hubiera producido. Es importante que igualemos este conjunto de ideas teniendo en cuenta que tal vez sus hijos están escuchando estas frases. Decimos "nunca se supera…" y ellos añaden automáticamente "la muerte de mi hermano o de mi hermana". Los niños necesitan tener el mismo lenguaje correcto que los adultos, para que no caigan en la trampa de creer que nunca se sentirán mejor que como se sienten.

No estamos diciendo que la superación que resulta de emprender las acciones para la superación del dolor emocional implique que nunca volveremos a echar de menos a alguien que ya no vive o que no volveremos a estar tristes nunca más. En vez de eso, cuando empecemos a recuperarnos, una amplia gama de emociones estarán a nuestra disposición cuando recordemos a alguien que ya no está con nosotros. Tenga presente que a veces nos ponemos tristes pensando en alguien que vive en la otra punta del país. Lo que hay que modificar, por el bienestar de sus hijos, es la idea que la tristeza está mal. La tristeza no está mal: estar triste es parte de ser normal.

Muchas organizaciones tienden a clasificar las pérdidas en una jerarquía basándose en el título específico de la relación. Esto nos inquieta. Como todas las relaciones son únicas, creemos que es muy peligroso clasificarlas. Algunos de nuestros lectores que tienen varios hijos saben que, aunque les quieran a todos ellos, cada relación es distinta e individual. Tenemos que ser especialmente cuidadosos para recordar que no sufrimos nuestra pérdida con un título (esto es, madre, cónyuge o hijo), sino que sufrimos por la pérdida de nuestra relación especial e individual con esa persona que ha muerto.

Hemos dedicado bastante tiempo a esta idea por varias razones. En primer lugar, queremos que usted tenga una mejor información para sus hijos. En segundo lugar, también es posible que un hijo suyo haya fallecido, y tal vez ésa sea una de las razones por la que usted adquirió este libro. Es posible que se sienta muy preocupado por sus otros hijos y por cómo se habrán visto afectados por la pérdida de su hermano. Queremos advertirle para que no caiga en la trampa de comparar o clasificar las pérdidas.

SEGUNDA PARTE
DEL DOLOR EMOCIONAL A LA SUPERACIÓN

Hasta ahora, nos hemos enfocado en el hecho que información equivocada se transmite inconscientemente de generación en generación. Esperamos que usted se sienta interesado en adquirir mejor información que transmitir a sus hijos. Ya comentamos que el dolor es la reacción normal y natural ante una pérdida, y lo definimos como los sentimientos contradictorios que experimentamos cuando sucede un cambio en lo que era un patrón normal de comportamiento, o cuando ese comportamiento termina. Las dos frases son dos ideas maravillosas y simples sobre lo que es el dolor: la reacción adecuada ante cualquier tipo de pérdida.

El dolor es importante. Pero no es realmente el tema de este libro. Este libro trata sobre la superación y sobre la superación del dolor causado por una experiencia de pérdida. En concreto trata de guiarle para que pueda ayudar a sus hijos a manejar esa pérdida concreta que le atrajo hacia este libro. También trata de ayudar a que les suministre unas formas eficaces con las que puedan enfrentarse a cualquiera de las pérdidas con que se encontrarán a lo largo de sus vidas. Las emociones naturales producidas por la pérdida son únicas y específicas para cada uno. Posiblemente haya escuchado eso que todo el mundo sufre a su manera y se recupera a su propio ritmo. Es verdad. No pretendemos decir a nadie cómo tiene que afligirse. En vez de eso, nuestra tarea consiste en ayudar a la gente a hacer frente a lo que viene después de la pérdida.

8

BUSCANDO "EL LIBRO"

En 1977 John era un contratista que se dedicaba a la construcción de casas con energía solar. Con su esposa tuvieron a una hija de dos años y estaban esperando ansiosamente a un nuevo bebé. Pero las cosas no salieron bien y el niño recién nacido vivió únicamente tres días. John se sintió devastado.

Aunque John había experimentado otras muchas pérdidas, no estaba en absoluto preparado para el dolor producido por la muerte de su hijo. Buscó ayuda donde pudo y en todas partes fue recibido con comentarios como "El tiempo todo lo cura", "Dios no te da más de lo que puedas soportar" o "Mantente ocupado". Pero su dolor era insoportable, hasta el extremo de que consideró seriamente quitarse la vida. Tenía 34 años. Se daba cuenta que, según la media, aún le quedaban 30 o 40 años sobre la tierra. Sabía que no era capaz de vivir mucho más tiempo con ese dolor abrumador. Así que se comprometió a encontrar un modo con el cual sentirse de forma diferente.

Al principio, se obsesionó con las librerías. Esperaba a la puerta cuando sabía que iban a llegar las novedades. Buscaba un libro muy concreto. No sabía su título, pero sabía que lo reconocería en cuanto lo viera. Estaba seguro, con los millones de muertes que suceden anualmente, que a alguien se le habría ocurrido qué es lo que se podía hacer con el dolor constante producido por la pérdida de un ser querido. Nunca encontró ese libro.

Encontró otros centenares de libros que le explicaron, a veces de forma muy florida, cómo se sentía. Pero John ya sabía cómo se sentía. No necesitaba ayuda para reconocer el dolor sin medida que era su compañero constante. Una virtud de estos libros fue la consoladora idea de que no estaba solo al sentirse mal. Aunque esta información era valiosa, también era limitada; seguía sin explicar que podía hacer para sentirse de otra forma.

Cuando fracasó la búsqueda del libro, John emprendió una odisea para descubrir si podía hacer algo para manejar ese dolor y recuperar el deseo y la disposición de participar plenamente en la vida. Siguió todas las ideas que escuchaba o que creía que podían ayudarle, hasta que reunió algunas ideas sencillas y útiles. Lo primero era la necesidad de examinar las otras pérdidas que habían tenido lugar en su vida —la muerte de su perra, la muerte de su abuelo, las rupturas románticas, Vietnam, la muerte de su padre, la muerte de su hermano menor, el divorcio— y descubrió todas las ideas que nunca había aprendido para manejar la pérdida.

En la primera parte de este libro abordamos los seis mitos sobre cómo hacer frente a las pérdidas. La historia de John muestra que la información aprendida durante la infancia se convierte en la base de las ideas en las que se apoyaría durante el resto de su vida. Hasta que no cuestionó esas suposiciones sobre la pérdida, no pudo empezar a actuar de manera diferente.

John se dio cuenta que tenía que examinar cuidadosamente esas potentes ideas y rechazarlas: no te sientas mal; reemplaza la pérdida; sufre solo; sé fuerte; mantente ocupado; el tiempo todo lo cura. Fue bastante difícil, pues estas ideas están profundamente arraigadas en nuestra cultura. Para complicar el problema, no había ninguna alternativa clara para hacer algo que no fuera aferrarse a estos mitos. Aún era más difícil responder a la pregunta: Si se quitan esas ideas, ¿qué queda? Puede ser aterrador eliminar algo y no tener nada con que sustituirlo. Una vez más, en algún lugar entre los viejos mitos y algunas de las nuevas ideas que estaba descubriendo, John se planteó la pregunta que le llevó a la solución.

John ya había sufrido algunas pérdidas importantes en su vida. Aunque esas pérdidas fueron muy dolorosas para él, se las había arreglado para salir a flote, aun sin poder decir cómo le había hecho. Entonces se preguntó por qué la pérdida que estaba viviendo era tan diferente de las otras y por qué no era capaz de resurgir como lo había hecho tras la muerte de su hermano.

La palabra clave de la primera pregunta era el término *diferente*. A medida que John reflexionaba sobre lo que había sido diferente, surgieron otras dos ideas: *mejor y más abundante*. La cosa estaba progresando. Ahora se empezó a plantear si creía que había cosas que hubieran podido ser diferentes, mejores o más abundantes en relación con su hijo. La respuesta era que sí. Obviamente deseaba que las circunstancias médicas de la vida de su hijo hubieran sido diferentes, y a ese respecto surgían algunas preguntas molestas como: "¿Deberíamos haber acudido más veces al médico?"

La idea de *diferente, mejor* o *más abundante* empezó a ayudar a John a descubrir algunas de las fuentes de energía emocional que contribuían a su dolor. Todos nosotros miramos atrás, a relaciones que han terminado o que han cambiado, y descubrimos cosas que nos hubieran gustado que fueran diferentes, mejores o más abundantes. Esto parece una verdad casi universal. En los raros casos en que alguien insiste en que no había nada que le hubiera gustado que fuera diferente, mejor o más abundante, se puede decir con toda seguridad que no es así.

John empezó a examinar la relación con su hijo que solamente había vivido tres días. Había pasado la mayor parte de los nueve meses anteriores visualizando acontecimientos y anticipando emociones que esperaba que sucedieran en el futuro. Como cualquier otro futuro papá, tenía planes sobre lo que haría si era un niño, y planes por si era una niña. Fuera lo que fuese, estaba seguro que este bebé iba a ser el bebé más amado de todos los tiempos. Cada pensamiento y cada sentimiento que tenía eran normales y naturales. Esto es lo que hace la gente: genera esperanzas, sueños y expectativas sobre el futuro.

Conforme proseguía su odisea hacia la superación, empezó a darse cuenta que su dolor tenía mucho que ver con el hecho que la muerte del bebé había puesto fin a sus esperanzas, sueños y expectativas. Es obvio que una relación que comienza con un niño incluye automáticamente muchos pensamientos sobre el futuro.

Pero la idea de las esperanzas, los sueños y las expectativas no realizadas no se limita a la muerte de un niño. Impregnan todas las relaciones, incluso las que no son siempre felices y gratificantes. Cuando muere alguien con quien hemos tenido una relación tormentosa, se trunca la esperanza de poder llegar algún día a reparar esa relación. Sus hijos experimentan pérdidas en las que gran parte del dolor sin resolver tiene que ver con el hecho que la relación ha puesto fin a esperanzas, sueños y expectativas.

Esto es especialmente cierto en el caso del divorcio. El divorcio supone la ruptura de esas esperanzas, sueños y expectativas sobre el futuro. Los niños se sienten desolados por las consecuencias del divorcio que conciernen a su futuro. A veces se quedan atrapados en falsas ideas que ellos podrían haber actuado de forma diferente, mejor o más abundante para cambiar el desenlace del matrimonio de sus padres. Es importante ayudarles a entender que ellos no son la causa del divorcio. Limitarse a decírselo no es suficiente. Tener ideas más útiles sobre diferente, mejor o más abundante y sobre las esperanzas, sueños y expectativas no realizadas le serán de utilidad para ayudarles a manejar el caos producido por el divorcio de sus padres.

Habrá observado que en las páginas anteriores hemos usado repetidamente las frases "diferente, mejor o más abundante" y "esperanzas, sueños y expectativas no reali-zadas". Es intencional. Queremos que empiece a incorporar estas expresiones a su forma de pensar. Conforme se vaya desplegando esta segunda parte, le explicaremos cómo usar las ideas contenidas en estas frases para ayudar a sus hijos a manejar las pérdidas.

CONTINÚA LA BÚSQUEDA DE JOHN

Como resultado directo de explorar sus pérdidas anteriores, John se sintió libre para contemplar la relación con su hijo muerto desde la perspectiva de diferente, mejor o más abun-dante, y para tomar en consideración sus propias esperanzas, sueños y expectativas no realizadas. Sus descubrimientos fue-ron muy emotivos. Al principio no sabía manejar los pensa-mientos y los sentimientos que emergían de su búsqueda. La siguiente etapa de su viaje consistió en aprender a convertir sus descubrimientos en un formato práctico que le permitiera co-municarlos y completar sus cuestiones emociones inconclusas.

El éxito de John para descubrir y resolver las emociones incompletas y que no habían sido comunicadas le ayudó a recuperar una sensación de propósito en la vida. Aunque su vida había cambiado por la muerte de su hijo, se sintió pre-parado para seguir adelante, estando mejor, lleno de energía y dispuesto a volver a su negocio de construir casas solares.

Pero el destino parecía tener planes diferentes. Los ami-gos de John, sorprendidos por su capacidad para volver a la vida, empezaron a presentarle a otros padres que tenían hijos con enfermedades terminales, o que acababan de morir. Al poco rato, John empleaba más tiempo ayudando a personas afligidas que construyendo casas. En muy poco tiempo sus amigos supusieron que si John podía ayudar a personas que habían perdido un hijo, también podría ayudar a quienes hubieran perdido un padre o un cónyuge.

Muy pronto resultó obvio que John ya no estaba en la construcción. Se dedicaba al trabajo de ayudar emocionalmente a otras personas a manejar el dolor producido por cualquier tipo imaginable de pérdida. Y cuanto mayor era el número de personas a las que ayudaba, más y más personas requerían su ayuda. Eran tantas que John no podía materialmente hacerlo.

De modo que se sentó, tomó lo que hoy consideraríamos un arcaico ordenador-procesador de texto, y escribió el libro que no había encontrado. No lo había encontrado porque nadie lo había escrito. La versión original del *Manual Superando Pérdidas Emocionales* se escribió en un primitivo ordenador, fue publicada por el propio John y distribuida a cualquiera que buscara la respuesta a la pregunta que John se había planteado años antes: Ya sé cómo me siento; ¿qué puedo hacer al respecto?

Poco después que John publicara esta primera versión, con un colega, Frank Cherry, firmó un contrato con HarperCollins y en 1988 publicaron una versión conjunta del *Manual Superando Pérdidas Emocionales: Un programa detallado para superar las pérdidas.* En 1998, HarperCollins publicó una edición revisada por John y Russell: *Manual Superando Pérdidas Emocionales: Un programa práctico para recuperarse de la muerte de un ser querido, de un divorcio y de otras pérdidas emocionales.*

La frustración que John sintió al no encontrar un libro que explicara las acciones que podía emprender para resolver el dolor producido por la muerte de su hijo ha llevado a la reparación de millones de corazones destrozados por pérdidas de todo tipo. Y ha llevado a este libro.

Las acciones que ayudaron a John a resolver lo que estaba emocionalmente inconcluso sobre la muerte de su hijo son las mismas acciones que usted puede emplear para ayudar a sus hijos a manejar el dolor emocional producido por las pérdidas que hayan tenido en sus vidas.

9

¿QUÉ ES EL DOLOR EMOCIONAL INCOMPLETO?

Hemos comentado una y otra vez que la tarea consiste en vivir nuestro dolor y resolver la relación con todo lo que está emocionalmente incompleto al suceder la pérdida. ¿Qué significa exactamente esto? El dolor emocional tiene lugar automáticamente, y se evidencia por un estado reducido de sentir, confusión y la posibilidad de cualquier emoción humana, presentándose a veces varias emociones al mismo tiempo. El completar lo inconcluso es el resultado de llevar a cabo algunas acciones específicas.

Veamos una situación de la vida real. Marta y María son buenas amigas. Han pasado un día juntas. Al final del día, tienen una discusión. Se dicen palabras amargas y se separan. Cuando Marta llega a casa, no se siente bien; está perturbada por el incidente. Podemos decir que se siente incompleta. ¿Qué tiene que hacer para sentirse completa? Hay una acción obvia que puede producir esa superación, y es coger el teléfono y llamar a María. Llamarla, excusarse, decirle que estuvo muy molesta y pedirle perdón. Quizás María responderá agradeciendo y diciéndole que lo siente a su vez por haber estado tan susceptible.

En este sencillo ejemplo, las dos amigas se completan emocionalmente al emprender la acción de pedir disculpas. No importa si fue Marta la primera en llamar. En este ejemplo, ambas son obviamente buenas amigas que han tenido un pequeño encontronazo. Pedir perdón[4] es la decisión de

---

4 N. del T. Pedir perdón implica quedar sujeto a que un tercero nos perdone o no. Aunque lo usamos en ocasiones en el libro creemos preferible la

realizar una acción pequeña y correcta que las llevan a resolver el acontecimiento que produjo la separación. Ahora vuelven a quedar libres de continuar su amistad y no tienen que cargar las emociones pendientes de este acontecimiento hasta que se vean de nuevo.

Imagine la misma historia con un final diferente. Se produce la disputa original, pero ninguna de las dos mujeres toma el teléfono para pedir perdón. Dos días después, una de ellas muere en un accidente de tráfico. Es obvio que la otra se queda con una comunicación emocional pendiente sobre los últimos eventos en la relación. Esa mujer queda emocionalmente incompleta con una comunicación no expresada que hubiera resuelto el altercado. Podemos decir que está "emocionalmente incompleta" por ese incidente, o que la comunicación no expresada representa un elemento de "dolor emocional pendiente".

Hemos comentado extensamente las frases "diferente, mejor o más abundante" y "esperanzas, sueños y expectativas no realizadas". Lo primero que se nos ocurre es que la superviviente seguramente desearía que la última comunicación con su amiga hubiera sido diferente. Imagínela en el funeral, con su mente reproduciendo una y otra vez la discusión mientras se pregunta un millar de veces por qué fue tan terca y no la llamó para disculparse.

No sugerimos que si hubiera hecho la llamada, ahora se sentiría menos triste por la muerte de su amiga. Simplemente estaría un poco más completa y sería más capaz de contemplar toda la relación en su conjunto; sin estar enganchada a esa última interacción.

A muchos de nosotros nos han enseñado que "no nos quedemos anclados en el pasado", o que "lo pasado, pasado", y que "a lo hecho, pecho". Todos estos consejos son peligrosos porque la mente y el corazón humanos funcionan de formas

forma: Expresar "lo siento".

específicas. Una de las cosas que suceden naturalmente es que nuestro cerebro repasa una relación y descubre todo lo que cree que podía haber terminado de una manera diferente, mejor o más abundante. Está en nuestra naturaleza hacer esto y no está mal que la sigamos, en vez de pelearnos con ella. Lo único que hay que añadir es qué hacemos después con los descubrimientos realizados. Si aprendemos esto, podremos ayudar a nuestros hijos a descubrir y resolver los pensamientos y los sentimientos que recuerdan tras la muerte de alguien o tras cualquier otra pérdida.

¿Empieza a quedar claro lo que queremos decir con completo e incompleto? Es una distinción crucial que tenemos que entender para poder ayudar a nuestros hijos.

Es posible que usted nunca haya pensado de esta manera, pero uno de los primeros objetivos de una disculpa es resolver un acontecimiento que ya ha sucedido. Muchos de ustedes, como padres y responsables, son expertos en enseñar a los niños a disculparse. Es una lección fundamental en la socialización de los niños. Conviene que tengamos al alcance de la mano esta lección al pasar de las palabras a la acción.

¿EL DOLOR EMOCIONAL INCOMPLETO SÓLO TIENE QUE VER CON LAS COSAS MALAS?

El ejemplo que empleamos sobre las dos amigas que discutían puede sugerir que el dolor incompleto sólo tiene que ver con acontecimientos malos o negativos. No es así. El dolor incompleto existe cuando hay una comunicación no expresada de naturaleza emocional. Con esta definición podemos ver que todo lo que tiene un valor emocional para su hijo, ya sea positivo o negativo, puede ser parte de una comunicación incompleta.

Veamos un ejemplo: Un niño ha recibido un regalo de su abuela. Es un regalo maravilloso, justo lo que el niño quería.

El niño piensa en escribir una nota de agradecimiento a su abuela. Pero antes que esto suceda, la abuela muere. El niño se quedó con una comunicación emocional no expresada sobre un acontecimiento positivo. También es frecuente que recordemos algo de naturaleza general que era parte de una relación. Por ejemplo: "Hubiera querido decirle a mi abuelo lo que me gustaba el tiempo que pasaba charlando y paseando conmigo, pero nunca lo hice."

Como regla general, las comunicaciones emocionales no expresadas tratan de cosas que nos hubiera gustado haber dicho o hecho, o de cosas que hubiéramos querido callar o no hacer. También tratan de las cosas que nos hubiera gustado que la otra persona hubiera dicho o hecho, o hubiera callado o evitado. Los niños son muy sensibles a todo tipo de cosas que caen en esas categorías. Su trabajo consiste en ayudarles a descubrir las comunicaciones emocionales no realizadas.

Estos párrafos del *Manual Superando Pérdidas Emocionales* clarifican lo que queremos decir con comunicaciones incompletas:

En nuestros seminarios de tres días podemos ilustrar este concepto haciendo algunas preguntas. El segundo día, preguntamos si alguien ha tenido pensamientos o emociones positivas hacia otro de los participantes. Cuando la respuesta es sí, preguntamos cuál es esa idea positiva. Normalmente es algo como "Admiro su valentía" o "Me gusta su franqueza". Después preguntamos "¿Se lo has dicho?" La persona responde que no. Preguntamos entonces "¿Qué pasaría si esa persona muriese antes que se lo dijeses?" ¿Quién sería el que se quedaría con algo pendiente por decir? La persona responde: "Yo." Entonces preguntamos: "Si en sólo un día hay cosas pendientes entre un extraño y tú, ¿te imaginas todo lo que has acumulado a lo largo de tu vida en tus relaciones familiares, con tus amigos y con otras personas?"

Esto no se limita a acontecimientos mayores. La acumulación de comunicaciones no expresadas, grandes o pequeñas, es lo que tiene valor emocional para nosotros. Hasta donde sabemos, sólo los vivos sufren por quienes han muerto. Es esencial que sanemos los aspectos pendientes de nuestras relaciones.

A veces esta falta de superación es ocasionada por nuestras acciones, o por la ausencia de éstas. Otras veces es por causas ajenas a nuestro control. Esta triste historia ilustra emociones pendientes debido a las circunstancias.

Un niño pequeño salió corriendo de su casa hacia el autobús escolar, que lo esperaba en la calle. Al tiempo que él corría, su madre le gritó desde el garaje:

—Timmy, arréglate bien la camisa, ¿qué pensarán los vecinos?

Varias horas más tarde, la policía acudió a la casa de esa madre. Su hijo, Timmy, había muerto en un extraño accidente en el patio de la escuela.

Además del gran dolor que sufría la madre, ¿qué comunicación creen que ella desearía hubiese sido diferente? Esto no implica que si su última comunicación con Timmy hubiese sido diferente ella podría haber sentido menos dolor. Lo que estamos diciendo es que los últimos comentarios a su hijo definitivamente caen en la categoría de cosas que quisiéramos que hubiesen sido diferentes, mejores o más abundantes. Rara vez sabemos cuál será nuestra última interacción con alguien. No es raro que guardemos algunos temas para hablarlos después en nuestras relaciones. Esto no es necesariamente falta de decisión, simplemente es algo que pensamos hacer en un momento más adecuado. Pero después de un fallecimiento o un divorcio, esos mensajes que hemos pospuesto serán comúnmente los ingredientes que nos ocasionarán dolor.

Sabemos que ante un fallecimiento o un divorcio suelen quedar muchas emociones por resolver, pero ¿qué pasa con otros sucesos? Con frecuencia analizamos las relaciones difíciles que tenemos con algunas personas que aún están vivas —padres, hermanos y otros— y reconocemos muchas cosas que quisiéramos hubiesen sido diferentes, mejores o más abundantes. La mayor parte de las veces, es la acumulación de mensajes no comunicados lo que nos limita también en esas relaciones.

En ocasiones, la dificultad de expresar emociones es causada por otros. Algunas personas simplemente no permiten que se les diga nada significativo o emocional. Ya que no podemos forzarlos a que nos escuchen, nos quedamos atrapados con esos mensajes pendientes, tanto los positivos como los negativos. A veces nos da miedo decir cosas que son emocionalmente muy fuertes. O hemos estado esperando las circunstancias o el momento adecuados. A veces el momento adecuado no llega. O bien, nos olvidamos. O nos distraemos. Y después alguien muere. Y quedamos atrapados por todas esas emociones no comunicadas.

En resumen, la falta de superación es el resultado de comunicaciones emocionales no expresadas. A veces no estamos seguros de lo que hemos dicho o hecho. Esto puede ocasionar la sensación que algo está pendiente. A veces no estamos seguros de si la otra persona de verdad nos escuchó, o recibió nuestro mensaje, o entendió nuestra intención. Esto también nos puede dejar la sensación que tenemos algo pendiente.

Por favor, escuche esto: que tenga asuntos pendientes por resolver emocionalmente no significa que sea una mala persona. Tampoco significa que tenga algún defecto. Sólo significa que varias circunstancias, hechos y falta de acciones le quitaron la oportunidad de sentirse completo.

Aunque estas páginas no fueron escritas pensando específicamente en los niños, también son adecuadas para ellos. A medida que reflexione sobre la idea que el dolor sin resolver está compuesto de todas las emociones no comunicadas, piense en los mitos que todos usamos para manejar las emociones: "Al mal tiempo, buena cara"; "Mantén la compostura"; "No agobies a los demás con tus sentimientos"; "Sé fuerte".

Éstos son algunos de los comentarios que se suman a la impresión de los niños que sus emociones no son alentadas, toleradas o bienvenidas. Uno de los subproductos de no comunicar los sentimientos es la inevitable acumulación de comunicaciones pendientes.

No estamos sugiriendo que los niños tengan que acercarse a la gente y decirles cualquier cosa que se les ocurra. Hay pensamientos y sentimientos que no deben decirse directamente. Pero los niños necesitan disponer de un lugar seguro para expresar las cosas que serían inadecuadas si se dijeran directamente.

Veamos un ejemplo. Tal vez usted haya tenido una experiencia en la que su jefe no se portó de una manera muy amable. Usted se dio cuenta, pero comprendió que si decía algo complicaría la relación con su jefe. Así que lo dejó pasar. Esa noche, en la cena, tal vez comentó con su pareja lo imbécil que era su jefe. En cierto modo, usted ha completado el incidente por el mero hecho de verbalizarlo con su pareja en ese entorno seguro del hogar.

Creemos que es de suma utilidad crear un tipo similar de entorno seguro para sus hijos. A veces un abuelo, otro familiar, un profesor o quien sea, ha sido un poco gruñón o intolerante. Su hijo, como usted en el trabajo, puede darse cuenta que no es seguro decirle a ese adulto cómo se siente por sus palabras o por su tono. Igual que usted empleó la zona de seguridad con su cónyuge durante la cena para contarle lo sucedido con su jefe y dejar que el incidente salga de su atención, el niño puede necesitar una interacción con usted para hacer lo mismo.

Recuerde que no es bueno decir a sus hijos que no deben sentirse como se sienten. Ya se sienten así, igual que usted se sentía de una determinada forma cuando hablaba con su pareja sobre el jefe. Si su cónyuge fue servicial, le escuchó y no se dedicó a decirle qué es lo que usted tenía que hacer. No le dijo que no tenía que sentirse de ese modo, ni que tenía que haber contestado a su jefe. Con esto no estamos sugiriendo que usted o sus hijos tengan que seguir en una situación que sea intolerable. Estamos hablando de esos incidentes ocasionales, que nos suceden a todos de vez en cuando, ya en el trabajo, en casa o en el colegio.

10

AYUDAR A LOS QUE AYUDAN

A medida que avanzamos hacia las acciones específicas que le ayudarán a guiar a sus hijos, queremos añadir algunos comentarios generales que aseguran su éxito. Casi todo el mundo supone que puede ser muy difícil cambiar. Es posible que usted o alguien a quien usted conoce hayan invertido miles de horas y una energía inimaginable en terapia o en libros de autoayuda, cursos y seminarios.

Si aceptamos que puede ser muy difícil cambiarnos a nosotros mismos incluso aunque lo deseemos, tendremos que admitir que también puede ser muy difícil ayudar a cambiar a alguien más. Es virtualmente imposible ayudar a alguien que no desea recibir ayuda. Incluso aunque nuestra formación sea superior a la suya, si no desean cambiar, es un problema. Podemos orientar a alguien para que cambie, pero no podemos forzarle a hacerlo.

Los niños necesitan sentirse seguros si van a aprender una nueva forma de manejar las emociones producidas por la pérdida. Las siguientes secciones le ayudarán a crear ese entorno seguro, necesario para que puedan seguir sus recomendaciones.

ES MÁS FÁCIL LLENAR UNA TAZA VACÍA

Cuando la gente se inscribe para asistir a uno de nuestros seminarios, solemos decirles que traigan "una mente abierta… alquilándola si es preciso o pidiéndosela prestada a un amigo". A pesar del humor que empleemos, la gente suele querer seguir aferrándose a las mismas ideas que limitan sus vidas o, en este caso, que limitan la capacidad de sus hijos para hacer frente de una manera eficaz a la pérdida que han experimentado.

Vamos a pedirle que vuelva a examinar una y otra vez sus supuestos y creencias teniendo esta idea presente: ¿Lo que estoy haciendo va a ayudar o a dañar a mi niño?

Es muy fácil hacer las cosas como siempre las hemos hecho. Pero tradición significa familiaridad, no necesariamente verdad. Observe con una mente abierta las tradiciones aprendidas en cuanto a las pérdidas. Por supuesto que usted querrá conservar las que afirman la vida y que son beneficiosas para sus hijos. El resto deben ser sustituidas por nuevos métodos que puedan evolucionar y llegar a conformar un nuevo juego de tradiciones que usted y sus hijos podrán usar para expandir sus vidas.

Sin entrar en una explicación muy detallada sobre cómo funciona el cerebro, digamos simplemente que incluso las personas más dispuestas a veces se aferran a ideas obsoletas y poco eficaces. Puede ser una lucha dejar entrar la nueva información. De aquí viene el título de esta sección: Es más fácil llenar una taza vacía. Tratar de añadir algo a una taza llena hará que se vierta.

LECCIONES DE BUCEO

¿Qué tiene que ver el buceo con ayudar a los niños a enfrentarse a una pérdida? Nosotros enseñamos a profesionales y personas interesadas a usar nuestras técnicas para ayudar a las personas afligidas. La primera mitad del entrenamiento de cuatro días se dedica a acciones enfocadas a que los alumnos consigan la superación personal. Recientemente, al comenzar uno de estos seminarios, uno de los participantes preguntó por qué tenía que hacer ese trabajo personal cuando había acudido allí para aprender a ayudar a los demás. Respondimos a su pregunta con otra pregunta: ¿Tomarías

lecciones de buceo con alguien que nunca lo hubiera practicado? Claro que no.

Responda esta pregunta: ¿Pediría usted a sus hijos que hicieran algo que usted no fuera capaz de hacer?

Los niños buscan instintivamente la orientación de los
adultos. Teniendo presente que las acciones no verbales
constituyen la mayor parte de nuestra comunicación, la frase
de "Haz lo que yo digo, no lo que yo hago", se convierte en
importante y potencialmente peligrosa.

Cuando la comunicación verbal y no verbal coinciden, a
sus hijos les resultará más sencillo comprender y seguir sus
sugerencias.

Cuando no concuerdan, corremos el riesgo que nuestros
hijos entren en conflicto con la respuesta correcta ante las
pérdidas. Esto puede tener un impacto muy negativo a largo
plazo en sus vidas.

Transiciones críticas

Los bebés se comunican de la única forma que pueden.
Desarrollan una variedad de sonidos y gestos para indicar
lo que les molesta y lo que quieren y necesitan. Los padres
aprenden a interpretar el significado de los diferentes tipos
de llanto así como otras comunicaciones verbales y no verbales de sus hijos.

Una de las transiciones más críticas de la vida sucede
cuando los niños aprenden a comunicar sus deseos y necesidades, así como sus pensamientos y sentimientos. Durante
esta transición los niños aprenden las habilidades del lenguaje verbal y se distancian de las formas más simples de
hacer ruidos y otros gestos. Al igual que en el caso de los
pensamientos alegres y positivos, la información observada,
adoptada y memorizada para manejar los pensamientos y
sentimientos tristes, dolorosos o negativos tiene una importancia capital.

Como siempre, el tiempo de esta transición es único para cada individuo y está sujeto a la evolución de la personalidad y estilo de cada niño. Dentro de este marco, el lenguaje y los gestos de los adultos (generalmente los padres) que influyen sobre el niño juegan un papel determinante en cómo él asimila la información recibida.

Habiendo trabajado con miles de personas, que fueron niños hace tiempo, estamos profundamente conscientes del impacto negativo de ciertos tipos de comentarios que la gente recuerda de ese tiempo de transición. Comentarios que han limitado sus vidas. Por ejemplo, la conocida frase que "los hombres no lloran", envía un mensaje muy frustrante, especialmente sobre la transición de bebé a unos niveles de comunicación más desarrollados. El fallo obvio de este comentario es la implicación que no es normal que nos sintamos tristes ni que lloremos cuando nos sucede algo triste, sea cual sea nuestra edad.

Otros ejemplos como "Crece", "Pórtate como un hombre" o "¿Por qué no puedes ser como tu hermano o tu hermana mayor?", contribuyen al conflicto causado cuando los niños no están usando formas efectivas de comunicar sus sentimientos tristes, dolorosos o negativos. Frases como "Él está perdido" o "Ella se ha venido abajo" enseñan a los niños que hay algo defectuoso cuando tienen el tipo de sentimientos normales que terminan en lágrimas. Los niños son muy listos; no les gusta que piensen que son estúpidos o infantiles, así que se ven forzados a aceptar la idea que no es seguro comunicar sus sentimientos tristes o dolorosos. Muchos años después acuden a nuestro Instituto con una trágica queja: "Mi padre murió el año pasado y no he sido capaz de llorar." ¿Le parece raro?

Doce horas antes de empezar a escribir esta página, Russell estaba en un programa de radio con llamadas por teléfono directas de una amplia audiencia. Una anciana llamó e hizo el siguiente comentario:

—Tengo setenta años y nunca me he sentido triste.

Russell sólo necesitó unos momentos para comprender que la mujer había crecido en un entorno absolutamente intolerante hacia las emociones humanas, especialmente con las tristes. Su padre y su madre estaban "chapados a la antigua" y no creían que esos sentimientos fueran buenos para la gente. De hecho, esta mujer no había experimentado muchos sentimientos, ni siquiera alegres y felices. Russell decidió arriesgarse y le preguntó:

— ¿Te sientes triste por no haberte sentido nunca triste?

—Sí —dijo en voz baja la mujer tras un largo silencio.

Russell empleó su respuesta para ayudarle a comprender que su corazón no había sido aplastado por completo por las ideas que había aprendido setenta años antes. El comentario final de ella fue que creía que aún había esperanza para ella como resultado de escuchar a Russell y por darse cuenta de que, a pesar de todo, sí podía sentir una cierta tristeza.

Capacidad ilimitada

La capacidad de emociones humanas no tiene límites. Observe simplemente a los bebés que gritan encantados ante los menores placeres, y que un instante después lloran desconsoladamente. No se trata únicamente de la ilimitada capacidad de emociones, sino también de la capacidad de comunicar un sentimiento individual, ya sea positivo o negativo, y entonces estar listo para recibir el siguiente. Es como ese chiste sobre el lugar que tenía un clima muy variable: si no te gusta el clima que hace, sólo espera un momento y verás. Si no le gusta su sentimiento actual, otro vendrá dentro de un instante, si lo deja entrar. Los niños no tienen elección, así que saltan de un sentimiento al siguiente, de alegre a triste, luego otra vez alegre, y luego neutro, con una respuesta exacta y emocionalmente sincera ante sí mismos y ante el mundo que los rodea.

*La expresión del sentimiento actual
permite la expresión del siguiente.*

Restringir la expresión de las emociones que surgen naturalmente produce una acumulación y eventualmente una explosión. Piense en una olla de presión con agua hirviendo en su interior, puesta al fuego, pero sin una válvula que permita la salida del vapor, del exceso de energía acumulada. Todos necesitamos aliviar adecuadamente algunas de las presiones que se han acumulado en nuestro interior. El próximo capítulo ilustra la acumulación a largo plazo de emociones inconclusas que se produce al no comprender el funcionamiento de la olla de presión.

Sin simplificar en exceso, creemos razonable decir que las dos emociones humanas más básicas son la alegría y la tristeza. Creemos que ambas tienen una importancia similar y deben ser escuchadas para permitir el movernos a la siguiente gama de sentimientos que acompañan los acontecimientos de nuestras vidas. Aferrarnos a un sentimiento, especialmente a los tristes, dolorosos o negativos, consume mucha energía y puede tener consecuencias mucho más negativas que expresarlos inmediata y adecuadamente cuando se presentan.

Lo que es adecuado guarda una estrecha relación con la edad y la madurez de los niños. Los niños muy pequeños que apenas están aprendiendo a hablar, conservarán muchas de sus expresiones infantiles. Por otra parte, a medida que vayan avanzando, podrán expresar mejor sus sentimientos verbalmente, junto con lágrimas, risas y otras comunicaciones no verbales.

CARICIAS DELICADAS

Solemos limitar la expresión del lado triste de los sentimientos humanos empleando modos muy toscos en vez de caricias delicadas. En el Instituto para la Superación del Dolor Emocional, incluso cuando estamos trabajando con adultos, solemos pedirles que sigan hablando mientras lloran, lo que ayuda a la gente a comunicar específicamente lo que siente, en vez de expresar únicamente la generalidad de la tristeza implícita en las lágrimas. Cuando trabajamos con niños, hacemos lo mismo y les animamos a poner palabras a los sentimientos que tratan de comunicar. El peligro es que si les decimos que dejen de llorar o dejamos que supongan que hay una forma correcta o incorrecta sobre su llanto, romperemos el vínculo esencial de confianza y seguridad que hemos creado para ellos.

La transición de la comunicación infantil del bebé a la comunicación verbal del niño puede ser muy frustrante para padres y educadores. Algunos niños la pasan sin un tropiezo, mientras otros se detienen y vuelven a empezar, dos pasos adelante y uno hacia atrás. Es esencial que recuerde que esta transición tiene un ritmo específico para cada niño. De nuevo, quienes hayan tenido más de un niño habrá observado las sorprendentes diferencias de ritmo entre un niño y otro. Sabemos que esta transición puede ser a veces frustrante y difícil, por lo que le animamos a que sea tan paciente como pueda.

Sus palabras y sus actos pueden tener
un potente impacto sobre sus hijos; es esencial que
no se sientan juzgados para realizar este tránsito.

SI SUS HIJOS SON MAYORES,
NO SE DESESPERE

Si su hijo ya ha pasado esta transición básica de la que hablamos, no se desespere. Los niños son mucho más flexibles que los adultos. Tienen mucha menos práctica que los adultos para acostumbrarse a ideas incorrectas. Si les damos una información mejor y diferente, se adaptarán a la misma fácilmente. Russell recuerda un día que volvió después de haber hablado con niños de 12 y de 13 años. Decía que los niños de 12 años parecían estar mucho más disponibles emocionalmente que los de 13 años. Estos últimos necesitaron un poco más de tiempo, pero también participaron.

¿Sabemos ya bastante?

Todo lo que hemos expuesto hasta ahora nos sirve para ilustrar el hecho que hay un problema. Es casi imposible introducir las acciones que llevan a la superación del dolor causado por una pérdida sin examinar antes nuestro sistema de creencias.

Una herida puede infectarse. Si no se trata adecuadamente, puede empeorar. Si se deja sin cuidar, puede tener consecuencias desastrosas. Esto es semejante: El dolor sin resolver se va acumulando negativamente. Este dolor pendiente de resolver no se disipa tratando de no sentirnos mal, o de sustituir la pérdida, o sufriendo en solitario, o siendo fuertes, o manteniéndonos ocupados, o con el paso del tiempo.

Mirando atentamente esos seis mitos que dictan la mayor parte de sus respuestas a las pérdidas, seguramente haya empezado a darse cuenta que tiene que realizar algunos cambios en sus percepciones para poder ayudar a los niños.

Comprender las trampas que contienen esos seis mitos es el primer paso esencial para ayudar a sus hijos. Ahora que sabe más que antes, veamos otro componente también muy importante que contribuye a la acumulación de emociones no expresadas.

11

FORMAS DE ESCAPE TEMPORAL

¿Ha conocido a alguien enganchado fuerte y negativamente a algo sucedido hace mucho tiempo? Es esa persona que una y otra vez cuenta la misma historia de desdichas. Y al margen de todas las veces que cuenta la historia, siempre contiene el mismo énfasis, el mismo dolor, la misma angustia. Años después del acontecimiento, es la misma historia, siempre asociada a los mismos sentimientos, consumiendo enormes cantidades de energía.

¿Se ha planteado alguna vez cuánta energía está consumiendo esta persona por el hecho de estar aferrada a su historia y por repetirla una y otra vez?

Cuando hablamos de energía, no lo hacemos en términos mágicos o místicos. Hablamos en términos cotidianos sobre la cantidad de energía humana tangible empleada para revivir esa historia una y otra vez.

¿Se ha preguntado si la repetición constante de los recuerdos dolorosos puede llegar a cobrar un precio en la salud de alguien? Tal vez sea el tipo de cosas que crea o contribuye a la creación de úlceras, hipertensión arterial, jaquecas, problemas digestivos, dolores de espalda y un número casi infinito de otras enfermedades.

Creemos que hay una correlación directa entre las emociones no expresadas y un sinnúmero de trastornos médicos. Incluso aunque los cuerpos de los niños sean más jóvenes y parezcan ser más resistentes, también están expuestos a sufrir las consecuencias físicas negativas que se acumulan en los adultos que no manejan bien sus emociones. Como el dolor emocional sin resolver es acumulativo, tal vez necesite que pase un tiempo antes que haya síntomas visibles.

¿Se necesita más energía para aferrarnos a algo o para soltarlo? Como experimento divertido, cierre la mano en un puño de modo que nadie pueda separarle los dedos. Observe la energía que precisa cerrar el puño y mantenerlo cerrado. Siga apretándolo un instante. Es posible que incluso llegue a sentir un cierto dolor. Con el tiempo su brazo y su mano se fatigarán, y tendrá que abrir la mano.

Ahora haga la misma prueba, pero tensando los músculos del vientre y manteniéndolos así. Vea el tiempo que transcurre antes de empezar a sentirse mal. Imagine que tuviera el vientre así de tenso todo el tiempo, porque estuviera aferrándose a algo que sucedió en el pasado, o aferrándose al miedo de algo que pudiera suceder en el futuro. Imagine cuánta energía se consume apretando el puño o el vientre, tratando de mantenerlos tensos.

Hay algo que resulta obvio; se necesita mucha más energía para sujetar algo que para soltarlo. Los amigos bienintencionados nos sugieren que nos soltemos y avancemos. Casi todo el mundo lo haría si supiera cómo.

Entonces la cuestión se convierte en: ¿Por qué nos aferramos a recuerdos y acontecimientos dolorosos con tanta fuerza? ¿Por qué es tal difícil soltarlos?

Las respuestas están parcialmente contenidas en los seis mitos discutidos en la primera parte del libro. Cuando hemos sido entrenados para admitir una idea como la de no sentirnos mal, eso entra en conflicto con nuestra propia naturaleza. Por tanto, cuando algo sucede y nos sentimos mal, y creemos que no es así como deberíamos sentirnos, apartamos los sentimientos y los alejamos de nosotros. Además, podemos reemplazar la pérdida con algo similar o con una relación paralela. Una nueva relación no resuelve la antigua, se limita a alejar los aspectos incompletos de nuestra conciencia. Los sentimientos asociados a la relación original no han sido resueltos, y en su lugar hay una actividad diferente que nos distrae de los sentimientos que creemos que no deberíamos estar experimentando.

Considere el mito que nos recomienda que nos mantengamos ocupados. Eso genera y consume una gran cantidad de energía, pero la energía emocional producida por el acontecimiento doloroso no está siendo disipada; simplemente la ignoramos mientras nos concentramos en otras actividades. Durante el tiempo en que nos dedicamos a otras acciones, tal vez no recordemos la pérdida original.

¿SABE DÓNDE ESTÁ LA ENERGÍA DE SU HIJO?

Anteriormente sugerimos que una de las razones por las que usted está leyendo este libro puede ser porque ha observado algún comportamiento de su hijo que le ha parecido que pudiera haber sido producido por una pérdida, ya sea reciente o del pasado. Hay una gran posibilidad que haya observado que su hijo adoptó algunos comportamientos para disipar esa energía. Nosotros les llamamos formas de escape temporal (FETs).

El dolor, la reacción normal y natural ante una pérdida, puede producir una energía en el niño. Pero a veces el flujo normal de esa energía es desplazado por consejos como: "No te sientas mal. Tómate esta galleta; te sentirás mejor." Entonces esa energía sigue existiendo, pero tiene que ser desviada. El uso inadecuado de la comida ante una pérdida es, dicho sea de paso, la mayor forma de escape temporal en la actualidad en los Estados Unidos.

Una vez más recordemos la niña que comentamos en el capítulo segundo, la niña a la que dieron galletas cuando lloraba por el modo en que los otros niños se habían portado con ella en el jardín de niños. Le dicen que se coma esa galleta y se sentirá mejor. Como resultado de comer galletas, la niña se siente diferente, pero no mejor. Tras una serie de acontecimientos similares, la niña podrá llegar a identificar ese estado como mejor, pues así es como lo han definido los adultos. Consumir una sustancia como respuesta a un acontecimiento emocional suele convertirse en la piedra angular de una filosofía inconsciente que puede tener consecuencias negativas que duren toda la vida. También se convierte en el inicio de un hábito involuntario e incorrecto para hacer frente al pesar y a las pérdidas.

Adelantemos la película: diez años después, cuando la niña ya está en el bachillerato, tras una interacción emocionalmente dolorosa con un compañero de clase, alguien puede decirle: "¿Te sientes mal? Fuma mariguana y verás cómo te sientes mejor." ¿Dónde hemos escuchado antes esto? ¿Emociones dolorosas? Consume una sustancia determinada y te sentirás mejor. Y no tenemos que fijarnos únicamente en sustancias ilegales o en un carácter débil para ilustrar nuestro ejemplo. Puede ser que una adolescente se sienta muy triste tras una ruptura amorosa. Se lo dice a su madre que no sabe manejar esos sentimientos normales de dolor, así que la lleva con su médico o terapeuta. Como resultado de esa visita, se le receta un fármaco: "No te sientas mal. Toma estas píldoras y te sentirás mejor." En este caso, dentro de un marco legal, se receta una sustancia legal para manejar esos sentimientos, pero los resultados pueden ser igual de devastadores.

Nuestra sociedad se ha concentrado en los peligros del alcohol y de las drogas, mientras sigue promoviendo sustancias para manejar los sentimientos. Es una combinación absurda. ¿No le parece que puede haber alguna conexión entre el hecho que se nos enseña a medicar nuestros sentimientos con comida y otras sustancias y las miles de muertes que se producen anualmente por causas relacionadas con la obesidad? ¿No será el resultado directo de esa socialización que se apoya en ideas como "No te sientas mal; tómate esta galleta y te sentirás mejor"?

Podemos preguntarnos: ¿Y qué pasa con los sentimientos tristes, dolorosos o negativos? ¿Se desvanecen? ¿Qué le sucede a la energía tangible producida por esas emociones tristes? ¿Desaparece y no vuelve más? ¿O se oculta para regresar con los inminentes sentimientos de tristeza que experimentará el niño en el futuro? ¿No se convertirá en una bomba de tiempo enterrada bajo la superficie a la espera del estímulo "incorrecto" para desencadenar la explosión? Puede apostar su vida... o, mejor dicho, está apostando la vida de su hijo. Ninguno de nosotros le hacemos eso intencionalmente a nuestros hijos, pero conviene que tengamos ideas más adecuadas y mejores modos de comunicarnos con nuestros hijos respecto a las pérdidas.

LAS FORMAS DE ESCAPE TEMPORAL NO FUNCIONAN

En el capítulo anterior nos referimos brevemente a la idea del vapor encerrado dentro de una olla de presión. En el *Manual Superando Pérdidas Emocionales* escribimos extensamente sobre las formas de escape temporal empleando la metáfora de una tetera. A lo largo de los años, hemos recibido muchos comentarios positivos sobre la claridad de esta explicación, por lo que vamos a incluirla aquí con ligeras modificaciones referidas a los niños.

Imagine una tetera llena de agua. Abajo, la llama está encendida. Conforme el agua se calienta y hierve, el vapor generado por el calor escapa por la salida. La mayoría de las teteras tienen un silbato que indica cuando el agua está hirviendo. Imagine esa misma tetera, llena de agua, sobre el fuego encendido y con un tapón puesto en la salida. La presión se acumula dentro de la tetera cuando la energía generada no puede salir por ningún lado. El tapón representa la información recibida a lo largo de nuestra vida, que nos lleva a pensar que no debemos hablar sobre emociones tristes, negativas o dolorosas.

Una tetera que funciona bien deja escapar vapor conforme éste se va acumulando. Cuando se dice a los niños "No te sientas mal" y "Si vas a llorar, mejor vete a tu cuarto", la energía se queda atrapada en su interior. Al pensar en este ejemplo de la tetera nos damos cuenta que el mito "el tiempo todo lo cura" no puede ser considerado seriamente. El tiempo sólo lleva a la tetera a explotar.

Ahora piense en su hijo como en la tetera. Conforme la presión aumenta en su tetera personal busca alivio de forma automática. Entonces corre el riesgo de empezar a usar diversas formas de escape temporal (FETs). Hay tres problemas serios con las FETs. El primero es que aparentan funcionar. Crean en el niño la ilusión que se siente mejor al hacerle olvidar o sepultar sus emociones. El segundo problema es que son *temporales*. No duran y no abordan el verdadero problema emocional. Finalmente, las FETs no hacen nada para eliminar el tapón que está atorado en la salida de la tetera. De hecho, mucha gente ni siquiera se da cuenta que hay un tapón en la salida.

Eventualmente la tetera de nuestro hijo se satura y las FETs no pueden crear la ilusión de bienestar. Imagine lo que sucede si a esta colección de asuntos no resueltos le agregamos un divorcio, una muerte u otra pérdida mayor. La presión puede llegar a hacer explotar la tetera.

Algunas explosiones emocionales son tremendas y ocupan los titulares de los periódicos. La mayor parte son más pequeñas. Permítanos una pregunta capciosa. ¿Ha tenido usted alguna explosión emocional mayor de lo que exigían las circunstancias? Casi todos nosotros responderíamos que sí. Algo tan simple como volver a casa tras un día de trabajo duro y gritar a la persona que dejó la bici en el pasillo es un ejemplo de esas explosiones. Con el tiempo, desarrollamos el hábito de poner un tapón en teteras personales. Embotellamos nuestros sentimientos porque nos han enseñado a hacerlo así. Somos buenos estudiantes y hacemos lo que nos enseñaron.

Nuestros hijos tienden a hacer lo que nosotros hacemos. Se han estado fijando en nosotros y nos han estado copiando desde el primer día. Así que tanto si el mensaje es directo, en forma de comentarios del estilo de "No te sientas mal", como si es indirecto mediante la observación del niño del comportamiento de su padre, el resultado es el mismo. Una generación más ha aprendido a manejar los sentimientos indirectamente en vez de hacerlo directamente.

Las ideas de este libro le permitirán educar a sus hijos de forma diferente. En efecto, usted podrá ayudarles a quitarse el tapón y a expresar sus emociones adecuadamente y en el momento oportuno. Además, las acciones de este libro le ayudarán a enseñarles a quitarse esos tapones que han estado ahí tanto tiempo. Entonces podrán manejar de forma más eficaz las emociones asociadas a la pérdida. Al estudiar cuidadosamente los mitos y otras ideas incorrectas, podrá ayudar a sus hijos a sustituirlos por otras ideas más adecuadas para manejar las emociones tristes, dolorosas y negativas.

Veamos una analogía: si su jardín está lleno de malas hierbas y usted las corta, eso supondrá un escape temporal. Temporal, pues los hierbajos *volverán* a crecer. O puede *arrancar* esas malas hierbas y así eliminar el problema. Queremos que sus hijos tengan una predisposición automática a arrancar las malas hierbas. De esta forma, no tendrán que pelear durante toda su vida con sustancias adictivas y otros sustitutos emocionales que producen el bienestar ilusorio de las formas de escape temporal.

La comida, los medicamentos, las drogas y el alcohol son los ejemplos más obvios de las FETs. Pero hay muchas más. Algunas de ellas son más importantes para los niños, pero aquí tiene una lista de las más típicas:

❖ Enojo.
❖ Fantasía (películas, televisión, libros).
❖ Aislamiento.
❖ Sexo.
❖ Ejercicio.

❖ Comprar (irónicamente decimos "terapia de compras").

Tras vivir una pérdida importante de cualquier tipo, los niños suelen generar unas emociones tremendas. Sus cuerpos tratarán naturalmente de desviar el exceso de energía, que puede evidenciarse de muchas formas. Muchos de ustedes estarán familiarizados con la "hiperactividad", que a veces representa el exceso de energía causado por una pérdida. Lamentablemente nuestros colegios y maestros no están capacitados para reconocer y distinguir un problema real de comportamiento y el impacto del dolor emocional no resuelto o de una pérdida en los jóvenes.

Según la edad y otras circunstancias, la gran mayoría de los jóvenes pueden engancharse en las drogas y el alcohol poco después de una pérdida emocional importante. Ya hemos explicado asimismo el uso incorrecto que se hace de la comida aplicada a las emociones.

Le animamos a que considere estas ideas seriamente. Y, en lo que se refiere a las formas de escape temporal, le sugerimos que observe su propio comportamiento, así como el de sus hijos.

RESUMIENDO

Hemos mostrado las ideas y acciones que impedirán que sus hijos concluyan emocionalmente sus pérdidas. Ahora puede ver con más claridad cómo los seis mitos ampliamente aceptados alejan a los niños de la superación. También hemos visto las formas de escape temporal que tienen un valor limitado, contribuyendo más al problema del dolor sin resolver que al objetivo: la superación.

Al apartar estos obstáculos, podemos empezar a hablar de las ideas y acciones que llevan a los niños a la superación del dolor y de las emociones incompletas asociadas a las personas, animales, lugares y cosas que son importantes para ellos.

TERCERA PARTE
HACIA LA SUPERACIÓN

¿QUÉ ES LA SUPERACIÓN?

La superación es el acto de descubrir y comunicar, directa o indirectamente, las emociones pendientes asociadas a una relación que cambia o termina.

Las muertes, los divorcios y otras pérdidas dejan a los niños con emociones pendientes sobre cosas que sucedieron o dejaron de suceder en sus relaciones con esas personas, animales, lugares u objetos. Estas emociones no comunicadas son los componentes de la pena no resuelta.

Es prácticamente imposible que una relación termine sin que tenga alguna emoción no comunicada o pendiente. Por mucho que nos esforcemos, es cada vez más difícil mantener un estado de superación absoluta con todo y con todos. Nuestros pensamientos, sentimientos y opiniones están cambiando constantemente; por tanto, también nuestras relaciones están experimentando continuamente cambios mayores o menores.

Para determinar qué elementos de una relación están emocionalmente incompletos, tenemos que ayudar a nuestros hijos a repasar la relación. El repaso de la relación es la primera acción importante que lleva a la comunicación de las emociones pendientes.

12

REPASO DE LA RELACIÓN

EL REPASO DE LA RELACIÓN SUCEDE
AUTOMÁTICAMENTE

Cuando se da un cambio importante en las circunstancias de nuestra relación con alguien, automáticamente repasamos esa relación. Una muerte, un divorcio o incluso una mudanza, nos llevan a contemplar cada uno de los aspectos de esa relación a la luz del momento presente. Es imposible *no repasar* una relación cuando se da una pérdida. La gente puede decirnos que no pensemos en eso. No sólo se trata de un mal consejo, sino que es imposible seguirlo. En el tiempo que sigue inmediatamente a la pérdida, los recuerdos de la relación son más accesibles, precisos e intensos.

El repaso de una relación es la respuesta automática y natural ante una pérdida. La única diferencia que puede haber entre los adultos y los niños es la duración de la relación y la mayor capacidad del adulto para comunicar sus pensamientos y sus sentimientos al respecto.

Algunos niños se dan cuenta del repaso cuando lo están haciendo, y otros no. Inmediatamente tras una pérdida —y, especialmente, tras una muerte— es frecuente que los miembros de la familia se reúnan y hablen de la persona fallecida. Cada familiar cuenta sus historias que identifican su relación personal con el muerto. Algunas de las historias son compartidas por toda la familia. Otras son exclusivas de cada individuo. Las historias de los niños siempre tienen que ver con sus relaciones personales con la persona muerta. Este tipo de conversación familiar es un repaso de la relación. Es normal, natural y saludable, y debe ser potenciada, pues le servirá para ayudar a sus hijos. Le recomendamos que aliente a sus hijos a participar en este tipo de conversación familiar. Puede que se sorprenda por los recuerdos que les afectan, positiva o negativamente, en esa relación.

Mientras que estas conversaciones familiares sobre un ser querido que ha muerto son normales, no hay que confundirlas con la superación. La superación suele necesitar acciones adicionales. Tenga presente que los recuerdos que afloran a la superficie tras una muerte pueden ser muy útiles para descubrir las cosas que el niño quisiera que hubieran sido diferentes, mejores o más abundantes, así como pueden contener esperanzas, sueños y expectativas irrealizadas sobre el futuro. Estos descubrimientos pueden ser empleados para completar lo que está emocionalmente incompleto.

¿QUIÉN DEBE SER EL PRIMERO?

Vamos a pasar de hablar sobre la superación para mostrar las acciones que ayudarán a sus hijos a resolver el dolor producido por sus pérdidas. Pero antes que demos ese salto, conviene que dejemos algo muy claro. Recordará que al comienzo de este libro dijimos que "la superación del dolor o de una pérdida se consigue cuando la persona que sufre emprende una serie de acciones pequeñas y correctas".

La parte más importante de esa frase es el hecho que esas acciones son emprendidas *por la persona que sufre*, que, en este caso, es el niño. Esas acciones no son realizadas por el padre o el responsable. No se puede forzar a un niño a recuperarse. Conocemos demasiados malos resultados cuando hemos forzado a las personas que sufren, ya sean niños o adultos, para que hagan *lo que creemos* que es lo mejor.

Si se fija en la evolución de este libro, observará que John, Russell y Leslie fueron los primeros en presentar algunas de las experiencias de pérdida de sus vidas, así como las ideas y principios que aprendieron con pérdidas diferentes. De esta forma dejaron clara la idea que si ellos pudieron hacerlo, usted también puede. También usted tiene que ser el primero, para que sus hijos se sientan seguros al emprender las acciones que usted les sugiera. Recuerde la pregunta que le hicimos de si usted tomaría clases de buceo con alguien que no lo hubiera hecho antes.

También queremos dejar claro el hecho que usted, como padre o responsable, es quien mejor conoce a sus niños. Quienes tengan más de un niño a su cargo sabe que cada niño tiene sus propios modos de comunicación. Usted sabe quién necesita más ayuda identificando sus pensamientos y sentimientos. Vamos a darle algunas pautas universales que han demostrado su valor con todo tipo de pérdidas y con niños de todas las edades. Usted tendrá que darse cuenta de la madurez, comprensión y modos de comunicación individuales de sus niños.

Los niños tienen relaciones únicas e individuales. Usted tendrá que ayudarles a descubrir qué es lo que está emocionalmente incompleto en su relación con la persona o el animal que murió. Con pérdidas de otro tipo, debe proceder con cautela y tener presente que estas acciones son sobre *las relaciones de ellos*, no las suyas. El mayor peligro potencial es que usted ponga en sus mentes la interpretación de la relación que *usted* hace. Como los niños son jóvenes e impresionables, pueden sentirse inclinados a aceptar lo que usted les dice en vez de tratar de descubrir por sí mismos lo que es su propia verdad.

COSECHE EL FRUTO CUANDO ESTÉ MADURO

No hay un tiempo o un lugar perfectos o correctos para empezar a ayudar a su hijo a repasar su relación. No podemos suponer que cada uno de ustedes se encuentra en el mismo punto de salida con sus hijos. Algunos de ustedes habrán alentado naturalmente a sus hijos a que hablen de las emociones que experimentan sobre la relación. Otros tal vez hayan empleado viejas ideas del estilo de "Lo pasado, pasado" o "Hay que seguir adelante". Ahora no se trata de juzgar lo que usted hizo o dejó de hacer hasta ahora; en vez de eso, queremos darle unas pautas útiles.

Los niños actúan según lo que ven en usted. Si usted habla abierta y sinceramente de su relación, ellos también lo harán. Si usted se permite la amplia gama de emociones asociadas a la pérdida, sus hijos harán lo mismo. Si usted no se disculpa por tener emociones humanas, ellos no supondrán que esos sentimientos son anormales o que impliquen algún defecto.

Las preguntas directas suelen acobardar a los niños para hablar de cómo se sienten. Si usted pregunta a su hijo si se ha estado acordando de su abuela, lo más probable es que diga que no. Con lo que habrá perdido la ocasión de hablar sobre el tema, al menos de momento.

En general, los niños dicen que no porque tienen miedo de ser juzgados o criticados por tener los sentimientos que tienen. Recuerde nuestro primer mito: No te sientas mal. Este comentario implica que tenemos algún tipo de defecto si nos sentimos mal, o si ese sentimiento dura algo más que un instante. Se nos ha dicho que no debemos sentirnos mal, y que si esto sucede, tenemos que encerrarnos en nuestra habitación. Hemos memorizado la idea que no conviene que nos sintamos mal y, todavía peor, que es inseguro mostrar que nos sentimos mal delante de nadie.

Con frecuencia, el mejor modo de descubrir lo que le pasa a su hijo es empezar usted a hablar primero. Imagine que dice a su hijo:

—¿Sabes? Desde que la abuela murió, he estado acordándome mucho de ella y de cuando íbamos a verla a su casa.

Recuerdo el día en que se olvidó de nuestra visita y estaba apenada porque no nos había horneado ninguna tarta.

Una frase así animará a su hijo a recordar cosas que sucedieron en su relación con la abuela.

Como en nuestra cultura estamos predispuestos a minimizar los sentimientos dolorosos, la mayor parte de los niños han aprendido que cuando dicen la verdad sobre su tristeza son juzgados, criticados o humillados. La negación del dolor emocional impregna todo en nuestra sociedad, así que incluso aunque usted no haya tratado a sus hijos de este modo, es muy probable que hayan sufrido la influencia del mundo que les rodea.

Si usted pregunta a un niño cómo se siente por la muerte de la abuela, o si se acuerda de ella, seguramente no quiera confesar la verdad por miedo a que le digan que esos sentimientos no están bien. Sin embargo, si usted recuerda ser el primero, y hablar de sus propios sentimientos, eliminará el miedo del niño a ser juzgado.

También es una buena idea que incluya alguna palabra o frase emocional en lo que usted dice. Si emplea términos emocionales, está indicando a su hijo que puede decir lo que siente sin miedo. Volvamos a nuestro comentario original. Si dice:

—¿Sabes? Desde que la abuela murió, he estado acordándome mucho de ella y de cuando íbamos a verla a su casa. Recuerdo el día en que se olvidó de nuestra visita y estaba apenada porque no había horneado ninguna tarta. —Y sería una buena idea añadir—: La echo mucho de menos y me siento muy triste.

Recuerde que usted es el guía.

13

EJEMPLOS DE LA VIDA REAL

Lo que dicen los niños…
Adiós, señor Hámster

Las mejores ilustraciones que podemos hacer son de histo-rias de la vida real. La historia que viene a continuación tiene que ver con la muerte de un animal. Hasta una cierta edad, la mayor parte de los niños responden perfectamente a las experiencias de pérdida. Sacan todas y cada una de las emociones. Repasan y completan lo que está sin terminar. Y entonces siguen adelante. La edad en la que empiezan a abandonar esta capacidad natural varía para cada niño, y puede estar entre los tres y los siete años. Observe que hemos dicho que "abandonan esta capacidad natural". Queremos subrayar este punto. Los niños hacen las cosas correctamen-te hasta que se les enseña a hacerlo de otro modo. Hace unos años recibimos la llamada de una amiga nuestra. El hámster de su hijo de cuatro años acababa de morir, y ella se sentía ansiosa ante la idea de si sabría ayudarle a manejar sus senti-mientos de respuesta a la muerte de su animal.

Inmediatamente respondimos que seguramente no ne-cesitaría hacer nada; como el niño sólo tenía cuatro años, probablemente sabría arreglárselas él solo. Con cuatro años, no había sido expuesto a la literatura y el cine que no dejan de enviarnos mensajes erróneos sobre cómo hacer frente a las pérdidas. Sugerimos a nuestra amiga que se limitara a observarle y así lo hizo. Si se presentaba algún problema, podía llamarnos inmediatamente. Una hora después nos volvió a llamar bastante sorprendida. Nos preguntó cómo lo sabíamos. Le repetimos que con esa edad decir la verdad es posible y probable. Nos dijo que había visto a su hijo en su habitación, pues la puerta estaba abierta para que ella pudiera verle. Estaba de pie frente a la jaula, mirando al hámster muerto, y con lágrimas en los ojos le dijo a su manera:

—Señor Hámster, tú eras un buen hámster. Lo siento por las veces que no te limpié la jaula. Es verdad que me puse furioso el día que me mordiste, pero está bien. Quisiera que no te hubieras enfermado, que no hubieras muerto. Me gustaría seguir jugando contigo. Te quise y sé que me quisiste. Adiós, Señor Hámster.

Entonces rompió a llorar.

Éste no es el fin de la historia, sino el principio. Más tarde, el niño, su madre, su padre y su hermana de siete años, hicieron una pequeña ceremonia. El Señor Hámster fue enterrado en el jardín, en una caja de zapatos, con algunos dibujos hechos por el niño y su hermana. Su madre le pidió que repitiera lo que había dicho en la habitación, y que le dijera: "Adiós, Señor Hámster." De vez en cuando, durante las siguientes semanas, el niño iba al jardín y hablaba con el Señor Hámster, y siempre se despedía de él y le decía adiós. Dos meses después, el niño dijo a su madre que creía que le gustaría volver a tener otro hámster. A ella le pareció una idea espléndida. Lo primero que hizo el niño cuando le compraron el nuevo hámster, fue hablarle al animal del Señor Hámster, que había muerto, y decirle que esperaba que llegarían a ser buenos amigos, como con el Señor Hámster.

Los niños son terriblemente buenos si les dejamos serlo. A veces creemos que es mejor seguirles que guiarles.

El muchacho de esta historia llevó a cabo el repaso de su relación sin que nadie se lo pidiera. Es natural porque la conciencia de la muerte pone en marcha automáticamente ese repaso. Este niño, con sus cuatro años, no había perdido la reacción instintiva de repasar y comunicar sus pensamientos y sentimientos sobre su mascota.

Cómo sólo tenía cuatro años, sus recuerdos y la forma en que hablaba sobre ellos era una representación muy precisa de su relación con el Señor Hámster. Los niños mayores suelen tener una colección de recuerdos mucho más variada, así como medios más sofisticados para hablar de ellos.

TODA LA PENA SE EXPERIMENTA
AL CIEN POR CIENTO

Hemos comenzado con la muerte de un animal porque suele ser la primera gran pérdida que afecta a un niño. Pero nunca debemos comparar las pérdidas. No interprete esto como si nosotros estuviéramos concediendo un valor superior a la muerte de un animal que a la muerte de un padre, de un abuelo o de cualquier otra persona. Todas las pérdidas se experimentan al cien por ciento, y cada pérdida lleva consigo un nivel de intensidad basado en la singularidad de la relación.

MUERTE DE UN ANIMAL

La muerte de un animal puede producir un dolor emocional considerable en un niño. Recuerde que la muerte de la perra de John, Peggy, inició el rosario de informaciones incorrectas que afectaron al resto de su vida. A partir de esta experiencia comenzaron a grabarse en la conciencia de John las ideas de "no sentirse mal" y de "reemplazar la pérdida".

Si la muerte de la mascota de su hijo es la razón por la que usted está leyendo este libro, entonces hay una gran probabilidad que usted también tuviera una relación con ese animal. Si se trataba de un perro o de un gato, es probable que usted tuviera un vínculo emocional con el animal. Si era un hámster, una serpiente u otro animal enjaulado que vivía en la habitación de su hijo, su relación con ese animal tal vez fuera mínima.

Al estar viendo cómo podemos ayudar a los niños, los detalles de la relación que usted tenía con ese animal no son relevantes. Pero lo que pueden ser muy útiles son sus recuerdos de acontecimientos similares en su niñez. ¿Sufrió usted la muerte de una mascota cuando era niño? Si es así, procure recordar cómo se sintió. Esto le proporcionará una sensación de conexión con el modo en que se siente su hijo. Aunque no hay un conjunto universal de sentimientos cuando muere un animal, la mayor parte de los niños se sienten muy afectados.

Si usted no padeció la muerte de una mascota en su infancia, trate de recordar alguna experiencia triste que tuvo entonces. Incluso la pérdida de una posesión muy querida, como un peluche o un balón de fútbol, puede causar una gran congoja en el niño. Cualquier recuerdo que usted tenga de acontecimientos tristes o dolorosos le ayudarán a entrar en contacto con sus propias emociones, y eso le servirá para guiar a sus hijos hacia sus propias emociones y hacia la superación de su dolor.

Como las relaciones con los animales suelen ser incondicionales, niños y adultos establecen vínculos muy intensos con sus animales. Los niños suelen contar a sus animales todos sus pensamientos, sentimientos y frustraciones. El animal se convierte en un confidente fiel… incondicional y absolutamente fidedigno.

La muerte de un animal, especialmente cuando es la primera muerte de alguien próximo al niño, introduce la dolorosa realidad que algo puede marcharse para no volver. La permanencia de la muerte deja de ser una posibilidad teórica para convertirse en un hecho doloroso. Como padre o responsable, conviene que tenga presente que además de esa muerte concreta el incidente está golpeando a su hijo con la idea del carácter definitivo de la muerte. Reconozca que esas respuestas emocionales monumentales son muy normales para los niños ante un acontecimiento de esta magnitud.

Todo aquello de lo que hemos estado hablando hasta ahora se vuelve relevante en este momento. Veamos una pregunta: ¿Es cierto que todos los seres vivos también deben morir? La respuesta es que sí. Otra pregunta: Ante la muerte de la mascota de nuestro hijo, ¿resulta útil dirigir sus emociones al hecho que todos los seres vivos debamos morir? La respuesta es que no. La muerte del animal puede provocar la reacción emocional más intensa que su hijo haya experimentado en su corta vida. El hecho que todos los seres mueren es intelectualmente correcto, pero no sirve emocionalmente al niño, al menos no le sirve en estos momentos.

De hecho, el comentario que "todos los seres vivos también deben morir" es en realidad una versión abreviada de uno de los mitos: No te sientas mal, todos los seres vivos mueren. Visto así, ¿comprende lo poco que le serviría a su hijo ese comentario? Lo importante es que usted acepte el hecho que la reacción emocional de su hijo ante la muerte de su mascota, que el niño percibía como su mejor amigo, es normal y natural. Cualquier comentario que implique que no debería sentirse mal, le hace estar en conflicto con su respuesta natural. Su primer deber es evitar la respuesta acostumbrada, y no pedirle que no se sienta mal. Ya hemos hablado en este libro del deseo natural de consolar a sus seres queridos. Decirle a su hijo que no se sienta mal no produce consuelo, sino confusión.

Tal vez usted se pregunte si hay un momento y un lugar adecuados para hablar del hecho que todas las criaturas mueren. Es posible que muchos de ustedes ya hayan tenido ese tipo de conversación con sus hijos. Para quienes no lo hayan hecho, hablaremos al respecto en el Capítulo 30, *La palabra que empieza con "m"*.

Sin embargo, es muy frecuente que todas las personas que sufren, ya sean niños o adultos, se planteen la vieja pregunta "¿Por qué?" cuando se ven afligidos por una muerte. Tenga presente que no se trata en realidad de una pregunta intelectual, sino de una queja emocional. Recuerde que a ninguno de nosotros nos gusta que nuestros seres queridos mueran, y no nos sentimos bien cuando esto sucede. Antes que empiece a dar una gran definición intelectual de la muerte, cerciórese que está respondiendo a la pregunta auténtica.

Sería mucho más útil, y brindaría mucho más apoyo a su hijo, si cuando le preguntara "¿por qué?" le dijera:

—No lo sé, cariño, pero es verdad que es muy *triste* que Fido se muriera, ¿verdad?

Esta respuesta toma en consideración cuál es la pregunta, y vuelve a dirigir la atención a los sentimientos.

Si su hijo quiere una explicación científica, se lo dirá claramente. Si usted inicia automáticamente una respuesta intelectual posiblemente sea porque fue el tipo de respuesta que usted escuchó en su infancia. Puede que esté repitiendo inconscientemente algo que le dijeron hace mucho tiempo.

La muerte de un animal es, ante todo, un acontecimiento emocional para su hijo. Su primera reacción será producida por los sentimientos dolorosos que experimenta. Su tarea consiste en darse cuenta de eso y ayudarle a que él también se dé cuenta, lo acepte y haga frente a la verdad de estos sentimientos. Si usted se aparta de las emociones para dirigirse al intelecto, le habrá hecho un daño. Si lo hace, tal vez sea porque usted lo experimentó así en su infancia o porque siente miedo de no saber ayudar a su hijo con sus sentimientos.

Volvamos a usted. Si se le murió un animal en su infancia, entonces probablemente recuerde cómo le afectó. Ese acontecimiento puede ser una excelente oportunidad de aprendizaje. Imagine que pudiera decirle a su hijo:

—Veo que tienes mucho pesar por la muerte de Fido. Recuerdo cuando yo tenía tu edad y se murió mi perro. Estaba muy triste. Como lo extrañaba.

Observe cómo estas simples frases pueden ayudarle a sentirse seguro para hablar de lo triste que se siente. Estos comentarios dan seguridad para que el niño pueda empezar a contar su verdad emocional. Observe que estos comentarios no implican ninguna desviación hacia ideas intelectuales.

No podemos protegernos, ni proteger a nuestros hijos, de pérdidas futuras. Pero creando el entorno seguro en el que comunicar los sentimientos normales y dolorosos sobre las pérdidas, estamos dando a nuestros hijos unas bases sólidas para que procesen los acontecimientos dolorosos que tendrán lugar a lo largo de sus vidas.

Lo que hemos comentado no es más que el principio. Obviamente el mero hecho de decir una frase que suponga un apoyo emocional no pondrá fin a la pena de su hijo, ni resolverá todas las emociones inconclusas asociadas a la relación. La reacción inicial ante la muerte de un animal, aunque es muy fuerte, sólo es el preámbulo de los sentimientos que vendrán. Y aquí volvemos a nuestra definición de pena: los sentimientos contradictorios que experimentamos cuando se da un cambio en un patrón normal de comportamiento, o cuando ese comportamiento termina.

En los días y semanas que siguen a la muerte del animal, habrá recordatorios constantes de su ausencia... su plato vacío, el silencio sin sus pasos, los juegos solitarios, la falta de necesidad de los paseos... todos ellos contribuyen a la dolorosa realidad de que el amado compañero ya no está. Los sentimientos de pérdida no se limitan al día de la muerte. Los sentimientos no terminan tras el entierro. Los sentimientos continúan.

Incluso si ha pasado algún tiempo desde que murió la mascota de su hijo, nunca es tarde para introducir la idea del repaso de la relación. Cuando piense en la muerte del animal, usted recordará automáticamente situaciones similares de su infancia. Puede usar sus propios recuerdos para comprender mejor lo que su hijo está experimentando. Si nunca tuvo un animal, compartiremos con usted algunos de los aspectos más habituales que participan en el repaso de la relación con un animal. Si acepta la idea de que la muerte hace que el proceso del repaso suceda espontáneamente, no tiene sentido no hacer un uso positivo de esos recuerdos que están aflorando en las mentes y en los corazones de sus hijos.

RECUERDOS AL AZAR

Aunque el repaso de las relaciones con personas o acontecimientos es automático, no siempre sucede de una forma secuencial y ordenada. Es más frecuente que los niños tengan recuerdos al azar sobre una gran variedad de acontecimientos. Algunos de los acontecimientos pueden evocar recuerdos placenteros, mientras otros pueden ser amargos o dolorosos. Las diversas emociones asociadas a la relación con un animal o una persona muerta pueden resultar muy confusas para los niños. Parte de su trabajo consiste en ayudar a sus hijos a entender que es normal tener una combinación de emociones y recuerdos positivos y negativos.

Cuando usted está ayudando a sus hijos a repasar una relación, no se preocupe si van dando saltos a medida que recuerdan los incidentes que afloran a sus mentes. Es más importante que usted reconozca el hecho que han recordado algo, y no exactamente cuándo sucedió. Ya habrá tiempo después para ordenar los acontecimientos temporalmente, si fuera necesario.

14

CÓMO AYUDAR A UN NIÑO A REVISAR LA RELACIÓN

Todas las relaciones comienzan en el principio, pero eso no significa que todas las relaciones comiencen en el primer encuentro. Algunas familias planifican extraordinariamente la adopción de una mascota. Con frecuencia los niños participan en el proceso de búsqueda y selección. Durante todas las actividades que llevan a la selección, los corazones y las mentes de los niños empiezan a elaborar esperanzas y expectativas sobre cómo será la relación con el animal. En este sentido, su relación con la mascota empieza con la propia idea de tener una mascota. Si usted está ayudando a sus hijos a recordar su relación con la mascota, no olvide esta parte. A veces hay grandes emociones asociadas al modo en que se despliega el proceso de búsqueda.

Con frecuencia los niños tienen que ejercer presión durante mucho tiempo antes que sus padres les permitan poseer un animal. Los niños tienen que comprometerse al cuidado y la alimentación de la mascota. En algunos casos, ésta puede ser otra área oculta de consuelo cuando muere el animal, al recordar a los niños sus grandes deseos de tener ese animal.

Un momento que suele contener una cantidad ilimitada de energía emocional para sus hijos —y quizás, también, para usted— es el instante en que vieron al animal por vez primera. Este momento puede ser especialmente crítico ya que los animales tienen la capacidad de dar respuestas enormes con su mirada y su lenguaje corporal. Generalmente es imposible resistirse a esos preciosos momentos de la primera interacción con el animal.

Durante años hemos recibido miles de llamadas telefónicas de afligidos dueños de animales, tanto niños como adultos. Muchos de ellos rompen a llorar cuando empiezan a contarnos lo que sucedió a su amado animal. En el momento adecuado, les preguntamos si pueden recordar la primera vez que vieron al animal. Muchos dicen que sí, y cuando empiezan a hablar de ese momento se nota un cambio en su voz. Podemos notar la diferencia, incluso por teléfono. Los recuerdos de ese primer encuentro son tan fuertes que producen sonrisas incluso bajo las lágrimas de la tristeza. Es muy posible que también sus hijos tengan recuerdos muy nítidos de su primer encuentro con el animal. Asegúrese de sacarlos a la luz. Pueden ser una mina de oro emocional.

También puede haber casos en que sus hijos no tengan un recuerdo vívido consciente de su encuentro con el animal. Recuerde la perra de John, Peggy, que ya tenía seis años cuando John nació. Él no podía recordar el momento en que conoció a Peggy; ella estaba siempre allí. Cuando murió, John estaba desolado, pues su perra ya no estaba.

Los primeros días de la relación con un animal suelen contener una amplia gama de acontecimientos tanto positivos como negativos que producen recuerdos emocionales. Con frecuencia los pequeños cachorros, al ser separados de sus madres y hermanos, pueden pasarse la noche llorando. Incluso aunque esto sea normal, sus hijos pueden tener miedo que usted se lleve el animal si sigue llorando y manteniendo a la familia en vela toda la noche. Las roturas, los mordiscos, los arañazos a los muebles y cualquier otro tipo de inconvenientes pueden evocar sentimientos variados, tanto para los padres como para los hijos.

El proceso del entrenamiento, especialmente con los perros, puede estar lleno de incidentes cargados emocionalmente. Algunas de esas situaciones pueden ser divertidas, otras son frustrantes o irritantes, y algunas incluso pueden ser peligrosas. Las decisiones que se adoptan sobre si el animal tiene que estar encerrado en la casa o si se le permite vagar fuera de casa, pueden jugar un papel importante en las emociones de los niños respecto a la pérdida. No es raro que los animales sufran daño o incluso mueran al ser atropellados por los coches que pasan. También se dan casos de coyotes o animales salvajes que matan a algunos gatos y perros pequeños. Otros mueren envenenados. Si la mascota de su hijo murió como resultado de su vida en libertad, pueden surgir algunos sentimientos de culpa por estas circunstancias.

A medida que transitamos por esas áreas susceptibles de contener emociones para sus hijos, no cometa el error de juzgarles por tener esos sentimientos respecto a cualquiera de las cosas que comentamos aquí. Su primera tarea consiste en crear un entorno seguro para la expresión de todos y cada uno de los sentimientos que sus hijos asocien a su relación con el animal.

A veces los animales enferman, sufren accidentes o incluso mueren como consecuencia de seguir alguno de sus instintos más salvajes. Con frecuencia olvidamos que sus antepasados no estaban guardados en casas y no sabían que no debían hurgar en los contenedores de basura. Los recuerdos de incidentes de este tipo también crean sentimientos en sus hijos. No trate de dejar de lado los recuerdos que usted cree que son demasiado dolorosos para ellos. Es mucho mejor permitirles sentir todas las emociones que formaban parte de su relación con el animal.

Su trabajo consiste en ayudarles a recordar y, si es necesario, ayudarles a descubrir los sentimientos que mejor puedan describir su reacción cuando ese acontecimiento tuvo lugar. Por ejemplo, una amiga nuestra nos comentó un incidente en que su perra se metió en un cubo de basura y se cortó la pata con el borde afilado de una lata de conservas. Nuestra amiga nos dijo que recordaba lo aterrada que estaba su hija cuando fueron corriendo al veterinario y su preocupación por la suerte del animal. Tras la visita al veterinario, cuando todo volvió a la normalidad, recordaba lo aliviada que se sentía la niña. ¿Se da usted cuenta de las palabras de la madre: *aterrada*, *preocupada* y *aliviada*? Son palabras muy emocionales.

EN LA CAMA O EN EL SUELO

A muchos niños les gusta estar acompañados por sus animales también de noche. Algunos padres lo permiten, mientras otros no. En estas circunstancias, cuando se ha permitido, los niños pueden tener algunas respuestas emocionales adicionales a la hora de irse a la cama. Recuerde nuestra definición: ...un cambio en un patrón normal de comportamiento, o cuando ese comportamiento termina. En algunos casos tal vez tenga que mecerlos suavemente en sus brazos durante una temporada, a medida que se van adaptando a la nueva realidad de su vida sin el animal.

Todas las rutinas asociadas con la relación de los niños con el animal producen emociones. La comida, los paseos, los juegos y el aseo son algunas de las interacciones cotidianas que unieron a los niños con su animal. Como estas rutinas se establecieron durante largos períodos de la vida de los niños, su final puede ser muy doloroso.

RECUERDE EL EJEMPLO DE LA TETERA

Conforme usted vaya ayudando a sus hijos a repasar la relación con el animal, llegará al momento en que el animal murió. Cuando se vivió una enfermedad larga, los detalles del inicio, del tratamiento e incluso de la medicación, pueden ser muy importantes para los niños. A veces se puede recordar con gran intensidad una visita concreta al veterinario que diagnosticó un cáncer u otra enfermedad seria. No subestime ninguna de estas áreas. Se trata de ayudar a sus hijos a que descubran todo lo que produce sentimientos y a que lo comuniquen.

Como la tetera ya mencionada, los cuerpos de los niños necesitan liberar parte de la energía que provocó la muerte del animal. En las próximas páginas, vamos a explicarle y a enumerar las áreas que posiblemente encierren una mayor energía emocional.

No cometa el trágico error de decirles a sus hijos que no deberían pensar, sentir o expresar las emociones que tienen como respuesta a la muerte de su animal. Si lo hace, corre el riesgo de inculcar una idea que eventualmente puede hacerles explotar.

No hay forma de predecir qué acontecimientos recordarán los niños en relación con el animal muerto. Si usted tiene más de un hijo, cada uno puede conceder un valor emocional distinto a diferentes acontecimientos. Y usted, *usted*, puede tener un conjunto de recuerdos totalmente diferente a los suyos. La cuestión clave es recordar que cada niño tiene que descubrir los recuerdos específicos y emociones únicas personales. Debe tener cuidado para no introducir ideas basándose en su relación y en sus recuerdos sobre el animal que influirían equivocadamente en sus hijos. Puede ser un proceso delicado, así que procure estar atento.

15

Lista de comprobación de la energía emocional

Los niños y sus animales: Repaso de los acontecimientos y de las emociones

Todas las pérdidas crean energía emocional. Todas las pérdidas hacen que los niños repasen la relación que acaba de terminar o de cambiar. En ese repaso están contenidas las cosas que los niños recuerdan. Algunos de esos recuerdos tienen que ver con acontecimientos alegres, y otros recuerdos tienen que ver con los tristes. Algunos de esos recuerdos no contienen una gran emoción; son simplemente cosas que los niños recuerdan. Así como la muerte de un animal provoca un proceso natural de repaso, lo mismo sucede como respuesta a la muerte de personas, mudanzas, divorcios, graduaciones y otras pérdidas.

A diferencia del niño cuyo hámster murió, no todos los niños pueden expresar tan claramente sus recuerdos en un par de frases. Y no todos los recuerdos les llegan al tiempo. De nuevo, son los niños mayores, con relaciones más largas y más intensas con animales, y con herramientas de comunicación mucho más complejas y elaboradas, los que tienen más que descubrir y más que comunicar.

Hemos preparado una lista de los acontecimientos e ideas de los que hablamos en el último capítulo. Esta lista representa las áreas que tienden a producir más recuerdos emocionales positivos y negativos en las relaciones de los niños con sus animales. La llamamos la "Lista de comprobación de la energía emocional". Puede usarla para ayudar a los niños a descubrir las emociones generadas por la muerte y a hablar sobre ellas. Tal vez se sienta incómodo con una lista impresa en la mano mientras habla con sus hijos sobre sus sentimientos. Una buena idea es que lea la lista unas cuantas veces, la deje de lado, y hable con sus hijos. Cuando se estén acercando al final de la conversación, revise la lista para ver si hay algo que se le haya pasado por alto.

Según la edad y la madurez de sus hijos, tendrán pensamientos y sentimientos relacionados con una u otra categoría. Hemos elaborado una lista que incluye muchas posibilidades. La lista es sólo una guía. No crea que los niños tienen recuerdos en todas las categorías. Esta lista es válida para niños de todas las edades. Sin embargo, hay algunas áreas en las que tal vez sienta que sus hijos no están preparados para hablar. Como padre, usted debe juzgar lo que es adecuado para su hijo y lo que no lo es. Los detalles macabros sobre la muerte pueden ser difíciles para muchas personas, tanto niños como adultos. Como de costumbre, son los intereses y las preguntas que hagan sus hijos los que muestran hasta dónde están dispuestos a llegar. Usted ya conoce el nivel de lenguaje de su hijo y sus habilidades de comprensión. Tenga presente que el objetivo fundamental consiste en ayudar a los niños a encontrar las emociones que están experimentando como respuesta a la muerte del animal.

Algunos niños tendrán recuerdos muy elaborados desde hace años. Cuando hable con ellos, usted también tendrá recuerdos, no sólo sobre ese animal sino también sobre otros animales que tuvo en su infancia. Es posible también que recuerde a personas que murieron o que ya no están en su vida. Si usted experimenta emociones, está bien. Permita que sus hijos vean que usted también es humano. Ya lo sabía, ¿verdad?

Hemos dicho que esta lista es para niños de todas las edades. Sus hijos menores pueden necesitar alguna ayuda adicional para recordar las diferentes cosas enumeradas aquí. Los niños mayores posiblemente no necesitarán las interacciones verbales que se requieren para ayudar a los menores. Puede mostrarles la lista o leérsela y dejar que lo piensen un poco. Puede sugerirles que vengan dentro de un rato a compartir sus recuerdos con usted. Algunos niños tal vez quieran emplear a un amigo para hablar sobre esto. Permítalo, eso no está mal. En último término, usted estará plantando las semillas para el tipo de trabajo que necesitarán realizar en su vida. Usted puede llevar un caballo al agua, mostrarle el agua y explicarle qué es el agua; pero, al final, es el propio caballo el que decidirá cuándo quiere beber. Sea cuidadoso y no presione.

No se apresure con sus hijos, no trate de que avancen demasiado rápidamente. Así como el tiempo por sí mismo no sana las heridas emocionales producidas por la muerte, tenemos que dejar que cada individuo encuentre su propio ritmo emocional. Nuestra tarea consiste fundamentalmente en aportarles elecciones saludables y darles la libertad y el apoyo necesario para que realicen dichas elecciones.

Lista de Comprobación de la Energía Emocional

Muerte de un animal

Al introducir la idea de la Lista, queremos justificar su uso. Esta lista no es más que una guía. Sirve para ayudarle a usted a que sea capaz de recordar a sus hijos los diferentes tipos de acontecimientos que podrían haber generado en ellos energía emocional. No es fácil que los niños tengan energía almacenada y emociones sin comunicar en todas las categorías. De hecho, es posible que para algunos niños sólo haya una o dos categorías que contengan algo sobre lo que ellos quisieran hablar.

También es importante usar la lista como medio de ayudar a los niños a repasar su relación con el animal. De lo que se trata es de cosechar lo que ya está ahí, en vez de plantar cosas que no están.

Puede ser útil tener esta lista a mano cuando hable con sus hijos. Al final de esta lista hay un apartado en el que puede hacer sus anotaciones. En el caso de niños mayores, puede dejarles la lista y animarles a que hagan sus propias anotaciones.

Desde el principio

- ☐ Conseguir el permiso de tener un animal.
- ☐ Hacerse responsable de su cuidado y alimentación.
- ☐ Esperanzas, sueños y expectativas sobre la relación.
- ☐ Planes para obtener y Planes para y búsqueda del animal.
- ☐ Primer momento mágico o primer recuerdo consciente.
- ☐ Elegir un nombre.
- ☐ Primeros traumas: destrozos, llantos toda la noche...

☐ Destrozos caseros, hoyos en el jardín.

☐ Primeras alegrías: caricias, juegos.

☐ Duerme en la cama o en el suelo.

☐ Olvidos de las obligaciones: Alimentar o limpiar.

☐ Hábitos alimenticios: si pide o roba comida.

☐ El vínculo de la confianza: amigos sin secretos.

☐ Fuga: extravío y encuentro.

☐ En casa o en la calle. Posible origen de dolor por muerte.

☐ Peleas con otros animales; protección de su territorio.

☐ Paseos por el parque.

☐ Amistoso con los invitados, o no.

☐ Visitas al veterinario.

Enfermedad larga, si es relevante.

☐ Enfermedad: diagnóstico, tratamiento y medicación.

☐ Dolor y frustración ante la enfermedad.

☐ Decisión de "hacer dormir" al animal.

☐ Emociones del último día.

☐ Accidentes y otras muertes repentinas.

☐ ¿Qué sucedió?

☐ ¿Cómo se enteró el niño?

☐ ¿Vio el niño el accidente, o su resultado?

☐ Entierro.

☐ ¿Qué se hizo con el cadáver?

☐ Días y semanas tras la muerte.

Después de tener esta conversación con su hijo, tal vez quiera tomar algunas notas. Posteriormente podrá usarlas para ayudarles a comunicar y resolver algunos de los sentimientos que formaban parte de su relación con el animal.

NOTAS:

_____

_____

_____

_____

_____

_____

_____

_____

16

QUÉ HACER CON LA REVISIÓN

CONVERTIR LA ENERGÍA EMOCIONAL EN
COMPONENTES PARA LA SUPERACIÓN

Abrimos la tercera parte del libro con la siguiente afirmación: La superación es el acto de descubrir y comunicar, directa o indirectamente, las emociones pendientes asociadas a una relación que cambia o termina.

El repaso de la relación es el descubrimiento que lleva a la superación. Repasar una relación ayuda a los niños a descubrir cosas que quisieran que hubieran terminado de forma diferente, mejor o más abundante. El repaso también revela esperanzas, expectativas y sueños sobre el futuro que no se han realizado. Sus hijos descubrirán cosas que les hubiera gustado decir o hacer, y cosas que hubieran querido no hacer. Sin embargo, darse cuenta de lo que está incompleto no basta para hacer que los niños se sientan emocionalmente completos.

Tras descubrir las áreas emocionalmente incompletas, hay un paso más que dar antes que se puedan compartir esas emociones no comunicadas. Tienen que ser convertidas en una de las siguientes cuatro categorías que llevan a la superación.

Las categorías son sencillas: Expresar el pesar o disculpas[5], perdonar, declaraciones emocionales importantes y recuerdos afectuosos. Seguramente usted y sus hijos ya estén

5 N. del T. Del mismo modo disculpa implica quitar culpa. Se usa disculpa en el texto para que se entienda el concepto, lo que se requiere es simplemente expresar "Lo siento". No se requiere sentir o aceptar culpa.

familiarizados con la idea de las disculpas. También es posible que usted les haya enseñado algo sobre el perdonar. La mayor parte de las comunicaciones emocionalmente significativas que no son disculpas ni perdonar, pueden convertirse en declaraciones emocionales importantes. La última categoría, los recuerdos afectuosos, es especialmente útil para los niños. Es una forma de dar las gracias y de mostrar su aprecio por las muchas cosas positivas que recuerdan de la relación.

Vamos a dedicar el tiempo necesario a explicar las cuatro categorías. Pero en primer lugar, recordemos al niño de cuatro años cuyo hámster murió. Si lo recuerda, dijo: "Señor Hámster, tú eras un buen hámster. Lo siento por las veces que no te limpié la jaula. Es verdad que me puse furioso el día que me mordiste, pero está bien. Quisiera que no te hubieras enfermado, que no hubieras muerto. Me gustaría seguir jugando contigo. Te quise y sé que me quisiste. Adiós, Señor Hámster."

¿Ve la expresión de pesar incluida en las frases que el niño dedicó a su animal? "Señor Hámster, tú eras un buen hámster. *Lo siento por las veces que no te limpié la jaula.*"

Podemos suponer que a este niño ya se le había enseñado a pedir perdón. En los momentos posteriores a la muerte de su animal, al recordar los incidentes de la limpieza de la jaula, sin que nadie se lo dijera, se disculpó. El hecho de expresar que lo siente no significa que haya dejado de estar triste. Tampoco significa que no vuelva a pensar en ese suceso. Significa simplemente que ha descubierto y ha comunicado un hecho emocional pendiente.

Hemos sido socializados para creer cosas como "A lo hecho, pecho", "La vida continúa" o "No vale la pena llorar por la leche derramada". Con tales ideas, puede ser difícil que lleguemos a comprender la importancia y utilidad de comunicar algo *después* de que alguien haya muerto. Es razonable creer que la disculpa del muchacho a su hámster tenía valor para el muchacho. Según creemos, el hámster no podía escuchar la disculpa. Cuando pensamos en esto, nos damos cuenta automáticamente que el hámster no habría entendido las palabras de disculpa del muchacho incluso si se las hubieran dicho cuando estaba vivo.

La cuestión es muy simple. ¿Para quién son las disculpas? Cuando ha habido una muerte, no hay la menor duda que las disculpas son para beneficio de la persona que las presenta.

Con frecuencia planteamos esta pregunta: Si usted pudiera volver a tener a su ser querido vivo durante unos momentos, ¿qué le diría? Además de "Te quiero" o "Te extraño", muchos niños incluyen el "lo siento", perdonar u otros comentarios emocionales importantes entre las cosas que dirían si tuvieran la oportunidad.

En los próximos capítulos, explicaremos estas cuatro importantes categorías: disculpas, perdonar, declaraciones emocionales importantes y recuerdos afectuosos.

17

COMPONENTES DE LA SUPERACIÓN

PRIMERO, EXPRESAR EL SENTIRLO.

Ya hemos comentado el tema de pedir perdón respecto a aquellas dos amigas que se enojaron y al niño con su hámster. Ahora vamos a considerar el decir "lo siento" con más detalle.

¿Qué es una disculpa? La definición que da el diccionario es: "Admisión de haber cometido un error, acompañada de una expresión de que lo siente."[6]

Las disculpas son necesarias tanto si la responsabilidad procede de un acto de comisión como de un acto de omisión. A veces los niños han dicho o han hecho cosas que han hecho daño a otros. Otras veces lo que ha hecho daño es lo que no se ha dicho o no se ha hecho. Los niños necesitan disculparse por las cosas que les hubiera gustado decir o hacer de forma diferente.

PEDIR PERDÓN A PERSONAS VIVAS

Algunos perdones es mejor pedirlos cara a cara, directamente a la persona que ha sufrido el daño. Cuando se puede y es recomendable, así sería mejor. Las circunstancias, a veces no permiten perdón frente a frente; entonces debe hacerse por teléfono o con una carta.

A veces el expresar el pesar tiene que ser de forma indirecta. Es decir, que no puede decirse directamente a la otra persona. Imagine, por ejemplo, que su hijo ha dicho algunas

6 Traducción de la definición del diccionario *"Webster's Ninth New Collegiate Dictionary.*

cosas feas de su tía Isabel. Tal vez haya dicho esas cosas a un amigo suyo. No es necesario que el niño telefonee a su tía Isabel y le diga que ha dicho a algunos amigos suyos que piensa que es una estúpida y que se disculpe después. Para disculparse, el niño tendría que decir algo que su tía Isabel felizmente ignora. Es posible que el niño se sienta mejor y más "completo" si se disculpa, pero lo más probable es que la brusquedad del comentario haga que su tía se sienta "incompleta". (En el caso que la tía Isabel escuche el comentario grosero y se lo comente a su sobrino, entonces el niño se disculparía directamente.)

La superación es el resultado de la acción de expresar el sentirlo verbalmente, lo cual requiere lo escuche al menos una persona. Cuando sea inadecuado o dañino pedir perdón directamente a la persona viva, entonces es importante hacerlo indirectamente. Incluso aunque no sea aconsejable hacerlo directamente, sigue siendo necesario decirlo en voz alta, y es preciso que haya alguien que lo escuche. Resulta útil escribir el pedir perdón y luego leerlo a una persona segura en cuya confidencialidad podamos confiar.

PEDIR PERDÓN A PERSONAS MUERTAS

Al principio de esta sección comentamos que la revisión de la relación sucede naturalmente tras la notificación de una muerte u otro tipo de pérdida. La muerte no concluye lo que quedó emocionalmente incompleto entre las personas… más bien suele suceder lo contrario. Quedamos incompletos precisamente en esas cosas que nos damos cuenta que nunca dijimos o nunca resolvimos. A veces el que murió es un ser querido; a veces es alguien "no tan querido". En ambos casos, es muy probable que descubramos cosas que aún necesitan ser dichas o hechas.

El hecho que alguien haya muerto no elimina nuestra necesidad de completar lo que está inconcluso. ¿Recuerda aquellas dos mujeres que discutieron y que se separaron enojadas? En el caso que ninguna de las dos llamara para disculparse y que una de ellas muriera en un accidente de tráfico, la que quedara tendría un lo siento no expresado por su participación en el pleito.

Al margen de creencias espirituales, religiosas o filosóficas, cuando alguien muere todas las comunicaciones emocionales pendientes tienen que hacerse indirectamente. Es decir, las cosas que necesitamos comunicar no pueden hacerse directamente. Con esto no queremos decir que no se pueda hablar con los seres queridos que han muerto. Lo que estamos diciendo es que si queremos que la comunicación produzca una sensación de superación, tiene que ser escuchada por otra persona viva.

Veamos algunos ejemplos típicos: el abuelo envía un regalo espléndido a su nieto por su cumpleaños. Su madre y su padre le recuerdan que tiene que escribir al abuelo para darle las gracias. Pero el niño olvida escribir la carta y, poco después, el abuelo muere. Ese niño estaría incompleto por no haber dado las gracias a su abuelo por el regalo recibido. La comunicación pendiente se convierte ahora en una disculpa que debe hacerse en cuanto sea posible. Como el abuelo ha muerto, la expresión pendiente tendrá que ser indirecta. Tal vez haya que ayudar al niño para que escriba y diga: "Abuelo, me gustó mucho el regalo de cumpleaños que me enviaste. Me pesa nunca haberte dado nunca las gracias."

Otro ejemplo: la abuela está enferma en el hospital. No parece que sea grave. Mamá y papá animan a su hija a que vaya con ellos a visitar a la abuela. La chica tiene muchas cosas que hacer y decide no ir. La abuela empeora de repente y muere. La nieta se queda con una sensación de pesar por no haber ido a visitar a su abuela. Obviamente si hubiera sabido lo que iba a pasar, habría ido al hospital. En este caso, la nieta tal vez tiene que decir, entre otras cosas: "Abuela, lamento no haber ido al hospital a verte. Hay tantas cosas que habría querido decirte… Como el que te quería, que te quería mucho…"

En cualquiera de estas circunstancias, las disculpas tienen que ver con acontecimientos positivos. Pero no siempre es así. No es raro que los niños se porten mal, o sean insolentes o descarados. Por lo que necesidad de decir lo siento podría ser más o menos así: "Tío Juan, lamento lo grosero que he sido contigo." "Tía María, lamento haberme reído por tu forma de caminar."

RECUPERACIÓN, NO MANIPULACIÓN

En términos simples, el decir lo lamento se presenta por cualquier cosa que se ha hecho o dejado de hacer y que ha causado daño a alguien. El propósito de expresarlo es ayudar a concluir lo que se hizo o se dejó de hacer. Cuando la disculpa se presenta a una persona viva, con frecuencia se da el beneficio adicional de incrementar la comunicación y la relación con dicha persona. Pero presentar una disculpa como medio de conseguir algo de otra persona es peligroso. El objetivo es la recuperación, no la manipulación. Nadie está obligado a aceptar una disculpa.

Los niños pueden resolver su participación en un acontecimiento disculpándose. La reacción de la otra persona depende de ella. A medida que usted va guiando a sus hijos, recuerde decirles que son ellos los que necesitan disculparse. Esto resulta fundamental cuando alguien ha muerto, y resulta obvio que la comunicación de las emociones pendientes sólo puede ir en una dirección. Las disculpas que se presentan a una persona que ha muerto no pueden ser respondidas directamente. La superación será el resultado que los niños emprendan las acciones de las que ellos son responsables.

¿Deben pedir perdón los padres?

Los niños se desarrollan imitando a los adultos, especialmente a sus padres. Por consiguiente, casi todo lo que aprenden de pedir perdón viene de los adultos. Creemos que, en general, los padres no se disculpan con frecuencia ante sus hijos. Por las razones que sean, tal vez como esfuerzo de mantener la ley y el orden en casa, los padres se presentan a sí mismos como si siempre tuvieran razón. No tenemos ninguna estadística que apoye esta idea, pero creemos que los padres a veces perciben de forma incorrecta que disculparse es un signo de debilidad o provoca perder autoridad. Afortunadamente, se está empezando a percibir un cambio, especialmente entre los padres más jóvenes, que sí dicen lo siento de forma adecuada a sus hijos.

Si un aspecto de la recuperación se comunica mediante expresar el sentirlo a los amigos y familiares, entonces los padres pueden ser los mejores maestros con su ejemplo y dando el primer paso. Esto es especialmente importante tras las pérdidas, cuando se hace crítica la necesidad de descubrir y comunicar las cosas que lamentamos haber dicho o hecho. Sería mucho más sencillo para todos si ya se hubieran puesto los cimientos del uso efectivo de las disculpas.

El tiempo por si no resuelve el dolor; las acciones, sí

El repaso de la relación no se limita a las horas y días que siguen inmediatamente a una pérdida. De hecho, es muy probable que conozca a personas que hayan estado contando la misma historia sobre una muerte o un divorcio años y años. Esencialmente, lo que usted escucha es el repaso constante de la relación *sin superación alguna*. Esa falta de superación es la razón por la que tienen que repetir la historia una y otra vez.

En este aspecto los niños no son muy diferentes a los adultos. También cuentan la historia una y otra vez tratando de encontrar el modo de superar el dolor, de completar la relación. Procure estar alerta ante esos aspectos de una historia que se repite, pues podría indicar que su hijo tal vez tenga que presentar alguna disculpa para completar su relación con esa persona o animal, ya esté vivo o muerto.

Todos hemos oído eso que la vida sigue, que tenemos que seguir adelante, que no tenemos que quedarnos anclados en el pasado. Aunque hay una verdad intelectual en estos clichés, no se nos suele enseñar *cómo* podemos seguir adelante. Si nunca hemos aprendido a hacerlo, entonces puede que nos resulte difícil enseñar esa lección a nuestros hijos. Pedir perdón es una acción determinante en el camino a la superación. Tenemos que ayudar a nuestros hijos a que descubran y presenten, ya sea directa o indirectamente, las disculpas que les permitirán seguir avanzando.

18

COMPONENTES DE LA SUPERACIÓN

EL PERDONAR

Recordemos de nuevo la historia ya comentada sobre el niño y su hámster. ¿Recuerda el perdonar implícito en los comentarios que hacía el niño sobre su animal?

—Señor Hámster, tú eras un buen hámster... *es verdad que me puse furioso el día que me mordiste, pero está bien...*

El perdonar es casi siempre uno de los requisitos indispensables para resolver las emociones pendientes e incompletas asociadas a cualquier relación. Porque, por mucho que nos esforcemos, es casi imposible mantener la pizarra limpia todo el tiempo. Como las relaciones contienen tantas posibilidades de incomprensión y de malentendidos, de vez en cuando todos experimentamos dolor por nuestros sentimientos. Los niños son especialmente susceptibles de sentirse dañados o menospreciados. Los niños se dan cuenta con todo detalle de los dolores acumulados que surgen tras una muerte. Como otra parte natural del repaso de la relación, los niños descubren cosas que creen que la otra persona dijo o hizo, o dejó de decir o hacer, que les producen dolor.

Con nuestro amigo y su hámster podemos darnos cuenta de un ejemplo casi perfecto del perdonar en la frase del niño: *"Es verdad que me puse furioso el día que me mordiste, pero está bien..."* La sabiduría natural de ese niño de cuatro años, que seguramente ni siquiera conoce la palabra ni la idea de perdonar, es demostrada por la declaración: *"Pero está bien..."* Se trata de una definición de perdón que no necesita emplear la palabra perdonar. Viene de la boca de un niño, como se suele decir.

Sería maravilloso si todos pudiéramos seguir siendo tan sencillos y veraces como ese niño. Pero a medida que vamos envejeciendo y adquirimos más información, a veces perdemos la elegante sencillez de la infancia. La idea y la experiencia del perdonar que tenemos en nuestro entorno, tanto en lo práctico como en lo filosófico, está cargada de confusión. En el Manual Superando Pérdidas Emocionales dedicamos varias páginas a explicar los problemas asociados con muchas de las ideas que han ido pasando de generación en generación respecto al perdonar. Como la explicación era bastante completa, vamos a repetirla aquí, con algunas modificaciones, para que podamos emplearla en beneficio de nuestros hijos.

El perdonar es renunciar al deseo de que el pasado hubiera sido mejor, más abundante o diferente

Perdonar es uno de los conceptos más malentendidos en el mundo. Mucha gente convierte equivocadamente la palabra perdonar en condonar. Este problema es ilustrado con las definiciones que da el Diccionario de la Real Academia de la Lengua. Perdonar: "Remitir la deuda, ofensa, falta, delito u otra cosa el perjudicado por ello." Condonar: "Tratar como trivial, inofensivo o sin importancia."

Si creemos que estas dos palabras significan lo mismo, será virtualmente imposible perdonar. La idea de trivializar algún hecho horrible es claramente inaceptable. Sin embargo, estaremos en el camino correcto si usamos la definición de *perdonar* que ofrece el diccionario.

Antes de continuar, queremos definir la palabra *resentimiento*, pues es parte esencial del proceso del perdonar. Según el diccionario, resentimiento es "sentir dolor o moles-

tia en alguna parte del cuerpo, a causa de alguna enfermedad o dolencia pasada".

Aferrarse a un resentimiento limitará la capacidad del
niño de vivir plenamente. Cualquier recuerdo de algún
hecho puede llevar a sentir de nuevo el dolor de todas esas
emociones que no hemos resuelto. Para recuperarnos totalmente debemos sanar la pena emocional que sentimos y no
guardar rencor.

Las acciones insensibles, descuidadas y a veces perversas
de la gente, pueden hacer daño a los niños. El resentimiento
mantenido, y la falta implícita del perdonar por parte del
niño, hacen más daño *al niño* que al autor. ¿Acaso el resentimiento mantenido del niño puede hacer daño al autor
de esas acciones? ¡Evidentemente, no! ¿Puede hacer daño al
niño? ¡Claro que sí! Como los otros elementos de la recuperación, el objetivo del perdonar es liberar al niño.

El tema del perdonar lleva asociadas muchas creencias que
han sido transmitidas de generación en generación. Algunas
personas han desarrollado tal resistencia a la palabra *perdonar* que no pueden ni decirla. Hace poco, conseguimos ayudar a una mujer que estaba en esta situación. Ella la llamaba
la palabra que empieza con "p". Para ayudarla, le sugerimos
que pensara al respecto: *Me doy cuenta de las cosas que hiciste— o dejaste de hacer— y del daño que me ocasionaron, pero
no voy a permitir que me sigan lastimando.* Otra variante es:
*Me doy cuenta de las cosas que hiciste —o dejaste de hacer— y
del daño que me ocasionaron, pero no voy a permitir que mi
recuerdo de esos incidentes me siga lastimando.*

Enseñamos a los niños a perdonar para que puedan recuperar su bienestar y tener la posibilidad de volver a ser felices.
Perdonar no tiene nada que ver con la otra persona, sino con
nosotros mismos.

Perdonar es una acción, no una sensación

Muchas personas dicen **que no** pueden decir que perdonan a alguien porque no es lo que sienten. Claro que no. No podemos sentir lo que no hemos hecho. La sensación de perdonar sólo puede ser el resultado de la acción de expresar ese perdonar. Primero viene la acción, después podremos sentir su efecto. Si enseñamos a nuestros hijos a perdonar, estamos dándoles una herramienta que les servirá durante toda su vida.

Perdonar es dejar de lado el rencor que tenemos hacia una persona. Tal vez nuestros hijos tuvieran que perdonar a esa persona por algo que hizo ("Te perdono por arruinar mi fiesta de cumpleaños") o por algo que no hizo ("Te perdono por no haber estado en mi graduación").

La expresión "perdono, pero no olvido", es un tanto extraña. Mezcla dos ideas que no están conectadas directamente. Hemos visto a personas usar esa torpe combinación de ideas para impedirse conseguir la libertad que está asociada al perdonar. Supongamos que usted fue brutalmente golpeado durante años. No es posible, ni remotamente, olvidar esos hechos. Pero no perdonar a quien le maltrató hace que su dolor siga estando actualizado y vivo. El perdonar no elimina el recuerdo: elimina el dolor.

Lo que implica el decir "perdono, pero no olvido" es que, dado que no puedo olvidar, no puedo perdonar. Pero pregúntese: ¿Quién está encarcelado? ¿Quién es el que continúa resentido, manteniendo su vida, su cuerpo y su mente cerrados a nuevas posibilidades? ¿La vida de quién es la que está siendo limitada por no perdonar?

Emplee esta nueva conciencia sobre el valor del perdonar para mejorar su vida y la de sus hijos.

Con frecuencia nos preguntan si es apropiado expresar el perdón personalmente. Nuestra respuesta es: *¡NO! ¡NO! ¡NO!* La expresión de perdón que no ha sido solicitada casi siempre es interpretada como un ataque. La persona que ha sido perdonada no tiene por qué saberlo. Recuerde, nunca sugiera a sus hijos que perdonen a nadie personalmente.

Un último comentario: muchas personas piden a otros que les perdonen y enseñan a sus hijos a hacer lo mismo. Creemos que hay un problema de comunicación en estos casos. De hecho, cuando pedimos el perdón de alguien lo que estamos haciendo es tratar de manipular: estamos pidiendo a esa persona que haga lo que debemos hacer nosotros mismos. Y cuando pedimos perdón a alguien que ya murió, le estamos pidiendo a un muerto que ejecute una acción, lo cual no es posible. Los niños necesitan realizar esas acciones, y no pedir a alguien que lo haga por ellos. Si los niños piden ser perdonados es porque, en realidad, están tratando de expresar su pesar por algo que dijeron o hicieron. Es mejor que expresen este pesar en vez de pedir perdón. Así podrán sentirse más completos.

Tomemos lo que acabamos de leer sobre el perdón y veamos de nuevo la frase del niño del hámster: *"Es verdad que me puse furioso el día que me mordiste, pero está bien…"* En efecto, este niño estaba dando una definición perfecta del perdonar. La frase, *"pero está bien"*, es la declaración de una perspectiva. Dice que el acontecimiento tuvo lugar en el pasado, y que no va a usarlo para limitarse en el manejo necesario de su tristeza por la muerte de su mascota.

Con esto no sugerimos que la frase *"pero está bien"* signifique que las cosas malas están bien. No pretendemos decir que cuando animamos a los niños a perdonar a quienes les han hecho daño, estemos condonando cualquier acción mala, ilícita o peligrosa. Ni mucho menos. Lo que estamos diciendo es que tienen que perdonar para poder seguir avanzando. Mientras sigan atrapados en el pasado, no podrán avanzar hacia adelante.

Al final del apartado anterior de condolencias, comentamos que cuando nos dicen frases como "la vida sigue", "hay que continuar", "sigue adelante" o "no te quedes atrás", no nos suelen decir *cómo* podemos avanzar.

El tema del perdonar resulta muy simple si conseguimos mantenernos dentro de la definición que da el diccionario: "Dejar de sentir rencor [ante un agresor]." Pero a medida que nuestros hijos van creciendo, van adquiriendo inevitablemente información contradictoria sobre una amplia variedad de temas a este respecto. Es preciso encontrar una forma adecuada para comunicarse sobre el perdonar con los hijos, según su edad. Recuerde la definición del diccionario, así como nuestra idea: no se trata de condonar las malas acciones de nadie. Ni tampoco quiere decir que tanto usted como sus hijos tengan que seguir viendo a alguien o seguir hablando con esa persona. El perdonar no es más que una de las herramientas a nuestra disposición para eliminar el dolor producido por los acontecimientos pasados, en vez de seguir experimentando el dolor repetidamente. Cuanto mejor enseñe usted esta idea y esta técnica a sus hijos, mayor será su éxito en la vida. Hemos visto una infinidad de vidas arruinadas por la incapacidad de la gente para resolver su relación con acontecimientos dolorosos del pasado que sucedieron hace años o incluso décadas.

19

COMPONENTES DE LA SUPERACIÓN

DECLARACIONES EMOCIONALES IMPORTANTES

Hemos estudiado el expresar "lo siento" y el perdonar como dos de las principales acciones necesarias para avanzar hacia la superación del dolor producido por la pérdida. Ahora probablemente aceptará que la falta de disculpas o de perdonar puede ser una garantía para el desastre.

La tercera categoría emocional importante para que los niños puedan terminar sus asuntos pendientes y emociones sin resolver son las declaraciones emocionales importantes. Es un título un poco pomposo; tal vez hubiera sido mejor si las llamáramos cosas realmente importantes. No parece tan impresionante, pero lo dice todo.

Una declaración emocional importante es cualquier cosa con valor emocional que no sea ni una pedir perdón ni perdonar. Es cualquier comentario que dice algo importante que puede haber sido comunicado o no antes que alguien muriera, o antes del fin de una relación en el caso de divorcio o alejamiento de personas vivas.

Volvamos al niño de cuatro años y su hámster para ilustrar qué son declaraciones emocionales importantes.

—*Señor Hámster, tú eras un buen hámster.* Lo siento por las veces que no te limpié la jaula. Es verdad que me puse furioso el día que me mordiste, pero está bien. *Quisiera que no te hubieras enfermado, que no hubieras muerto. Me gustaría seguir jugando contigo. Te quise y sé que me quisiste.* Adiós, Señor Hámster.

Los comentarios del muchacho contienen cuatro declaraciones emocionales importantes distintas. En primer lugar: "*Señor Hámster, tú eras un buen hámster.*" No se puede decir nada que sea mucho más significativo que esto. Luego dice: "*Quisiera que no te hubieras enfermado, que no hubieras muerto.*" Estas dos frases tienen significado emocional para el muchacho, y ninguna de las dos son ni un lo siento ni un perdonar. El chico las dice porque siente que son adecuadas para él. "*Me gustaría seguir jugando contigo.*" Esta frase entra en la categoría de esperanzas, sueños y expectativas de futuro. Y, por último: "*Te quise y sé que me quisiste*".

Otro niño habría dicho algo diferente acorde con su personalidad y con la naturaleza singular de su relación con el hámster. Recuerde que aquel niño tenía una hermana mayor. Ella tenía un vínculo mucho menos intenso con el hámster. Sus comentarios tras la muerte del animal fueron diferentes porque su relación era diferente.

La categoría de las declaraciones emocionales importantes es un adecuado cajón para todo lo que necesita ser comunicado.

¿SON IMPORTANTES LAS MISMAS COSAS PARA TODO EL MUNDO?

Lo que es importante para un niño puede no serlo para otro. Incluso en relación con un mismo acontecimiento, los pensamientos, los sentimientos y las reacciones difieren ampliamente. Conviene que seamos cuidadosos, especialmente como padres o responsables, para reconocer la unicidad de cada relación. No tenemos que trasplantar nuestras ideas a las cabezas y a los corazones de los demás. Los niños son muy impresionables, y con frecuencia adoptan pensamientos y sentimientos que no son suyos.

A lo largo de este libro hemos sugerido que usted, como adulto, es el ejemplo emocional. Una y otra vez le hemos animado —y seguiremos haciéndolo— a que demuestre en primer lugar cuál es su reacción ante la pérdida, para que sus hijos puedan copiar la idea que no hay peligro en expresar los sentimientos. Es muy posible que usted no tuviera con el hámster la misma relación que su hijo. Pero eso no quiere decir que usted estuviera completamente distanciado de ese acontecimiento. De hecho, hay una posibilidad muy real que la muerte del hámster le recuerde pérdidas similares que usted tuvo en su infancia.

Al recordar sus primeras pérdidas, especialmente de algún animal que tuvo, o del animal de un amigo si usted no tuvo ninguno, tendrá un depósito natural de recuerdos emocionales en que fijarse para ayudar a su hijo a descubrir los pensamientos y los sentimientos que han sido causados por la muerte. La lista de comprobación de la energía emocional ha sido concebida para darle algunas pautas específicas que le ayuden a enseñar a sus hijos a descubrir lo que mejor funciona para ellos.

ALGUNOS COMENTARIOS IMPORTANTES NECESITAN DEL PERDONAR

La idea de las declaraciones emocionales importantes puede parecer una categoría muy abierta. Pero no es así. A veces hay una cierta tendencia a recitar una lista de frases dolorosas, como si por el hecho de repetirlas nos liberáramos de su aguijón. Aunque esos comentarios pueden ser importantes y emocionales, no producen la superación que buscamos. Por ejemplo, si el niño se hubiera limitado a decir que "se puso furioso el día que el hámster le mordió", lo que habría sido comunicado sería simplemente la cólera, sin el menor perdón asociado. Como explicamos antes, aferrarnos al rencor al no perdonar es lo que crea un problema continuo. Aunque es perfectamente aceptable hacer comentarios negativos, deben ser completados con una declaración de perdonar. Veamos si ese niño de cuatro años puede volver a enseñarnos algo: "Me puse furioso el día que me mordiste, pero está bien."

RECUERDOS AFECTUOSOS

En el *Manual Superando Pérdidas Emocionales* usamos únicamente tres categorías: disculpas, perdonar y declaraciones emocionales importantes. Aquí estamos añadiendo una cuarta categoría, categoría que hemos estado enseñando a padres desde hace varios años porque sabemos que es muy útil para los niños. Los recuerdos afectuosos pueden ser cualquier cosa que el niño recuerde con alegría. Pueden incluir sentimientos que el niño ya ha expresado pero que siente la necesidad de volver a decir. Los recuerdos afectuosos pueden incluir asimismo agradecimientos y reconocimientos de cosas positivas.

RESUMIENDO

Este apartado empezó planteando la pregunta de si sabíamos ya suficiente. Bueno, al menos estamos aprendiendo cada vez más. Empleando el ejemplo sencillo y emotivo del niño y su hámster, estamos empezando a plantear un cuadro de los componentes y del lenguaje que llevan a la superación de todo lo que está emocionalmente incompleto en las principales categorías de la recuperación. Ahora nos damos más cuenta del tipo de cosas que ayudan a un niño a seguir adelante tras una pérdida.

Unas palabras de precaución: no estamos sugiriendo que cualquier niño de cuatro años reaccionaría exactamente igual que el niño de nuestra historia. Aunque esta historia es real, su hijo puede responder de una forma completamente diferente. Y, como comentamos antes, las palabras del niño no significan en modo alguno que nunca volvería a pensar, hablar o sentir respecto a su hámster.

Las disculpas son parte de la vida cotidiana. Sirven para resolver los grandes y pequeños roces que se producen naturalmente en todas las edades. Sabemos que una de sus tareas como padre ha sido enseñar a sus hijos a darse cuenta de si han hecho daño a otros, y a disculparse inmediatamente. Como puede comprender, el objetivo principal de las pedir perdón es resolver lo que se ha quedado incompleto por palabras o acciones desconsideradas. Como usted ya entiende la importancia de expresar el pesar, puede ayudar a sus hijos a que apliquen esta idea a los aspectos incompletos de su relación con alguien que haya muerto, así como para otras pérdidas.

El perdonar es algo más complejo. Sin duda es más difícil explicar o demostrar el perdonar a sus hijos, especialmente a los más pequeños. Esta es la razón por la que nos hemos tomado la molestia de repetir el apartado sobre el perdonar del *Manual Superando Pérdidas Emocionales*. Le recomendamos de todo corazón que vuelva atrás y lea de nuevo ese apartado. La falta de perdón es el mayor bloqueo para conseguir la superación absoluta del dolor producido por la pérdida. *Una declaración de perdo*nar no es mucho más difícil que una de pedir perdón. Pero la idea que muchos de nosotros tenemos que el perdonar supone una condonación de un comportamiento dañino, complica una acción que de otro modo nos parecería fundamental.

Tenga presente que la falta de perdonar siempre mantiene aprisionada a la persona equivocada. Conocemos a personas que han envenenado sus vidas durante décadas, incluso cuando hacía mucho tiempo que había muerto quien les hizo daño. La enseñanza del perdonar como herramienta eficaz en nuestra vida puede ser uno de los mejores regalos que usted haga a sus hijos. Sin perdonar, los niños se ven condenados a una vida en la que casi permanentemente se sienten como víctimas, con un recuerdo doloroso constante de cosas que sucedieron hace mucho tiempo.

La amplia categoría de las declaraciones emocionales importantes permite la comunicación de cualquier cosa que tenga que decirse. Las ideas positivas y las cosas por las que nos sentimos agradecidos caben perfectamente en esta categoría. Declaraciones como: "Abuelito, me encantaba cuando venías a casa para jugar con los trenes. Nunca olvidaré verte tirado en el suelo, con esa gorra de maquinista en la cabeza, cuando imitabas el sonido del silbato del tren. No sé quién era más niño, si tú o yo. Fueron momentos muy especiales para mí, gracias abuelito."

Este comentario fue realizado por un niño de 12 años tras la muerte de su abuelo. Como puede ver, la comunicación es un poco más sofisticada que las palabras del niño del hámster. Sus pensamientos y sentimientos reflejan con precisión su edad y sus capacidades comunicativas, así como encarnan la relación singular con su abuelo.

La categoría de los "recuerdos afectuosos" es muy útil para los niños pequeños. Imagine cómo recordaría otro niño de seis años a su abuelo jugando con los trenes. En este caso, la declaración podría ser algo tan simple como: "Gracias por jugar a los trenes conmigo, abuelito."

La libertad para avanzar proviene del uso exitoso de todas las acciones que conducen a la superación. A medida que usted comprenda e integre estas ideas en su vida, será mejor profesor para sus hijos. Las pérdidas importantes no suceden todos los días. Pero con mucha frecuencia tienen lugar pérdidas pequeñas y decepciones. Si emplea de forma habitual los principios señalados en estas cuatro categorías para la superación ante pérdidas de todo tipo, estas herramientas surgirán de forma automática en usted y en sus hijos cuando se produzca una pérdida importante.

20
MUERTE DE UNA PERSONA

Hasta ahora nos hemos concentrado fundamentalmente en la muerte de un animal. Ahora vamos a dirigir nuestra atención a la muerte de una persona. Tal vez se trate de un familiar, un amigo íntimo de la familia, o incluso un compañero de juegos de su hijo o un profesor. En estos casos, todo lo que usted ha aprendido hasta ahora tiene una importancia adicional. Las ideas y acciones de las que hemos estado hablando son tan ciertas cuando se refieren a la muerte de una persona como a la muerte de un animal. Vamos a examinarlas a la luz de algunas historias reales para que entienda cómo puede ayudar a sus hijos. Nuestro ejemplo se fija en la muerte de un abuelo, fundamentalmente porque hay una gran probabilidad que sea la primera muerte que experimente su hijo.

Cuando hablamos de la muerte de un abuelo u otro familiar, es muy importante que recordemos que nunca hay que comparar las pérdidas, nunca. La muerte de un animal y la muerte de una persona no son comparables. El hecho es que ninguna pérdida se puede comparar con otra. Si usted piensa en su propia vida, tal vez recuerde que escuchó que había muerto alguien que conocía pero con quien no tenía mucha relación. Posiblemente la noticia de esa muerte no tuvo un impacto muy dramático sobre usted, simplemente porque su relación era mínima. Por otra parte, si usted vivió con un animal durante años, hay una gran probabilidad que la muerte de ese animal le afectara emocionalmente. ¿Quiere esto decir que para usted tenía menos valor la vida humana que la vida de su animal? ¡No! Simplemente quiere decir que usted tenía una relación mucho más fuerte con el animal que murió que con aquella persona.

El dolor tiene que ver con todas las relaciones... y nunca debemos comparar las relaciones. Quizá usted haya tenido abuelo y abuela, y quizá haya querido a los dos. Pero estamos seguros que a los dos los quería de forma diferente, pues cada relación es única.

Es posible que tuviera una abuela a la que adoraba y un abuelo al que no podía aguantar. Incluso es posible que sintiera que tenía que querer a su abuelo porque "era de su familia", aunque realmente no le agradara. La clave tanto para el dolor emocional, como para la superación del mismo, es el reconocimiento de la singularidad de cada relación. Esto es igualmente cierto para las relaciones con personas, animales, casas, posesiones o situaciones queridas.

Lo que queremos hacer es ayudar a los niños a resolver el dolor causado por el cambio o el fin de los acontecimientos familiares y las actividades intrínsecas a todas las relaciones. Esos acontecimientos y actividades seguramente serán una mezcla de cosas buenas y malas, y producirán una amplia gama de recuerdos y emociones.

A medida que vayamos mostrándole cómo ayudar a los niños a hacer frente a la muerte de personas, queremos que se dé cuenta que esas relaciones son mucho más complejas porque las personas somos más complejas. Y tenemos que prevenirle del hecho que, como padres, sus relaciones con las personas que murieron pueden afectar su capacidad para ayudar a sus hijos.

REPASAR LAS RELACIONES CON PERSONAS QUE HAN MUERTO

Las ideas esenciales sobre repasar las relaciones con personas que han muerto no difieren del repaso que se produce tras la muerte de un animal. Seguimos tratando de ayudar a nuestros hijos a que descubran lo que les gustaría que hubiera sido diferente, mejor o más abundante. A medida que vayan descubriendo los acontecimientos, positivos y negativos, en su relación con la persona que murió, encontrarán cosas que les hubiera gustado decir o callar. Como las relaciones con los seres humanos suelen ser más complejas que las que tenemos con animales, hay una mayor posibilidad que las categorías de disculpas y perdonar tengan mayor importancia.

La muerte también puede crear una conciencia dolorosa del fin de las esperanzas, sueños y expectativas que los niños tenían sobre el futuro en relación con la persona que falleció. Esto puede ser especialmente duro cuando el abuelo, por ejemplo, ha estado en todos los acontecimientos importantes de la vida de sus nietos.

MUERTE DE UN ABUELO

Tal vez usted se haya sentido atraído por este libro por la muerte de su padre, de su madre, o de los de su cónyuge. En cualquiera de esos casos, sus hijos han experimentado la muerte de un abuelo. Es posible que sea la primera muerte humana que les haya afectado directamente.

En este punto, queremos repetir a los padres que las relaciones que ellos han tenido con sus propios padres son diferentes de las que han tenido sus hijos. La muerte de su padre seguramente tendrá un mayor impacto emocional sobre usted, como es natural. Pero es posible que no tenga el mismo efecto sobre sus hijos. Como regla general, seguramente usted era quien imponía las normas y la disciplina a sus hijos, mientras que los abuelos no suelen ejercer esas tareas, y con frecuencia son percibidos como los buenos de la película, los que hacen regalos y con quienes se puede hablar con tranquilidad cuando los chicos tienen problemas con sus padres.

Es importante darse cuenta de estas diferencias significativas. Si su padre ha muerto, usted tendrá la energía emocional de toda una vida asociada a esa persona. Hay un cierto riesgo que la relación con su padre produzca interferencias cuando trate de ayudar a sus hijos. Si quien murió fue su suegro o su suegra, seguramente la relación tenía una intensidad menor para usted. Sin embargo, algunos lectores pueden haber tenido relaciones estupendas con los padres de su cónyuge. Tal vez para ellos sean como otros padres. En cualquier caso, tenga presente que se trata de dirigir su atención a los recuerdos de su hijo y a su singular relación con la persona muerta.

LA CLAVE ES LA SINGULARIDAD

La cuestión *no es* tanto la muerte de un abuelo, sino la terminación física de una relación única. Como todas las relaciones son individuales, la relación de sus hijos con ese abuelo es la auténtica cuestión. Si la relación era buena, con una gran cantidad de acontecimientos positivos a lo largo del tiempo, probablemente la muerte producirá una gran cantidad de energía emocional. Si la relación no era muy estrecha, si había poco contacto y pocas interacciones positivas o agradables, es posible que la muerte no produzca mucha emoción en sus hijos.

Si quien ha muerto es su padre, lo más probable es que produzca mucha más emoción en usted, incluso aunque no haya tenido mucho contacto con él en los últimos años. Es inevitable que su muerte dispare los recuerdos de su infancia. Tenga presente que sus hijos no tienen esos mismos recuerdos ni tendrán las mismas emociones.

Lo que tratamos de decir es que no hay que cometer el error de concentrarnos únicamente en el hecho que ha muerto el abuelo de sus hijos y suponer que ellos deben tener una respuesta predecible. De hecho, los niños muy pequeños no suelen recordar a sus abuelos al poco tiempo de su muerte. Esto es totalmente natural y está bien. Años después, al mirar fotos antiguas y otros recuerdos, es posible que vuelvan a sentirse interesados.

Las emociones asociadas a una relación son el producto tanto del tiempo que relación duró dicha relación, como de la intensidad de la misma. Las emociones no suceden simplemente porque haya una relación de consanguinidad. Piense en el hecho que hermanos y hermanas pueden seguir muy unidos durante toda su vida... a pesar de que en su infancia no dejaran de pelearse. Cuando uno de ellos muere, los otros se sienten muy afectados. Si esos mismos hermanos tienen a otro hermano mucho más chico, pueden llegar a sentirse menos afectados ante su muerte. Quizás suene cruel pero ejemplifica lo que estamos diciendo. Cada relación es única y lo determinante es la clave emocional.

Las personas sienten como sienten. Nuestros sentimientos respecto a otras personas siempre se basan en los acontecimientos e interacciones singulares que hemos tenido con ellas. También los niños son personas. Sus sentimientos son generados por los acontecimientos e interacciones especiales, tanto positivos como negativos, que han tenido lugar entre ellos y los demás.

Si el abuelo Juan vive cerca de los niños y éstos le ven con frecuencia, tanto si la relación es positiva como negativa, producirá una gran energía emocional. Si el abuelo Juan muere los niños tendrán una respuesta emocional proporcional a la intensidad de su relación.

Por el contrario, si los abuelos de sus hijos viven en una ciudad lejana, tal vez los hayan visto sólo una o dos veces. Sí, es posible que hayan hablado con ellos por teléfono y hayan recibido sus regalos por correo, pero el contacto ha sido bastante limitado. Si ese abuelo muere, la respuesta de sus hijos reflejará directamente la intensidad —o la falta de intensidad— que ellos experimentaron en esa relación. Cualquiera que sea la respuesta, será la correcta para sus hijos.

No decida usted lo intensa que debería ser la respuesta emocional de sus hijos. Repetimos, si quien murió era su padre, usted estará enfrentándose a sus propias emociones. Trate asimismo de evitar la trampa de suponer que, como la persona que murió era un familiar, sus hijos deberían tener una respuesta emocional de alto nivel. Recuerde que cada uno de sus hijos también es diferente. Cada uno de ellos tenía una relación singular con la persona fallecida. Su tarea más importante como padre es mostrar la verdad emocional de su propia relación con la persona que murió; entonces sus hijos se podrán animar a buscar y descubrir la verdad personal de sus propias relaciones.

"No tan queridos"

También existe la posibilidad que la relación con su progenitor fallecido no fuera muy buena. O que fuera mixta. Con el tiempo, es posible que sus hijos tuvieran una relación mucho mejor con su abuelo. Debe tener cuidado para no dejar que ninguno de los elementos negativos de su pasado influyan en la respuesta emocional de sus hijos ante esa muerte.

También es posible que usted tenga desavenencias de mucho tiempo con algún miembro de su familia. Repetimos, sus hijos pueden tener una relación totalmente diferente y muy positiva con ellos. La cuestión en todas las circunstancias es tener la certeza que los chicos están manejando su relación única con la persona que murió.

Si usted puede aceptar la posibilidad de que todos los padres e hijos no tienen relaciones perfectas, entonces debe suponer que no todos los niños aman a sus familiares. Puede haber muchas razones para esto. Estas razones pueden aflorar en el repaso de la relación. Usted debe procurar permanecer neutral en lo que se refiere a las relaciones de sus hijos con el abuelo que falleció.

Los niños tienen sus propias reacciones ante los abuelos. Su tarea consiste en ayudar a sus hijos a descubrir lo que está incompleto en dicha relación. También le recordamos que cuanto más trate usted de resolver lo que está emocionalmente incompleto entre usted y la persona fallecida, más fácil le será ayudar a sus hijos.

Relaciones complejas

Como ya hemos comentado, las relaciones con las personas suelen ser más complejas que las relaciones con animales. Nuestros sentimientos pueden ser heridos con mucha más facilidad por un familiar que por un perro o un gato. Podemos sentirnos insultados, criticados y muchas cosas más como resultado de lo que esas personas dijeron o callaron. También podemos sentirnos amados, adorados, cuidados y honrados por las palabras y las acciones de los demás. Casi todo el mundo, tanto niños como adultos, tienen una mezcla de sentimientos, positivos y negativos, en todas las relaciones. Cuando alguien muere, las emociones asociadas a los acontecimientos positivos y negativos dentro de la relación pueden dar origen a dificultades y dolores para todos nosotros, y especialmente para los niños.

Este libro se basa en la idea que los niños necesitan descubrir y comunicar lo que está emocionalmente incompleto en esos acontecimientos positivos y negativos que recuerdan en relación con la persona que ha muerto.

Aunque hemos empleado aquí el ejemplo de la muerte de un abuelo, podemos emplear la misma lista para una tía, un tío o cualquier otro familiar que haya fallecido. Asimismo está bien usarla con algún amigo íntimo o un profesor que murió.

Hemos hecho las categorías tan amplias como hemos podido, y hemos procurado hacer esta lista lo más completa posible. Tal vez sienta que hay otras áreas vitales relevantes para la experiencia de sus hijos. Añada lo que le parezca oportuno.

LISTA DE COMPROBACIÓN DE LA ENERGÍA EMOCIONAL

ABUELO, FAMILIAR O AMIGO ÍNTIMO

Volvemos a recordarle que esta lista sólo es una guía. Pretende ayudarle a que sus hijos recuerden los acontecimientos típicos que pueden haber producido energía emocional para ellos.

También puede usar la lista para ayudarles a repasar su relación con la persona fallecida. Se trata, como ya hemos dicho, de cosechar lo que ya está ahí, en vez de sembrar lo que no está. Tal vez le resulte útil tener la lista a mano cuando hable con sus hijos. Hay un apartado al final de la lista donde puede tomar algunas notas. En el caso de niños mayores, se les puede dejar la lista y animarles para que hagan sus propias anotaciones.

Desde el principio

- ☐ Primer encuentro o primer recuerdo.
- ☐ Nombres especiales (abuelito, abu, bibi, yaya, etc.)
- ☐ ¿Cuidaron del niño? ¿Se quedó el niño con ellos?
- ☐ Disciplinarios o de manga ancha.
- ☐ Regalos, falta de ellos, mejores regalos a hermanos, etc.
- ☐ Viajes a su casa.
- ☐ Visitas de ellos a casa de los niños (los niños a veces ceden sus habitaciones a los abuelos).
- ☐ Olores (alcohol, perfumes, medicamentos, tabaco).
- ☐ El abuelo discute con mamá o con papá.
- ☐ Seguridad para hablar.
- ☐ Miedo.

☐ Pellizcos en la cara, bromas, sonrojos.

☐ Idiosincrasias personales (positivas o negativas).

Vive cerca

☐ Visitas frecuentes.

☐ Gustan las visitas; no gustan las visitas.

☐ No se ven mucho; alegría o tristeza al respecto.

☐ Acude a los acontecimientos importantes (gusta o no).

Vive lejos

☐ No se ven mucho.

☐ Visitas frecuentes.

☐ Muchas llamadas telefónicas (bueno o malo).

☐ Pocas llamadas (feliz o triste por ello).

☐ El niño observa cómo los abuelos interactúan.

☐ El niño observa cómo los padres interactúan con los abuelos.

☐ Se queda con los abuelos cuando los padres están de vacaciones (gusta o no gusta).

☐ Quiere vivir con sus abuelos cuando discute con sus padres.

☐ Telefonea en los cumpleaños, etc. (gusta o no).

Enfermedad larga, si es relevante.

☐ Primera conciencia de la enfermedad; reacción.

☐ El niño observa la reacción de los padres.

☐ Diagnóstico, tratamiento, medicación.

☐ ¿Qué dicen los padres de sus sentimientos respecto a la enfermedad?

☐ ¿Se anima al niño a hablar con su abuelo?

☐ ¿Está el niño dispuesto a hablar?

☐ ¿Hay alguien más con quien el niño pudiera hablar?

☐ Visitas y lo que sucede en las mismas y después de ellas.

☐ ¿Cuándo se sabe que la enfermedad es terminal y cómo se comunica?

☐ ¿Hay alguien con quien el niño pueda hablar de la posible muerte?

☐ ¿Presionan los padres al niño para que visite al abuelo incluso cuando el niño no lo desea?

Cerca del final

☐ Circunstancias y acontecimientos que el niño recuerda de esos días.

☐ Respuesta emocional (o falta de respuesta) a esos acontecimientos.

☐ ¿Había alguien con quien el niño pudiera hablar de lo que pasaba?

☐ ¿Trata el niño de hacerse cargo de las emociones de su padre o madre?

Último día – o muerte repentina

☐ Llamada telefónica si estaba lejos.

☐ ¿Quién se lo dijo al niño y cómo se lo dijo?

☐ Impacto emocional sobre el niño, si lo hubo.

☐ ¿Mostraron los padres sus emociones frente al niño?

☐ ¿Estuvo el niño a la cabecera de la cama?

☐ Última interacción consciente; telefónica o en persona.

☐ Si estaba en coma, ¿le hablaba el niño?

☐ ¿Había alguien con quién hablar?

☐ Funeral, entierro y otros servicios.

☐ ¿Acudió? ¿Lo decidió?

☐ Reacción emocional, o falta de reacción (los niños suelen copiar a los adultos, por ejemplo: sé fuerte).

☐ Días, semanas y meses tras la muerte: sueños, recuerdos, pesares, etc.

Acontecimientos tras la muerte

☐ Vacaciones, cumpleaños, navidades y cualquier otro día especial.

☐ Acontecimientos deportivos, entrega de premios.

☐ Comuniones, confirmaciones, etc.

☐ Disputas de los padres y divorcio (importante si el abuelo era alguien con quien se podía hablar).

NOTAS:

_____

_____

_____

_____

_____

_____

_____

_____

_____

Resumiendo: ¿Falta mucho?

Empezamos esta parte con la cuestión de si sabíamos lo suficiente. Entonces dijimos que había cosas que necesitaba conocer para ayudar a sus hijos a resolver el dolor producido por la pérdida. Aquí estamos ahora, muchas páginas después, y esperamos que usted haya adquirido más claridad sobre las acciones concretas que ayudarán a sus hijos. Así que podemos preguntarnos, ¿falta mucho? No tanto, sigamos.

Hablar con sus hijos y ayudarles a recordar los acontecimientos importantes asociados a su relación con animales o con personas es una experiencia muy saludable. Si se tratara simplemente de recordar a quienes han fallecido y hablar de ellos, entonces podríamos dar ya este libro por terminado. Pero hablar sobre una relación —sobre lo bueno, sobre lo malo, e incluso sobre algunos aspectos feos de la misma— no nos hace quedar emocionalmente completos.

Es posible que ya haya transcurrido algún tiempo desde que sus hijos experimentaron la pérdida que le trajo a este libro. Días, semanas, meses o incluso años. No se preocupe, las acciones que presentaremos en la cuarta parte siguen siendo válidas y efectivas.

Agradecimiento a los lectores

Queremos agradecerle por dedicar su tiempo y energía a la lectura de este libro. Una cosa es desear lo mejor para sus hijos, y otra diferente hacer lo necesario educándose usted mismo para guiarlos mejor. Como ve, no se trata de una idea simple diseñada que le aporte unos temas con los que pueda decir que ha ayudado a sus hijos. El dolor emocional es un conjunto de emociones muy confusas y a veces dolorosas. Estamos encantados de que usted invierta su energía para

que sus hijos puedan tener los beneficios a largo plazo que
hemos ido aprendiendo en los últimos veinticinco años.

Como representantes de los niños del mundo,
lo saludamos y le damos las gracias.

CUARTA PARTE
DEL DESCUBRIMIENTO
A LA SUPERACIÓN

Uno de los objetivos más importantes al hablar sobre una relación es descubrir las cosas que nos gustaría haber dicho o haber hecho de forma diferente, mejor o más abundante. Pero una cosa es descubrir y otra resolver. No siempre lo entendemos así y a veces tropezamos con esta idea. La gente con frecuencia comete el error de creer que darse cuenta o descubrir ya es la superación. Por ejemplo, si usted se da cuenta de que hirió los sentimientos de alguien, pero no se disculpa con esa persona, usted sigue estando incompleto. La conciencia no se traduce automáticamente en una acción que completa lo que está emocionalmente inconcluso. Esto resulta especialmente obvio tras la muerte de alguien, cuando recordamos cosas que nunca hemos tenido la oportunidad de decir. Recordar cosas que no se dijeron es un descubrimiento, no un paso hacia la superación, ni hacia la plenitud.

21
¿Letanía o libertad?

Mantener la letanía
es una pesada carga

Hemos En varias ocasiones a lo largo de este libro, nos hemos referido a esas personas que todos conocemos que siempre tienen una letanía incesante de quejas. En particular hemos mencionado a quienes repiten compulsivamente la historia de una muerte, de un divorcio o de otra pérdida. Ya hemos sugerido que contar repetidamente una historia dolorosa no produce la superación. Cuando se ha escuchado la historia de alguien por enésima vez, a veces tenemos ganas de decirle que tal vez esté enganchado.

Pero piense en esto: si esas personas supieran cómo avanzar, lo harían. Si supieran cómo liberarse, seguramente no seguirían repitiendo su relato. No pueden pasar la página porque no han terminado la antigua. Así que la letanía prosigue, una y otra vez.

En nuestras vidas personales, conocemos al mismo tipo de personas que usted. Escuchamos el mismo tipo de historias. A veces podemos estar a solas con alguien y decirle: "¿No se te ha ocurrido perdonar a Cómosellame?" Puede imaginar las conversaciones que surgen tras hacer *esa* pregunta.

No hay nada gracioso en lo que acabamos de decir. Imagine que se trata de niños que repiten la misma letanía una y otra vez. O peor, imagine que esos niños se dan cuenta de que nadie les escucha ni les ayuda, y entonces *dejan* de hablar sobre la pérdida y sepultan las emociones en su interior.

Las letanías que los niños llevan dentro de sí y que limitan y restringen sus vidas se deben, en parte, a las frustraciones a las que se enganchan porque no saben cómo liberarse. Se aferran a esos resentimientos porque han observado que las personas que les rodean hacen lo mismo. Las ideas incorrectas sobre cómo manejar los sentimientos les llegan de fuentes muy variadas. Los libros, las películas, la radio, la televisión y la música son una parte muy importante del mundo en que viven los niños. Aunque no suele estar representado correctamente en esos medios, el perdonar es un componente esencial para la superación. El perdonar permite a los niños seguir adelante, avanzar y pasar la página.

Los resentimientos son sólo uno de los aspectos de esas letanías. Muchas de las historias que escuchamos repetir a los niños revelan la lista de cosas que les hubiera gustado hacer de otro modo. No se dan cuenta que es posible presentar una disculpa después que alguien haya muerto, por lo que se aferran al dolor de la comunicación pendiente y se hacen aún más daño. Repetimos, los niños no se disculpan porque han observado que las personas de su entorno no lo hacen. Las disculpas también les permiten seguir adelante, avanzar y pasar la página.

Un factor que complica este dilema es que la mayor parte de las relaciones contiene una mezcla de acontecimientos, positivos y negativos. Si la persona que murió a veces se portaba mal con el niño, el niño puede albergar algunos resentimientos que podrían ser completados al perdonarlo. Al mismo tiempo, el niño puede haber dicho o hecho algunas cosas por las que necesita pedir disculpas. No es raro que un niño no quiera pedir disculpas, por los sentimientos de resentimiento que tiene por las palabras o las acciones de esa otra persona. Como puede imaginar, esto puede convertirse en un círculo interminable, sin conclusión posible. El resultado es que el niño no perdonará a la otra persona hasta que esa persona se disculpe por lo que ha hecho antes. Si la otra persona murió, no puede darse dicha disculpa.

El niño queda, pues, atrapado. Aferrado al dolor de sus resentimientos, y a la carga de las disculpas que no ha expresado. Como ha observado que las personas de su entorno se comportan con esta peligrosa combinación de emociones, el niño no sabrá cómo salir de esta trampa hasta que se lo enseñemos.

RECUERDOS EXAGERADOS

Las personas que sufren, ya sean menores o adultas, muchas veces crean recuerdos exagerados en los que santifican o envilecen a la persona que murió o con quien terminó la relación.

Una vez creados estos recuerdos, pueden convertirse en un peligroso obstáculo para la superación. Como esos recuerdos desproporcionados no son exactos, hacen que sea casi imposible resolver aquello que está emocionalmente incompleto. Si desea una metáfora diferente, digamos que es imposible consumar los asuntos pendientes con un santo o con un diablo. Tenemos que tener presente que las repetitivas letanías no se limitan a las relaciones malas o negativas. Es igualmente habitual que las personas tengan una letanía de alguien a quien han deificado.

Las declaraciones emocionales importantes y los recuerdos afectuosos son categorías amplias para expresar cualquier comentario importante que no sea ni decir que lo lamenta ni perdonar. A primera vista, puede no ser evidente que estas categorías produzcan algo de lo que hemos llamado letanías. Sin embargo, estas categorías pueden ocultar algún otro tipo de letanías. Al hacer un examen más cuidadoso, hemos conocido a personas que se han dedicado a narrar un cierto tipo de relato mitológico que crea un retrato falso de una relación con alguien, vivo o muerto. En esos relatos la fantasía habla de una relación perfecta que realmente no existió. Como padre, tenga cuidado de los retratos exagerados que pueden estar ocultando un nivel más profundo de emociones inconclusas entre sus hijos y alguien ya falleció.

Los niños no suelen contar las cosas positivas e importantes que sienten, porque han observado que la gente de su entorno se aferra a este tipo de sentimientos. Posiblemente haya escuchado más de una vez comentarios como: "¡Ojalá se lo hubiera dicho antes que muriera!" Indirectamente la comunicación de esas declaraciones positivas es la que permite al niño seguir adelante, avanzar y pasar la página.

Sentirse liberados es mejor

La libertad es el resultado de la superación, del completar emociones inconclusas. La libertad es la nueva alternativa disponible para los niños cuando han descubierto las emociones pendientes que no han comunicado.

La libertad no supone el final de la tristeza, pero puede suponer el final del dolor. La libertad permite que los recuerdos afectuosos sigan siendo cariñosos y no se vuelvan dolorosos. La libertad le permite al niño recordar a los seres queridos de la manera que los conoció en su vida, en vez de quedarse aprisionado en las imágenes de los seres queridos muertos.

En los casos en que las personas que murieron no eran tan amadas, el niño se ve liberado de los recuerdos obsesivos de la cosa terrible que les sucedió. La libertad también puede provenir de resolver el dolor de darnos cuenta de tantas promesas que no se cumplieron.

Tanto en las relaciones positivas como en las negativas, la libertad permite al niño resolver su relación con las esperanzas, sueños y expectativas no realizadas sobre el futuro. En el caso de las relaciones positivas, esto incluye la triste verdad que la persona ya no estará ahí, en todos los acontecimientos especiales que aún están por venir en la vida del niño. En el caso de las relaciones negativas, el niño se ve liberado de las esperanzas poco realistas que en algún momento recibirá una disculpa que podría haber reparado el daño, y que algo valioso podría haber sucedido.

Ha llegado ahora el momento de ilustrar la sencilla idea de convertir los descubrimientos en las cuatro categorías principales para la superación.

22

ENFOQUE EN LA SUPERACIÓN

THUMPER

Veamos cómo se pueden convertir los elementos de una historia en las categorías emocionales que hemos estado comentando. Nuestras historias favoritas vienen de las personas que nos han enseñado cómo se recuperaban de sus penas y cómo guiaban a sus hijos tras una pérdida. Nuestros amigos Julia y Ricardo nos mostraron el uso que hicieron de las ideas de la Lista de Comprobación de la Energía Emocional para ayudar a su hija Jessica. Hemos escrito algunos comentarios en negrita para destacar algunos aspectos en la superación de la comunicación de Jessica con su perro, Thumper.

Jessica tenía catorce años cuando su perro Thumper, un collie de diez años, enfermó y murió. En los primeros días tras la muerte de Thumper, Julia y Ricardo emplearon la Lista de Comprobación de la Energía Emocional para ayudar a Jessica a recordar muchos de los acontecimientos y emociones de su vida con Thumper. El apartado final de notas, les pareció muy útil.

Los padres de Jessica le contaron los primeros momentos de su relación con Thumper, pues ella era demasiado pequeña para recordarlos. Cuando ella tenía cuatro años, sus padres le leían cuentos. Como tantos niños de cuatro años, ella recordaba la combinación de las palabras e imágenes de cada página, aunque todavía no sabía leer. Si sus padres cometían un error, les corregía inmediatamente. Su libro favorito narraba la historia de una niña y su perro. Muy pronto Jessica empezó a decir a sus padres que quería tener un perro. Sus padres le dijeron; "Ya veremos."

Enseguida las súplicas de tener un perro adquirieron mayor frecuencia y urgencia. Julia y Ricardo decidieron que seguramente sería estupendo para Jessica (y para ellos) tener un perro. Cuando le anunciaron a Jessica que habían decidido que podía tener un perro, la niña no cabía en sí de gozo.

En los días posteriores a la decisión, hubo un gran alboroto. Jessica, muy acorde con sus cuatro años, estaba muy nerviosa, no podía comer ni dormir, y ansiaba tener a su cachorro. Su madre compró un libro de perros para leer y mirar las ilustraciones, y así poder decidir qué tipo de perro comprar. Pero Jessica no quería mirar las fotos. Sólo quería ir a la "tienda de perros" y comprar el suyo. Era como si supiera exactamente qué tipo de perro quería y lo reconocería en cuanto lo viera.

Ahora llegamos al primer recuerdo real de Jessica. Un sábado por la mañana, Jessica y sus padres se metieron en el coche y fueron a un lugar donde se podía adoptar animales, que tenían muchos perros y gatos a la espera de que alguien les quisiera y se los llevara a casa. Recuerda que caminaba por una larga fila de jaulas y veía a muchos perros que la miraban, casi suplicándole que se los llevara. Pero ella se limitaba a echarles una breve ojeada y seguir adelante. De repente se quedó inmóvil sobre sus pasos. En la jaula que estaba frente a ella, había una bolita de peluche dormida, en medio del ruido y de la confusión que la rodeaba. Jessica dijo: **"Este es mi perro."**

En el camino de vuelta a casa, Jessica estaba sentada con una caja de cartón en su regazo. En la caja estaba su preciada carga, su nuevo mejor amigo. Durante el camino, sus padres le preguntaron si había pensado un nombre. Entonces el cachorro se despertó. Sacudiendo el rabo, empezó a golpear rítmicamente la caja de cartón. **Entonces Jessica exclamó:**

"¡Thumper!" *(El que golpea con fuerza).* **Y el nombre se le quedó.**

Las siguientes semanas son borrosas para Jessica. Entre sus recuerdos estaban las primeras noches en que **Thumper lloraba**, y ella le consolaba, le hablaba y le decía que todo iba a estar muy bien entre ellos. También recordaba sus juegos y cómo el perro se emocionaba y se orinaba sobre la alfombra. La madre de Jessica se molestaba cuando veía la alfombra sucia, y **Jessica recordaba que le daba miedo que pudieran devolver a Thumper al centro de adopciones.**

Jessica y Thumper se hicieron inseparables. Ella empezó a vestirle con algunos de sus trajes de muñecas. Tenía algunas fotos del perro con atuendos absurdos. Cuando recordó las veces en que lo había vestido, se puso a llorar. **Recordó algunas veces que lo hizo chillar al tratar de forzar una de sus patitas en los vestidos de muñeca.**

No mucho después de que Thumper viniera a vivir con ella, Jessica empezó a meterle en su cama sigilosamente, después de que sus padres le hubieran dado su beso de buenas noches y apagaran la luz. No pasó mucho tiempo antes que sus padres descubrieran lo que estaba pasando. Jessica y sus padres tuvieron una reunión. Jessica estaba muy asustada. Pensaba que tendría serias dificultades por meter a Thumper furtivamente en su cama. Pero sus padres fueron muy comprensivos, y tras un pequeño regaño por haberlo hecho a escondidas y después que ella se comprometiera a limpiar lo que pudiera pasar, **sus padres le permitieron que Thumper durmiera con ella todas las noches.**

Cuando Thumper tenía unos seis meses, era muy juguetón. Un día encontró la puerta accidentalmente abierta y salió corriendo a la calle. Jessica y su madre corrieron tras él y lo atraparon antes que sucediera nada trágico. **Era un recuerdo aterrador para Jessica.** Thumper nunca había salido sin correa y no sabía qué hacer en la calle con los coches.

Los acontecimientos que Jessica recuerda corresponden a muchas de las categorías generales de la Lista de Comprobación de la Energía Emocional. De hecho, de los once primeros puntos de la lista, seis forman parte de la historia que ya ha leído. Observará las aspas en dos de las categorías. Son recuerdos muy vívidos para sus padres, pero para Jessica realmente no. Señalamos esto para que recuerde que se trata de los recuerdos de la chica. Repasemos:

☒ Conseguir el permiso de tener un animal.

☐ Hacerse responsable de su cuidado y alimentación.

☐ Esperanzas, sueños y expectativas sobre la relación.

☒ Planes para y búsqueda del animal.

☑ Primer momento mágico o primer recuerdo consciente.

☑ Elegir un nombre.

☑ Primeros traumas: destrozos, llantos toda la noche...

☐ Destrozos caseros, hoyos en el jardín.

☑ Primeras alegrías: caricias, juegos.

☑ Duerme en la cama o en el suelo.

☑ Fuga: extravío y encuentro.

Volvamos a los recuerdos de Jessica y veamos cómo se relaciona el resto de las historia con los demás puntos de la lista.

Cuando Jessica tenía seis años, alimentar a Thumper se había convertido en una de sus obligaciones. Por lo general, no olvidaba alimentarle y tener limpios los recipientes de la comida y del agua. Pero de vez en cuando se distraía, y su madre o su padre tenían que recordárselo. Un recuerdo doloroso tenía que ver con una vez que se olvidó de ponerle la comida. En medio de la noche, el perro acudió al cubo de la basura e hizo un desastre. **A la mañana siguiente, su madre estaba muy molesta tanto con Jessica como con Thumper. Jessica se sintió muy mal.** No podía soportar la idea que Thumper se metiera en problemas porque a ella se le olvidó darle de comer.

Como nota feliz, Jessica recordaba los cientos de veces que habían jugado juntos y cómo le hablaba. Compartió con él todos los pensamientos y sentimientos que tuvo durante todas las etapas de su crecimiento. **Parecía como si el perro la entendiera.** A veces, cuando ella le hablaba, ladeaba la cabeza como si tratara de escuchar todo lo que ella decía. Nunca parecía importarle todo lo que ella hablaba y nunca se mostró en desacuerdo.

Thumper había adoptado una de las muñecas de trapo de Jessica cuando era un cachorro. Durante años, arrastraba la muñeca dondequiera que fuera. Finalmente la muñeca se convirtió en un montón de trapos deshilachados. Uno de los recuerdos más dulces de Jessica era cuando la familia recibía una visita. **Entonces Thumper llevaba su muñeca de trapo a cada uno de los visitantes y la dejaba caer frente al mismo.** Cada visitante, a su vez, admiraba la muñeca de Thumper.

Cuando Thumper aun era cachorro, fue por vez primera al veterinario. Aunque Jessica no recordaba esa visita, pues era muy joven, su madre sí la recordaba, y le decía a Jessica que Thumper había estado muy tranquilo. **Thumper estableció una relación con el veterinario**, y aunque a veces chillaba cuando lo examinaban, parecía tenerle confianza. Jessica recordaba visitas posteriores al veterinario cuando ella ya era mayor.

Hagamos una nueva pausa y veamos la historia de Jessica en lo que se relaciona con la Lista de Comprobación de la Energía Emocional. Observe que hay marcas en cuatro de las categorías.

- ☑ Olvidos de las obligaciones: Alimentar o limpiar.
  - ☐ Hábitos alimenticios: si pide o roba comida.
- ☑ El vínculo de la confianza: amigos sin secretos.
  - ☐ En casa o en la calle. Posible origen de dolor por muerte.
  - ☐ Peleas con otros animales; protección de su territorio.
  - ☐ Paseos por el parque.
- ☑ Amistoso con los invitados, o no.
- ☑ Visitas al veterinario.

La relación de Jessica con Thumper estaba llena de muchas de las hermosas interacciones tan especiales entre los niños y los animales. Pero, al continuar la historia, Jessica recordaba una serie de acontecimientos que terminaron con la muerte de Thumper. Poco después que Thumper cumpliera diez años, Jessica se dio cuenta que algo no estaba bien. Thumper permaneció acostado en el suelo de la habitación de Jessica. **Ella le llamó, pero él no dio un salto y corrió hacia ella como de costumbre.** En vez de eso, la miró con ojos tristes, como diciéndole: "Ya te oí, pero no puedo levantarme ahora." Volvió a llamarle, y esta vez, muy despacio, el perro se levantó y acudió a su lado. Ella le acarició la cabeza y olvidó lo sucedido hasta el día siguiente. Ese día, tuvo que llamarle tres veces antes que se levantara y viniera junto a ella. **Jessica empezó a preocuparse. Se lo dijo a su madre y al día siguiente lo llevaron al veterinario.**

Jessica recordaba ese viaje al veterinario como uno de los días más aterradores de su vida. Mientras examinaban a Thumper, ella sintió que algo estaba muy mal. Cuando el veterinario les dijo que vinieran a su despacho, no podía ni respirar. Los siguientes minutos fueron de pesadilla absoluta. A Jessica le parecía que su corazón se hubiera vuelto de hielo. El veterinario les dijo que creía que Thumper estaba muy enfermo, pero que tenía que esperar los resultados de los análisis de sangre para estar seguro. Jessica recuerda que estaba llorando en el hombro de su madre y escuchaba la voz del veterinario que llegaba desde muy lejos.

Jessica no cenó esa noche. Tampoco pudo dormir. Pasó toda la noche tumbada junto a Thumper, mirándole, acariciándole y diciéndole que le quería una y otra vez.

Unos días después, el veterinario telefoneó y confirmó los peores temores de todos ellos. Thumper tenía cáncer. Jessica y sus padres hicieron otro viaje al veterinario para saber qué podían hacer. El médico les explicó las diferentes opciones y las posibilidades que Thumper se recuperara. Jessica recuerda que estaba como insensibilizada, sentada allí tratando de saber qué era lo mejor que se podía hacer. No quería que Thumper sufriera. Pero si había la menor posibilidad que un tratamiento tuviera éxito, creía que había que probarlo. Sus padres estaban de acuerdo.

Las semanas posteriores fueron un torbellino de medicaciones, pruebas, signos de mejoría, seguidos por esperanzas, y luego malos signos y más pruebas. Las emociones de Jessica subían y bajaban como en una montaña rusa. Esperanza, luego horror, y luego otra vez esperanza.

Una mañana, cuando Jessica se despertó y miró a Thumper, se dio cuenta que algo había cambiado. Sus ojos parecían diferentes. Cuando él la miró, era casi como si no la reconociera. Con el corazón roto, se tumbó en el suelo junto a su perro, puso su mano sobre una de sus patas, y lloró y lloró.

Jessica se obligó a levantarse, y fue por el pasillo como pasmada. Llamó a la puerta del dormitorio de sus padres y les dijo que vinieran a su habitación. Sus padres vieron lo mismo que Jessica: que Thumper no podía luchar más. Los tres se quedaron en la puerta mirando a Thumper, que no tenía fuerzas para devolverles la mirada. Sus ojos se velaron, como si estuviera mirando a ninguna parte. Ellos se abrazaron y hablaron sobre lo que probablemente iba a suceder. Estuvieron de acuerdo en que no querían hacer nada que alargara el dolor y el sufrimiento que Thumper debería estar experimentando.

El último viaje al veterinario fue muy silencioso. Jessica y sus padres estaban cada uno de ellos arropados por sus propios recuerdos de los últimos diez años pasados con Thumper. Finalmente el coche entró en el estacionamiento del veterinario. El padre apagó el motor. Ninguno se movió, en lo que le pareció una eternidad a Jessica. Ninguno de ellos quería hacer lo que había que hacer.

El veterinario hizo un último examen para asegurarse. Dijo a Jessica y a sus padres que tenían que elegir entre permitir que le pusiera una inyección a Thumper que terminara con su sufrimiento, o que le siguiera administrando medicamentos contra el dolor. La tercera posibilidad era suspender la medicación y permitir a la naturaleza seguir su curso hasta que él muriera.

El veterinario salió para darles tiempo de decidir. Tomaron la decisión de pedirle que le pusiera la inyección. Le llamaron y le dijeron lo que habían decidido. El veterinario les dijo que creía que era la decisión más amorosa. Volvió a salir para que ellos pudieran pasar un poco más de tiempo en privado con Thumper.

Jessica pidió a sus padres que la dejaran unos momentos a solas con él. Recuerda que fue la experiencia emocionalmente más intensa que había tenido hasta ese momento. Muchos de los recuerdos contenidos en esta historia afloraron en el tiempo que pasó en esa pequeña sala con Thumper. **Lloró, rió, y le dijo todo lo que significaba para ella.** De vez en cuando, sólo por un instante, el perro la miraba como diciendo: "Ya lo sé; yo también." Finalmente ella se inclinó, le besó entre los ojos y susurró: "**Te quiero. Adiós, Thumper.**"

Cuando el veterinario regresó, les dijo que cada uno de ellos tenía que decidir si quería estar en la habitación con Thumper cuando le pusiera la inyección. Les dijo que algunas personas habían decidido no estar presentes, y luego lo habían lamentado. También les dijo que si se sentían incómodos, siempre podían salir. Todos ellos decidieron quedarse.

La escena final en el veterinario fue extrañamente apacible para Jessica. Se abrazó a sus padres, con un gran peso en el corazón y la cara llena de lágrimas. Thumper parecía no sufrir y, entonces, suavemente, se fue. Jessica se inclinó y le besó por última vez mientras decía: "**Te quiero y te voy a echar de menos. Adiós, amigo. Adiós, Thumper.**"

El resto del día se perdió en la memoria de Jessica. Recuerda que estaba en su habitación, tumbada en la cama, mirando fijamente al techo y luego dormitando un rato. Se despertó sobresaltada y, recordando que Thumper ya no estaba, sollozó suavemente a medida que la realidad se iba imponiendo. Creía recordar que su familia tenía una cena esa noche, pero ella no se sentía con fuerzas para comer nada. Después, Jessica pasó algunas horas mirando su colección de fotografías y extrajo del conjunto sus fotos favoritas de Thumper.

□

Veamos las otras categorías de la Lista de Comprobación de la Energía Emocional para ver qué áreas forman parte de la historia de Jessica.

Enfermedad larga, si es relevante.

- ☑ Enfermedad: diagnóstico, tratamiento y medicación.
- ☑ Dolor y frustración ante la enfermedad.
- ☑ Decisión de "hacer dormir" al animal.
- ☑ Emociones del último día.

Como puede ver, hay marcas en cada una de las cuatro categorías. Habrá comprobado que la historia de Jessica contiene detalles muy vívidos en cada categoría. Según la edad de su hijo en el comienzo de la enfermedad del animal, hay muchas posibilidades que haya una gran cantidad de energía asociada a las circunstancias que condujeron a la muerte del animal.

Ha visto los resultados de usar la Lista de Comprobación de la Energía Emocional para ayudar a Jessica a repasar su relación con Thumper. A continuación vamos a ver cómo estas categorías pueden ser convertidas en superación de los asuntos pendientes.

23

LIBERACIÓN, SUPERACIÓN Y ADIÓS

El niño de cuatro años de nuestra primera historia podía verbalizar unas pocas frases para resolver lo que necesitaba decir a su hámster en los momentos posteriores a su muerte. La madre de este muchacho estaba familiarizada con los principios de la Superación del Dolor Emocional. Sabía que era importante que repitiera las cosas que había dicho al hámster en su habitación. Sabía que ese tipo de pensamientos y sentimientos tienen que ser dichos en voz alta y escuchados por otras personas para que la comunicación se resolviera. En el entierro que hicieron en el patio de la casa, su madre le ayudó a repetir las cosas que había dicho en su habitación.

Como podía expresar exactamente lo que era importante para él, no hubo la menor necesidad de consultar la Lista de Comprobación de la Energía Emocional. Como era pequeño y tenía una relación con su mascota relativamente corta, no había necesidad de escribir las cosas que recordaba.

Jessica, con sus 14 años y su relación de 10 años con Thumper, recibió la ayuda de sus padres y del conocimiento que éstos tenían de la Lista de Comprobación de la Energía Emocional. Como su historia era mucho más larga y más compleja, le resultó útil escribir las cosas que necesitaba decir a Thumper para estar segura que su lista contenía los componentes de la superación que la ayudarían a resolver la pérdida.

La mejor forma de consolidar el conjunto de emociones que había descubierto en el repaso de la relación, fue ponerlas en forma de Carta de Superación del Dolor Emocional. La Carta de Superación del Dolor Emocional no es una carta ordinaria. No es una noticia de un periódico ni una anotación en nuestro diario. Es un tipo específico de carta que comunica las disculpas, los perdones, las declaraciones emociones importantes y los recuerdos afectuosos contenidos en la relación del niño con el animal o la persona que falleció.

La Carta de Superación tiene varios objetivos. Uno de ellos es ayudar al niño a que diga las cosas que necesita decir para que esos pensamientos y sentimientos no se queden embotellados en su interior. Anteriormente hablamos de niños y adultos que no dejan de repetir una y otra vez la misma historia. Suele ser porque no tuvieron una manera eficaz de resolver los descubrimientos emocionales que hicieron de forma natural tras la pérdida.

La carta también permite al niño decir adiós a la relación física que ya no existe. La muerte pone fin a la relación física, aunque la relación emocional y espiritual continúa. Resolver los aspectos emocionales de la relación permite al niño decir adiós a la relación física.

JESSICA ESCRIBE SU CARTA

Con la ayuda de sus padres, Jessica repasó su relación con Thumper y descubrió algunas cosas que necesitaba comunicar. Algunas de las cosas que tenía que decir eran cosas que había repetido muchas veces, pero que necesitaba volver a decir otra vez. Otras eran cosas que tenía que decir por vez primera.

A lo largo de este libro, hemos mencionado que siempre hay cosas que nos hubieran gustado que fueran diferentes, mejores o más abundantes. La Lista de Comprobación de la Energía Emocional ayudó a Jessica a encontrar exactamente las cosas que necesitaba decir, ya fuera por primera o por enésima vez.

Como ya hemos dicho, las relaciones con los animales suelen ser más incondicionales y menos complicadas que las relaciones con personas, por lo que suele haber una menor necesidad de expresar el sentirlo y perdonar. Suelen tener una mayor cantidad de declaraciones de reconocimiento y de agradecimiento por el tiempo especial compartido y por la comunicación singular que se da entre los seres humanos y los animales. Sin embargo, procuraremos estar atentos para darnos cuenta de las pocas veces en que si resulta relevante expresar el pesar por lo que se hizo o el perdonar.

Recuerde, hay cuatro categorías básicas que ayudan a los niños a comunicar los pensamientos y sentimientos que aún están pendientes:

[D] Disculpas: "Lo siento mucho…"

[P] Perdonar: "Te perdono por…" o por algo malo que pasó, pero "está bien".

[DEI] Declaraciones emocionales importantes que no son disculpas ni perdones, pero que es imprescindible decirlas. También podemos llamarlas "cosas realmente importantes".

[RA] Recuerdos afectuosos: "Gracias por…" Ésta es una categoría especialmente importante con los animales.

Veamos la lista de categorías de las que hablaron Jessica y sus padres, que subrayan las cosas importantes que sucedieron durante los años de su relación con Thumper.

☑ Primer momento mágico o primer recuerdo consciente.

☑ Elegir un nombre.

☑ Primeros traumas: destrozos, llantos toda la noche…

☑ Primeras alegrías: caricias, juegos.

☑ Duerme en la cama o en el suelo.

☑ Fuga: extravío y encuentro.

☑ Olvidos de las obligaciones: Alimentar o limpiar.

☑ El vínculo de la confianza: amigos sin secretos.

☑ Amistoso con los invitados, o no.

☑ Visitas al veterinario.

Enfermedad larga, si es relevante.

☑ Enfermedad: diagnóstico, tratamiento y medicación.

☑ Dolor y frustración ante la enfermedad.

☑ Decisión de "hacer dormir" al animal.

☑ Emociones del último día.

Los padres de Jessica le sugirieron que tomara esta lista de acontecimientos y que escribiera una carta a Thumper. No una carta normal, sino una carta muy especial. Una carta en la que le diera las gracias, en la que expresara "lo siento" por lo que hubiera hecho mal, y en la que le perdonara a él. Jessica se fue a su habitación con la lista, papel para escribir y una caja de pañuelos desechables.

Jessica escribió y lloró, y siguió escribiendo y siguió llorando, hasta que terminó la carta. La hemos reproducido con su permiso. Al final de cada párrafo hemos añadido algunas abreviaturas para que entienda qué categoría de superación está contenida en dicho párrafo.

Observará que algunas de las frases de Jessica comienzan con el nombre de Thumper. A algunas personas les resulta beneficioso empezar cada oración con el nombre de la persona o del animal a quien van dirigidas.

CARTA DE SUPERACIÓN DE
JESSICA A THUMPER

Querido Thumper,

He estado recordando el tiempo que hemos pasado juntos y he descubierto algunas cosas que me gustaría decirte.

Uno de mis recuerdos más felices es el día que te vi por vez primera en la perrera, hecho una pelotita. Aunque yo era muy pequeña, recuerdo ese día, y recuerdo cuando volvimos a casa contigo en una caja, con tu colita que golpeaba la caja. [RA]

Recuerdo una vez, cuando eras muy chico, supongo que estabas asustado, porque te pasaste toda la noche llorando. Y recuerdo que yo también estaba muy asustada que mis padres te devolvieran. Me siento muy contenta que te quedaras conmigo… [DEI]

Lo siento por las veces que te hice daño tratando de ponerte los vestidos de mis muñecas. Siento mucha pena por las veces en que pisé una de tus patas. Y lamento profundamente las veces que me enojé contigo y te regañé. [D]

Thumper, una de las cosas más maravillosas que me han pasado en mi vida fue que siempre durmieras conmigo. Gracias por estar a mi lado. Me siento muy contenta que mis padres me dejaran hacerlo. [DEI + RA]

Recuerdo cuando todavía eras muy pequeño y eras tan juguetón que un día te escapaste y te saliste a la calle. Me puse a llorar y mamá y yo empezamos a correr detrás de ti. Me aterraba la idea que pudieras sufrir algún daño. Era la vez que más miedo había sentido en mi vida. Te perdono por escaparte y asustarme. Y estoy muy contenta que no te pasara nada. [P + DEI]

Una cosa horrible fue cuando se me olvidó ponerte la comida y esa noche destrozaste la bolsa de la basura e hiciste un desastre. Discúlpame por haberme olvidado, así como que tuvieras problemas con mamá simplemente porque yo no me había ocupado de ti. Lamento que mamá te regañara, pues había sido mi culpa. [D]

Thumper, lo que más recuerdo son los cientos de veces en que estaba tumbada en mi cama hablando contigo. Te conté todos mis secretos. Me sentía bien al poder contarte todo lo que me pasaba. Me ayudó a pensar un montón de cosas. A veces ladeabas la cabeza como si trataras de oírme mejor, o como si no estuvieras muy seguro de lo que trataba de decirte. Siempre escuchabas todo lo que te decía, y te lo agradezco mucho. [DEI + RA]

Thumper, eras realmente muy divertido. Tu muñeca, la muñeca de trapo que adoptaste cuando eras muy pequeño, me hizo reír más que cualquier otra cosa. Era la forma en que dejabas caer tu muñeca frente a todo el mundo, y luego los mirabas y volvías a mirar la muñeca como si tuvieran que darse cuenta de la muñeca tan bonita que tenías, nos hacías reír a todos. Nunca lo olvidaré. [RA]

Desde tu muerte, he empezado a recordar un montón de cosas. Recuerdo lo que querías a todos mis amigos, recuerdo lo nervioso que te ponías cuando volvía a casa del colegio, como si el mero hecho que yo apareciera fuera lo mejor que pudiera existir en el mundo entero. Gracias por ser como eras y por ayudarme a sentirme tan bien conmigo misma. [RA]

Recuerdo también el día en que te llamé y tú me miraste pero no viniste enseguida. Nunca te había visto hacer eso antes. Cuando volvió a suceder al siguiente día, me sentí aterrada. [DEI]

Todos los viajes al veterinario y esos días terribles en que descubrimos que tenías cáncer fueron espantosos. Espantosos porque yo no quería que sufrieras ni que pasaras por todos esos tratamientos. Quería protegerte, Thumper. Lamento que sufrieras tanto. [DEI + D]

Thumper, tal vez porque yo era tan pequeña cuando viniste a vivir conmigo, nunca había pensado en lo que podría ser la vida sin ti. Cerca del final, cuando sabíamos que tu cuerpo ya no iba a aguantar mucho más, empecé a pensar cómo sería la vida cuando no estuvieras. No quería hacerlo, pero las ideas volvían una y otra vez a mi cabeza. Me ponía a llorar, porque siempre habías estado a mi lado. Ha sido horrible despertarme y volver a recordar que ya no estás. Te extraño Thumper. [DEI]

Soy bastante mayor y ya sé que todos los seres vivos se mueren un día. Pero aunque lo sepa, no por eso mi corazón se siente mejor. Lo que me hace sentirme mejor es contarte todas estas cosas. Me siento bien al decirte que recuerdo todo lo que compartimos juntos. Siento calor cuando te recuerdo tumbado a mi lado por las noches, o cuando me escuchabas lo que te decía del primer chico que me gustó cuando estaba en sexto grado. Gracias por escucharme, gracias por quererme. [DEI + RA]

Te quiero, Thumper, y te extraño. Nunca podré olvidarte.

Adiós, Thumper.

Nota: A algunos niños les gusta empezar cada frase con el nombre, como ha hecho Jessica en varios párrafos con "Thumper". Esto puede funcionar como un estímulo emocional adicional, tanto cuando se escribe la carta, como cuando se lee. Otros niños, sin embargo, no lo hacen así. De cualquier modo, está bien.

Cuando Jessica terminó de escribir su carta, se la enseñó a sus padres. Entonces su madre le preguntó si querría leerla en voz alta mientras que ellos la escuchaban. Dijo que sí. Su madre le sugirió que cerrara sus ojos para tener una imagen clara de Thumper en su mente antes de empezar a leer.

Jessica cerró los ojos, y entonces la imagen de Thumper y su muñeca de trapo surgieron en su mente. Jessica sonrió y empezó a leer. A medida que leía su carta, a veces reía y otras veces lloraba. Su madre y su padre estaban a una cierta distancia y escuchaban. Ambos tenían lágrimas en los ojos.

Cuando Jessica llegó al final de su carta, hizo una pausa. Dijo: "Te quiero, Thumper, y te extraño. Nunca podré olvidarte." Luego se detuvo. Las lágrimas empezaron a correr y entonces añadió: "Adiós, Thumper." Cuando dijo estas últimas palabras, lloró un poco más. Su madre se acercó, la levantó del sillón y la abrazó. Jessica lloró y lloró. Después de un momento, su madre la dejó y su padre la abrazó a su vez.

Cuando Jessica dejó de llorar, su madre le pidió que cerrara los ojos un momento para ver si seguía teniendo la imagen de Thumper. Era para demostrarle que no había "perdido" a Thumper por haberle dicho adiós.

Hacer el repaso y escribir y leer la carta no quiere decir que Jessica ya no volvería a estar triste. Tampoco quería decir que ya no echara de menos a su perro. Significaba simplemente que había completado lo que necesitaba decir para así poder adaptarse a las nuevas circunstancias de su vida, en la que Thumper ya no estaba físicamente presente.

Su madre le contó algunas otras cosas que había aprendido al trabajar con el *Manual Superando Pérdidas Emocionales* para superar sus propias pérdidas. Le dijo, por ejemplo, que cada vez que recordara algunas de las cosas que había escrito en su carta, que cerrara los ojos y volviera a decirlas. Y cada vez que lo hiciera, podía añadir: "Te quiero, Thumper, y te extraño. Nunca te olvidaré. Adiós, Thumper." Su madre le explicó que está muy bien repetir esas cosas, y que era muy importante que, cada vez que las dijera, acabara diciendo adiós.

COMPLETAMENTE DIFERENTE PERO
EXACTAMENTE IGUAL

Nunca comparamos las pérdidas, y nunca compararemos tampoco las comunicaciones de superación. Pero, sólo por esta vez, vamos a desatender dicha esa regla y comparar la carta de Jessica a Thumper con las declaraciones del niño de cuatro años al Señor Hámster.

Éstas son las preguntas:

¿Refleja cada comunicación una relación única e individual?

¿Contiene cada comunicación la verdad emocional de cada uno de los niños?

¿Completa cada comunicación las emociones incompletas o pendientes?

¿Termina cada comunicación con un adiós?

La respuesta a cada una de estas preguntas es que sí. El niño de cuatro años dijo todo lo que tenía que decir en sólo unas frases, mientras que la comunicación de Jessica necesitó de unas cuantas páginas. Pero cada comunicación representa una verdad total para cada niño.

Entre un niño de cuatro años y una niña de catorce hay todo un mundo de diferencia; pero la verdad esencial es representada de una forma similar. Cada niño es único, y cada relación es única. Otro niño de catorce años puede escribir una carta de cuatro líneas, y uno de cuatro años tal vez diga mucho más. Pero lo normal, lo más habitual es lo que le hemos presentado. La comunicación de un niño de nueve años puede ser algo intermedio. Lo más importante es que recordemos que nuestra tarea consiste en ayudar a nuestros hijos a que encuentren lo que más adecuado les resulte.

El capítulo siguiente quiere ilustrar el repaso de la relación y la carta de superación escrita por una adolescente a su abuela que falleció.

24
MUY CERCA DE NANA

Esta es la historia de una chica llamada Amanda y su abuela, a la que llamaba Nana. Amanda y sus padres nos contaron la historia después que Nana muriera. Unos años antes de esto, los padres de Amanda habían participado en uno de los Seminarios de Superación de las Pérdidas. Como sabían lo que es normal y natural, pudieron ayudar a su hija cuando su abuela murió. Hemos puesto algunas frases en negrita para ilustrar los elementos del repaso de la relación que llevaron a la carta de superación de Amanda por la muerte de su Nana.

Amanda nació en Filadelfia. Sus padres, Rhonda y Juan, estaban muy nerviosos los días inmediatamente anteriores al nacimiento. Era su primer hijo. La **madre de Rhonda** vivía en Florida, pero nada le habría podido impedir estar presente ante la llegada de su primera nieta. Fue en avión a Filadelfia para participar en el feliz acontecimiento y echar una mano a su hija durante los meses siguientes.

Amanda no recordaba el primer momento en que vio a su abuela, **pero sentía como si siempre hubiera estado allí.** La abuela pasaba mucho tiempo con el bebé. Con el paso de los años se fue desarrollando el vínculo tan especial que se estableció desde que Amanda era una recién nacida. A la abuela no le gustaba viajar, pero en cuanto volvía a su casa en Florida, empezaba a planear el próximo viaje a Filadelfia. No dejaba de repetir que "iba a ir a Filadelfia para ver a su pequeña Amanda", por lo que sus amigos le decían en broma que habría que cambiar el nombre de la ciudad y llamarla "Amandelfia".

En cuanto Amanda empezó a emitir sonidos razonablemente inteligibles, su madre la ponía al teléfono para que le dijera algo a su abuela. Amanda parecía reconocer la voz de la abuela por el teléfono. En una de esas ocasiones Amanda dijo algo que **sonaba como Nana**. El nombre se quedó, y desde ese momento la abuela empezó a llamarse Nana, así como llamaba Papa al abuelo.

Nana pasaba casi todo su tiempo libre en la sección de ropa infantil de los grandes almacenes que estaban cerca de su casa. Nana contribuyó por sí sola al éxito de las empresas de envíos postales, pues **enviaba paquetes de regalos de Florida a Filadelfia casi diariamente.**

Cuando Amanda cumplió cuatro años, ella y su abuela estaban increíblemente unidas. Así como la abuela no podía esperar para volver a visitarla, Amanda estaba igualmente encantada de ver a su Nana. Más o menos por esa época es cuando comienzan los recuerdos conscientes de Amanda. Aunque tenía la sensación que su Nana siempre había estado ahí (lo que era cierto), e incluso aunque sus padres no dejaban de contarle historias sobre la relación de ella y su abuela, sus recuerdos reales comienzan cuando Amanda tenía cuatro años. De hecho, tenía incluso algún recuerdo de su fiesta del cuarto cumpleaños. Naturalmente Nana había volado para el acontecimiento. Amanda recuerda cómo presentaba a su abuela a algunos otros niños de la fiesta. Recuerda que uno de los niños dijo: "¿Qué es una Nana?" La madre de Amanda contó a los niños aquella conversación telefónica en que Amanda había dicho Nana por primera vez. Algunos de los niños contaron cómo habían llegado a poner a sus abuelas los nombres que tenían.

Las visitas frecuentes de Nana eran esperadas con ganas por Rhonda y Juan. Les daban la oportunidad de ponerse al día con las películas que se habían estrenado y de hacer un poco de vida social con adultos. Para Amanda, estos momentos también eran muy especiales. Nana era su mejor amiga. **Nana nunca la castigó ni la regañó.** Nana significaba para ella comodidad y seguridad.

Cuando Amanda era muy pequeña, la familia visitó a los abuelos en Florida. Amanda no recordaba ese viaje. Tenía sólo dos años. **Recordaba un viaje a los seis años.** Recuerda que estaba muy nerviosa porque cuando llegaran a casa de Nana, sus padres iban a marcharse en un crucero y ella iba a pasar una semana entera con sus abuelos. Aunque la mayor parte de esta historia tiene que ver con la relación que mantenía Amanda con Nana, también tenía una relación estupenda con su abuelo.

Al evocar ese viaje, Amanda dijo que vivió un cambio en su relación con Nana. Durante esa semana **recordaba haber tenido largas charlas con Nana.** No se trataba únicamente de jugar o de ir de compras, sino de conversaciones. Amanda recordaba que le preguntó a Nana por su infancia. Las historias de Nana le fascinaban a la nieta. Por el tipo de conversaciones que tuvieron, Amanda empezó a sentirse mayor, como si ya no fuera una niña.

Otro recuerdo muy vivo para Amanda era cómo se trataban los abuelos entre sí. Por lo general, cuando Amanda era pequeña, Nana venía a Filadelfia mientras que Papa se quedaba en Florida. A veces su abuelo venía también en las vacaciones, pero con los nervios y la demás gente presente, ella no recordaba haberles visto juntos nunca. En ese viaje vio cómo se trataban. **Amanda decía que su relación era "dulce".** Eran atentos y cariñosos, y Amanda se sentía muy bien al estar con ellos. Incluso recordaba que sentía que, en cierto modo, su madre era como Nana, mientras que en otros sentidos era como su abuelo. Este descubrimiento hizo que Amanda empezara a preguntarse a quién se parecía ella, por lo que comenzó a hacer todo tipo de preguntas a su abuela. Naturalmente Nana siempre decía que Amanda era especial y única.

Los ocho años posteriores fueron más de lo mismo. Nana acudía a Filadelfia todo lo que podía. Al menos una vez al año, **Amanda iba a Florida para pasar algún tiempo a solas con sus abuelos.** Nana se las arreglaba para **acudir a todos los acontecimientos escolares de su nieta y, si no podía hacer el viaje, nunca dejaba de llamar.**

La mayor parte del tiempo Amanda se sentía de maravilla con su abuela. Eran tan parecidas que a veces sentían que sólo tenían una cabeza y un corazón. Excepto en lo relativo a la limpieza. Nana era una adicta a la limpieza, y Amanda era un espíritu libre. La ropa, las muñecas y los juguetes se quedaban donde caían. Como Rhonda había sido educada bajo las reglas rígidas de limpieza de Nana, no parecía importarle demasiado la forma de ser de su hija y el desorden en que vivía.

Nana y Papa vivían en una pequeña casa en el sur de Florida. Habían convertido un estudio en una habitación permanente para su nieta. Nana se había esmerado sobremanera en su decoración para su querida nieta. En ese viaje realizado a Florida cuando tenía seis años, estalló el conflicto de la limpieza y el orden. Al mirar atrás, Amanda pensaba que cuando era más pequeña, Nana hacía la vista gorda sobre su hábito, porque era un bebé. Pero una vez que cumplió los seis años y que se quedó en casa de Nana, las reglas parecían haber cambiado. **Por vez primera Amanda contempló un aspecto de Nana que ni comprendía ni le gustaba.**

Una mañana, Nana entró en la habitación de Amanda y vio la ropa desparramada por el suelo. Amanda había estado pensando qué ponerse. Nana se puso hecha una furia, o al menos así le pareció a la niña. Como Amanda no estaba acostumbrada al mal genio de Nana, le tomó por sorpresa cuando Nana empezó a gritar y a mostrar una actitud que no era amorosa ni de aceptación. Tal vez esa fue la razón por la que ese acontecimiento quedó grabado en el recuerdo de Amanda.

Al volver a Filadelfia, platicó con su madre y descubrió el vínculo que compartían al darse cuenta que ninguna de las dos eran muy ordenadas. **Su madre le dijo que no era probable que Nana cambiara,** y que Amanda tenía que encontrar la manera de manejar la situación, especialmente cuando estuviera en Florida. Desde entonces, Amanda hizo todo lo que pudo para ser un poco más ordenada cuando estaba en casa de Nana. Pero por mucho que se esforzara, nunca parecía que fuera suficiente para complacer a Nana. Era uno de los temas de los que nunca pudo hablar con Nana. A pesar de la flexibilidad que mostraba en otros aspectos, era absolutamente rígida e inflexible cuando se trataba del orden.

Después del funeral de Nana, Amanda tuvo una larga charla con su tía Silvia, la hermana de Nana, y entonces descubrió porque su Nana era tan adicta al orden y la limpieza. Según tía Silvia, ella y su hermana eran castigadas severamente cuando no satisfacían los rígidos criterios de sus padres. La dureza de este tratamiento tuvo un impacto en Nana que le duró toda la vida.

El cumpleaños trece de Amanda fue un acontecimiento extraordinario. Nana vino desde Florida para la celebración. Los amigos más íntimos de Amanda conocían a Nana y la querían. Si Nana tenía algunos problemas con su desordenada nieta, imagine cuál sería su reacción ante una bandada de gansos de trece años. Para entonces Amanda era capaz de divertirse con Nana, especialmente porque estaba en su propia casa y Nana no era la mandamás.

El día después del cumpleaños, Amanda y su abuela salieron a dar un largo paseo y charlaron. Nana quería saber algo de las ideas del futuro de su nieta. Amanda le dijo que creía que lo que más le interesaba era el arte. Las clases de arte que había estado tomando habían empezado a dar sus frutos. Se sentía muy segura y creía que podía traducir las imágenes de su mente y pasarlas al papel. Durante esa época hacía esbozos al carboncillo de todo y de todos. **A Nana le encantaba escuchar a su nieta y hablar con ella de dibujo.** Cuando

volvieron a casa, Amanda mostró a su abuela su colección
de dibujos.

Cuando Nana terminó de ver los dibujos, Amanda le
pidió que cerrara los ojos y que dejara la mano abierta. Ella
lo hizo y Amanda le puso algo en la mano. Luego le dijo que
abriera los ojos: en la mano tenía **un papel con un dibujo al
carboncillo de Nana.** Nana se quedó mirando fijamente el
dibujo, con las lágrimas corriendo por sus mejillas. Amanda
se inclinó y la abrazó.

Como si así lo hubiera querido el destino, ésta fue la última interacción entre Amanda y su abuela.

Un poco después ese día, Amanda se fue a jugar fútbol.
Nana y Rhonda tomaron un té en la cocina y a continuación
Nana decidió echarse una siesta. Unos minutos después,
Rhonda escuchó un horrible sonido de asfixia en la habi-
tación de Nana. Rhonda entró corriendo en la habitación y
encontró a su madre sufriendo un ataque cardíaco.

Rhonda se puso a gritar y se abalanzó sobre su madre,
luego tomó el teléfono y llamó a urgencias. La ambulancia
llegó enseguida pero ya era tarde. Nana había muerto.

En la algarabía que siguió, Rhonda llamó por teléfono
a Juan a su oficina. Tras esa llamada frenética, Juan colgó,
cogió el coche y fue corriendo a buscar a Amanda al campo
de fútbol. Juan se estremecía al recordar ese viaje. Adoraba a
su suegra, por lo que su corazón estaba roto. Estaba también
muy preocupado por su esposa, no sólo porque su madre
hubiera muerto, sino porque había vivido ella sola esa situación tan horrible. Y, por encima de todo, no podía imaginar
cómo iba a afectar esa noticia a su hija. No tenía la menor
idea sobre cómo decirle a su hija lo que había pasado.

Juan estacionó su coche junto al campo de fútbol. **Cuando Amanda lo vio llegar corriendo, supo que algo malo
había pasado.** Durante una fracción de segundo pensó en
su madre, y entonces supo inmediatamente que se trataba

de Nana. Al evocar esos momentos, recuerda que se sentía como si le hubieran dado un puñetazo en el estómago. Se dirigió a su padre en lo que parecía un movimiento a cámara lenta. Sabía que se trataba de algo horrible. No había otra razón para que su padre estuviera allí, corriendo.

Cuando estuvo a unos metros de su padre, le preguntó: "¿Nana?" Él asintió. Ella dijo: "¿Muerta?" Él volvió a asentir. Ella se echó en sus brazos y rompió a llorar. Para entonces el partido se había interrumpido y los compañeros de Amanda y sus entrenadores estaban allí, a unos metros. Muchos de ellos habían conocido a Nana.

Amanda y Juan se dirigieron al coche, apoyándose la una en el otro. Cuando estuvieron en el coche, Juan necesitó unos minutos para secarse las lágrimas y poder manejar con seguridad. Amanda recuerda que no podía sentir su cuerpo. **Estaba adormecida.** En el camino hacia casa, pidió a su padre que le dijera qué había pasado. Juan sólo pudo repetir lo que Rhonda le había dicho por teléfono, que Nana había sufrido un ataque al corazón y que los servicios de urgencia no habían podido hacer nada.

Rhonda estaba abrumada tratando de asumir la aplastante realidad de la muerte de su madre y los detalles con el personal de la ambulancia y otras personas que pululaban por la casa. Llamó al Instituto para Superación del Dolor Emocional. John y Russell la ayudaron a que empezara a hablar de las emociones que rodeaban la muerte de su madre, para que se tranquilizara y pudiera terminar todos los arreglos que había que hacer. John y Russell le recordaron que el repaso de la relación ya había empezado de forma natural, y le dieron algunas indicaciones sobre la Lista de Comprobación de la Energía Emocional para que pudiera echar una mano a Amanda.

Cuando Juan y Amanda llegaron a casa, había una actividad frenética. Había que hacer muchas llamadas telefónicas para cuidar todos los detalles respecto a la muerte repentina de Nana. Rhonda había estado esperando a que su marido y su hija llegaran a casa para llamar a su padre en Florida para contarle la trágica noticia. Luego había otras muchas llamadas que hacer a amigos y familiares. Los tres recuerdan esa tarde como si hubieran estado caminando sobre arenas movedizas.

Esa noche los tres se sentaron en la mesa del comedor. El teléfono había dejado de sonar y empezaron a platicar. Empezaron a hablar de su relación con Nana. Naturalmente para Rhonda Nana era su madre, y el propio Juan había empezado a llamarla mamá poco después de casarse.

Conforme iban hablando sobre la mujer que los tres habían adorado, rieron, lloraron y recordaron. Había muchas historias que tenían en común. Y cada uno de ellos tenía su propio recuerdo de los acontecimientos que habían sucedido a lo largo de los años.

En un momento de la charla, Juan dijo:

—Aunque le dije muchas veces que la quería, ahora me doy cuenta que hay muchas cosas que nunca le dije.

Animadas por el comentario de Juan, Amanda y Rhonda empezaron a pensar en todas esas cosas que nunca le habían dicho a Nana.

Conforme prosiguió el repaso natural de la relación, Rhonda empezó a recordar las ideas que John y Russell le habían dicho ese día por teléfono. Ella y Juan pudieron usar las ideas de la Lista de Comprobación de la Energía Emocional para ayudarse a sí mismos y a Amanda. Amanda tenía una enorme carga de energía asociada a muchas categorías diferentes. Durante esa noche y a lo largo de los siguientes días, Amanda pudo descubrir muchas cosas que quería y necesitaba comunicar.

Aquí está la Lista de Comprobación de la Energía Emocional en lo que se refiere a la relación de Amanda con Nana.

LISTA DE COMPROBACIÓN
DE LA ENERGÍA EMOCIONAL

ABUELO, FAMILIAR O AMIGO ÍNTIMO

Repetimos que esta lista sólo es una guía. Pretende ayudarle a que sus hijos recuerden los acontecimientos típicos que pueden haber producido energía emocional para ellos. Al ser una lista compleja, no es probable que los niños tengan energía acumulada en todas las categorías. De hecho, es posible que algunos niños sólo quieran y necesiten hablar de alguna de las categorías

También es importante usar la lista para ayudarles a repasar *su* relación con la persona fallecida. Se trata, como ya hemos dicho, de cosechar lo que ya está ahí, en vez de sembrar lo que no está. Tal vez le resulte útil tener la lista a mano cuando hable con sus hijos. Hay un apartado al final de la lista donde puede tomar algunas notas. En el caso de niños mayores, se les puede dejar la lista y animarles para que hagan sus propias anotaciones.

- ☑ Primer encuentro o primer recuerdo.
- ☑ Progenitor del padre o de la madre (u otra relación).
- ☑ Nombres especiales (abuelito, abu, bibi, yaya, etc.).
- ☑ ¿Cuidaron del niño? ¿Se quedó el niño con ellos?
- ☑ Disciplinarios o de manga ancha.
- ☑ Regalos, falta de regalos, mejores regalos a hermanos, etc.
- ☑ Viajes a su casa.
- ☑ Visitas de ellos a casa de los niños (los niños a veces ceden sus habitaciones a los abuelos).

☐ Olores (alcohol, perfumes, medicamentos, tabaco).

☐ El abuelo discute con mamá o con papá.

☑ Seguridad para hablar.

☐ Miedo.

☐ Pellizcos en la cara, bromas, sonrojos.

☑ Idiosincrasias personales (positivas o negativas).

Vive cerca.

☐ Visitas frecuentes.

☐ Gustan las visitas; no gustan las visitas.

☐ No se ven mucho; alegría o tristeza al respecto.

☐ Acude a los acontecimientos importantes (gusta o no).

☑ Vive lejos.

☐ No se ven mucho.

☑ Visitas frecuentes.

☑ Muchas llamadas telefónicas (bueno o malo).

☐ Pocas llamadas (feliz o triste por ello).

☑ El niño observa cómo los abuelos interactúan.

☐ El niño observa cómo los padres interactúan con los abuelos.

☑ Se queda con los abuelos cuando los padres están de vacaciones (gusta o no gusta).

☐ Quiere vivir con sus abuelos al pelear con sus padres.

☑ Telefonea en los cumpleaños, etc. (gusta o no).

Último día – o muerte repentina

☐ Llamada telefónica si estaba lejos.

☑ ¿Quién se lo dijo al niño y cómo se lo dijo?

☑ Impacto emocional sobre el niño, si lo hubo.

☑ ¿Mostraron los padres sus emociones frente al niño?

☐ ¿Estuvo el niño a la cabecera de la cama?

☑ Última interacción consciente; telefónica o en persona.

☐ Si estaba en coma, ¿le hablaba el niño?

☑ ¿Había alguien con quién hablar?

FUNERAL, ENTIERRO Y OTROS SERVICIOS

En el capítulo 33 abordaremos la cuestión de la asistencia o no de los niños a los funerales.

Le sugerimos que lo lea antes de tomar una decisión respecto a su hijo.

ACONTECIMIENTOS TRAS LA MUERTE

El objetivo de esta categoría es ayudarle a darse cuenta que su hijo continuará teniendo recuerdos sobre la persona que ha muerto. Los acontecimientos especiales suelen actuar como un recordatorio de las personas que ya no están aquí. Esta era una categoría muy importante para Amanda. No vamos a dar más detalles aquí, pero basándonos en lo que ya ha leído sobre Amanda, podrá imaginar que hubo una gran cantidad de acontecimientos en los que se dio cuenta que su abuela no estaba. En el próximo capítulo, hay un apartado llamado "Nuevos descubrimientos", que le mostrará cómo puede ayudar a su hijo a hacer frente a algunas de las emociones generadas por los recordatorios de alguien que ha muerto.

☐ Vacaciones, cumpleaños, navidades y cualquier otro día especial.

☐ Acontecimientos deportivos, entrega de premios.

☐ Comuniones, confirmaciones, etc.

☐ Disputas de los padres o divorcio (importante si el abuelo era alguien con quien se podía hablar).

☐ Futuro: trabajo, matrimonio, hijos.

Notas:

_____

_____

_____

_____

_____

_____

_____

_____

□

Hemos tratado de hacer esta Lista de Comprobación de la Energía Emocional lo suficientemente completa para que pudiera abrirse a todas las áreas potenciales en las que hubiera acumulación de energía emocional. Una vez más, posiblemente usted descubrirá que tal vez hay energía en muchas de las categorías. Está bien.

En la carta anterior que Jessica escribió a Thumper le indicamos las categorías de superación (D = Disculpas; P = Perdonar; DEI = Declaraciones emocionales importantes; RA = Recuerdos Afectuosos) tras cada párrafo. A medida que vaya leyendo la carta de Amanda, verá como cada párrafo encaja en una de esas categorías o más.

CARTA DE SUPERACIÓN DE
AMANDA A NANA

Querida Nana,

He estado recordando el tiempo que hemos pasado juntas y he descubierto algunas cosas que me gustaría decirte.

Estas últimas semanas desde tu muerte han sido muy difíciles para mí. Cada vez que recuerdo que no estás aquí, siento un fuerte dolor en el corazón. He estado pensando en todas las veces en que te llamé cuando estaba triste por cualquier razón, y tú siempre me escuchabas. Ahora me siento más triste que nunca, y quisiera hablar contigo, Nana, pero no estás aquí. Te extraño.

Nana, casi todo el tiempo que pasamos juntas fue estupendo. Pero hay algunas cosas de las que quiero disculparme.

Dije a mis amigas que eras "rara" por tus ganas de tenerlo todo tan ordenado. Lamento haber dicho eso de ti.

Lamento las veces en que no fui buena contigo.

Lamento las veces en que no te escuché.

También Hubo un par de veces en que te mentí. Lo lamento, Nana.

Nana, te perdono por haber sido tan insistente en que ordenara y limpiara mi habitación.

Te perdono también por las pocas veces en que pensé que no aprobabas alguna de las cosas que dije o que hice.

Te perdono porque no te gustaran algunas de mis amigas.

No entendía porqué eras tan pesada con lo de tenerlo todo ordenado. En tu funeral hablé con tu hermana, la tía Silvia, y me enteré que cuando eras niña te habían castigado por ser desordenada. Ahora te entiendo mejor.

Tú has sido mi mejor maestra. Te agradezco tu paciencia.

Sé que odiabas viajar, pero viniste tantas veces a visitarme que perdí la cuenta. Cuando pienso en eso, me doy cuenta de todo lo que me querías para hacer algo que no te gustaba. Cuando en alguna ocasión llegué de mí misma, recuerdo todo lo que me querías. Gracias por quererme tanto.

Me encantaba lo dulce y cariñosa que eras con Papa, y él contigo.

Nana, uno de los recuerdos más tiernos que tengo es del último día de tu vida, cuando te di el dibujo que había hecho de ti. Nunca olvidaré tu mirada ni tus lágrimas al mirar el dibujo.

Creo que te di las gracias por todos tus regalos, pero quiero repetirlo otra vez: gracias, Nana. Todo lo que me regalaste me es muy valioso.

Nana, te doy las gracias por ser como eras y por quererme. Me siento muy triste porque no vas a estar en todas las cosas que van a suceder en mi vida. Te recordaré en todas ellas, incluso aunque no estés aquí.

Te quiero y te extraño.

Adiós, Nana.

(Observe que Amanda empieza algunas de sus frases con "Nana". Como ya hemos comentado, puede ayudar a estimular las emociones normales asociadas a la pérdida.)

25

OTRA CARTA MÁS

Como recordará, este libro comenzó con la llamada de una madre: "El padre de mi hijo murió, y quiero saber cómo ayudarle." Entonces le prometimos que le contaríamos la conclusión de esa historia. El niño se llama Jeffrey. Con alguna indicación del Instituto, su madre pudo ayudarle a repasar la relación con su padre y a escribir una carta que reflejara lo que necesitaba decir. Lo que sigue es una versión simplificada del repaso y la carta que Jeffrey escribió a su padre.

Jeffrey y su padre eran muy unidos. Una de sus aficiones comunes era el excursionismo. El padre de Jeffrey se había criado en el campo, y amaba la vida al aire libre. En cuanto Jeffrey aprendió a caminar, su padre lo llevaba a las brechas y le enseñaba lo que sabía sobre animales, árboles y la vida al aire libre.

Las más preciadas posesiones de Jeffrey eran sus botas de excursionismo y la navaja del Ejército Suizo que su padre le regaló en su noveno cumpleaños. Algunos días su padre salía antes del trabajo y sorprendía a Jeffrey a la salida del colegio para llevárselo a un paseo imprevisto. A Jeffrey le encantaban esos momentos. Encontraban un lugar tranquilo y allí se sentaban y charlaban plácidamente.

Como casi todos los padres e hijos, también tenían algunos roces ocasionales. Su padre era muy sensato y se lo tomaba todo muy en serio. Jeffrey tendía a ser un poco más impulsivo. Cuando chocaban, solía ser por esta diferencia de estilo. A Jeffrey no le gustaba admitir que estaba equivocado, aunque lo estuviera, y no era precisamente el número uno en lo que se refiere a disculparse.

224 | Otra carta más

Algunos de los compañeros de colegio de Jeffrey habían tenido problemas serios en casa, principalmente con sus padres. Jeffrey se sentía muy afortunado al tener un padre tan maravilloso.

CARTA DE JEFFREY

Querido papá,

He estado recordando el tiempo que pasamos juntos y he descubierto algunas cosas que me gustaría decirte.

Papá, te extraño.

Lamento todas las veces en que fui tan terco.

Lamento haber discutido contigo.

A veces pensaba que eras demasiado estricto conmigo. Te perdono.

Nunca me dejaste tener razón en ninguna de nuestras discusiones. Te perdono.

Papá, a veces miro las montañas y recuerdo todas las veces en que fuimos de excursión.

Quiero conservar mi navaja del Ejército Suizo siempre, pues me recuerda a ti.

Creo que eras la mejor persona del mundo… incluso aunque siempre tuvieras que tener la razón en nuestras discusiones.

Estaba muy orgulloso de ti, papá. Creo que nunca te lo dije. Lo lamento. Espero que supieras lo orgulloso que estaba de ti.

Papá, me siento muy triste porque te hayas muerto. Creo que no es justo.

Te quiero y te extraño.

Adiós, papá.

Verá que hay una diferencia sustancial entre la carta de Jeffrey y las de Jessica y Amanda. Jeffrey tenía nueve años cuando escribió esta carta. Refleja su nivel de comunicación emocional así como su edad. Jessica y Amanda tenían catorce y trece años respectivamente. Sus cartas representan sus relaciones, sus edades y sus niveles de comunicación. Recuerde que nunca debemos comparar ningún aspecto de la pena, de la recuperación o de la superación de la misma.

Cada una de las cartas, así como la comunicación verbal del niño de cuatro años al Señor Hámster, son adecuadas para el individuo que las realizó. A medida que los niños van madurando, pueden tener nuevos pensamientos y sentimientos sobre relaciones que terminaron o cambiaron hace algún tiempo.

NUEVOS DESCUBRIMIENTOS

Los repasos de las relaciones y las cartas ayudan a los niños a resolver emocionalmente todos los sentimientos, pensamientos e ideas que recuerdan de la persona, el animal o la situación que ha afectado sus vidas. Los niños son capaces de descubrir y resolver esas cosas de las que toman conciencia conforme van repasando la relación. Las acciones que hemos sugerido ayudarán a los niños a descubrir una cantidad tremenda de conexiones emocionales. Hacer esto también les permitirá descubrir otras pautas como respuesta a los futuros recordatorios de esas relaciones.

Cada nuevo descubrimiento puede ser completado de la misma forma que hemos indicado. Esto es, con expresar el sentirlo, perdonar, declaraciones emocionales importantes y recuerdos afectuosos. Sin embargo, no es necesario empezar todo el proceso cada vez que hagamos un nuevo descubrimiento. Una herramienta útil es escribir una nota de Post Data. Por ejemplo, tal vez Jeffrey vaya a un partido de fútbol y recuerde que su padre le habló de los héroes a los que había visto en acción cuando él mismo era un niño. Jeffrey puede tener un momento agridulce pensando en las veces en que su padre le contó lo grandes que eran esos jugadores. Después, Jeffrey puede sentarse en su pupitre y escribir:

Querido papá,

Hoy estuve en un partido de fútbol y me acordé de todas las veces que me hablaste de los grandes jugadores que viste en tu infancia. No sé si te dije lo que me gustaba escucharte cuando me hablabas de esos momentos. Me encantaba. Estar en el partido sin ti fue muy triste. Te extraño.

Te quiero.

Adiós, papá.

Es una buena idea que Jeffrey lea su carta de Post Data a su madre o a alguien en quien confíe. Escribir la carta y leerla en voz alta ayuda a resolver esa comunicación pendiente y el proceso le sirve a Jeffrey para estar atento a las emociones actuales relacionadas con la ausencia de su padre. Al emprender esta acción, Jeffrey conserva su libertad de recordar a su padre con cualquiera de las emociones asociadas. No debe tener miedo a hablar de su padre. A medida que Jeffrey vaya creciendo y madurando, siempre podrá comunicar sus pensamientos y sentimientos.

¿Y LAS HERMANAS DE JEFFREY?

La hermana de Jeffrey, de catorce años, fue la que decidió salvar a la familia y se dedicó a ello en cuerpo y alma. Nuestra primera tarea consistió en ayudar a su madre a que comprendiera por sí misma que ser tan fuerte no era una buena idea. Entonces la orientamos para que ayudara a su hija a hacer un repaso de la relación con su padre. Con ello escribió su propia carta a su padre.

La hermana pequeña, que tenía cinco años, era la que había copiado el estilo tan ocupado de su madre y se había convertido en una especie de derviche danzante. En su caso, sugerimos a la madre que tuviera algunas charlas con ella en las que le dijera la verdad sobre sus sentimientos. Con comentarios sencillos como: "Te echo mucho de menos, papá."

Muy pronto la niña empezó a decir las cosas que sentía y las cosas que echaba de menos de su papá. En vez de escribir una carta, su madre animó a esta niña a que dijera lo que sentía en un dibujo que hiciera para su padre. Ahora sabe hacerlo, y siempre acaba diciendo: "Te extraño. Adiós, papá."

CONCLUSIÓN DE LA CUARTA PARTE

La acción de repasar una relación es un proceso natural, pero también resulta útil prestar atención a las áreas de las relaciones más propensas a producir emociones. La esencia de una relación está contenida en los vínculos emocionales del niño, ya sea hacia personas, animales o incluso lugares y cosas. La superación es el resultado de las acciones que descubren y comunican todo aquello que tiene valor emocional para el niño.

La clave para la superación es que los pensamientos, sentimientos e ideas deben ser verbalizados y escuchados por otro ser humano para que la comunicación se "complete".

Para ilustrar la importancia de este hecho, vamos a contarle la historia de una mujer que vino a uno de nuestros seminarios hace muchos años. Su marido había muerto a los cuarenta y dos años de edad. Su matrimonio había sido maravilloso, lo que incluía los altibajos normales que forman parte de cualquier relación. Antes de inscribirse en el seminario, había hecho casi todas las cosas que nosotros solemos pedir, incluyendo una carta que contenía sus disculpas y su perdón. Cuando la escribió, fue a leerla a la tumba de su marido. Y lloró.

Durante unos días se sintió mejor. Entonces empezó a sentirse muy decaída. No podía entender porqué la carta no la había liberado ni le permitía seguir avanzando. Algún tiempo después llegó al Seminario para Superación del

228 | Otra carta más

Dolor Emocional. Cuando nosotros sugeríamos que había que realizar una acción concreta, ella decía que ya lo había hecho. Le pedimos que volviera a hacerlo. No sabíamos lo que había hecho o lo que había dejado de hacer; lo único que sabíamos era que estaba allí, en nuestro seminario, por lo que seguramente faltaba algo. Pero no sabíamos qué. El último día, en las últimas horas del seminario, hicimos la declaración que solemos hacer en ese momento:

Las comunicaciones pendientes de naturaleza emocional, tienen que ser verbalizadas y escuchadas por otra persona viva para "completar" la comunicación.

Ella se quedó sin aliento. Acababa de comprender lo que había sucedido o, en su caso, lo que no había sucedido. Había leído su carta a la tumba, lo que parece maravilloso. Pero ninguna persona viva la había escuchado.

Entonces leyó su carta a sus compañeros de grupo y lloró. Y se sintió mejor. Y sigue sintiéndose mejor hoy, unos ocho años después. De vez en cuando está triste y de vez en cuando le extraña. Pero el dolor ha desaparecido.

◘

Los niños necesitan ser animados y ayudados para que descubran y comuniquen lo que está emocionalmente incompleto para ellos. Hacer el repaso de la relación, hacer la conversión en elementos para la superación y escribir la carta de superación puede ser enormemente útil. Pero la acción más importante es que tengan la oportunidad de decir esas cosas emocionalmente importantes en voz alta, y que sean escuchados por corazones y oídos seguros y capaces de aceptarlo todo.

La Carta de Superación del Dolor Emocional es un vehículo ideal para realizar las comunicaciones pendientes, y funciona especialmente bien con niños que puedan comunicar sus pensamientos y sus sentimientos mediante la escritura. Pero, si recuerda al niño de cuatro años que no sabía escribir, lo que es más esencial es hacer esos comentarios emocionales en voz alta, con alguien que los escuche.

Cuando usted escuche a sus hijos decir o leer sus pensamientos y sentimientos de despedida, conviene que se imagine a usted mismo como un corazón con orejas.

Escuche con el corazón.

QUINTA PARTE
OTRAS PÉRDIDAS

Al principio de este libro comentamos que suele haber más de cuarenta experiencias de vida que pueden producir los sentimientos conflictivos que llamamos duelo o dolor emocional. Estas experiencias, y el modo en que los niños se ajustan a las mismas, pueden ser la causa de daños físicos y emocionales tremendos. Hemos preparado una versión revisada de esas pérdidas para incluir únicamente las que son directamente aplicables a los niños. Como puede ver, son muchas. También se dará cuenta de cuántas de esas situaciones de pérdida emplean la palabra *cambio* para definirlas. Recuerde nuestra definición: el dolor emocional es el resultado de los sentimientos contradictorios que experimentamos cuando se da un cambio en un patrón normal de comportamiento, o cuando ese comportamiento termina.

❖ La muerte de un familiar próximo.

❖ Divorcio de los padres.

❖ Un cambio de domicilio.

❖ Muerte de un amigo íntimo.

❖ Muerte de un animal de compañía.

❖ Fin de una relación romántica (adolescentes).

❖ Una enfermedad grave.

❖ Problemas de salud de un miembro de la familia.

❖ Llegada de un nuevo miembro a la familia.

❖ Reconocimiento de un logro personal destacado.

❖ Comienzo o terminación del colegio.

❖ Cambio de colegio.

❖ Cambio de actividades sociales.

❖ Cambio de hábitos alimenticios.

❖ Vacaciones.

❖ Navidades, cumpleaños, otras fiestas (especialmente las posteriores a una muerte o divorcio).

En la cuarta parte nos concentramos en la muerte de un animal y de un familiar, y en las acciones que hay que realizar para resolver esos acontecimientos dolorosos. Ahora vamos a considerar otras pérdidas que no implican muertes. Una de las más descuidadas de todas las grandes pérdidas son los cambios de domicilio. En primer lugar veremos el modo correcto de ayudar al niño en este cambio; luego veremos el modo incorrecto. Esperamos que le sea de ayuda.

La segunda mitad de esta quinta parte la dedicaremos al divorcio. Deseamos que nunca necesite emplear esta información pero, si lo necesita, confiamos en que sea útil. Incluso aunque usted no esté involucrado en un divorcio, le recomendamos que la lea. Puede servirle si usted o uno de sus amigos con hijos se encuentran atrapados en un divorcio.

26
LA PRIMERA MUDANZA

En 1987, John, su esposa Jess y su hijo de seis años, Cole, estaban preparándose para mudarse de un departamento en una zona de Los Ángeles a una casa en otro barrio. Para entonces, hacía ya años que John ayudaba a personas que sufrían pérdidas, y sabía que la pena podía ser definida como los sentimientos contradictorios producidos por un cambio en un patrón normal de comportamiento, o cuando ese comportamiento termina.

John sabía que la primera gran mudanza de un hogar a otro puede ser una fuerte experiencia de pérdida para un niño. Sabía que no tenía la menor importancia si la nueva vivienda era más grande o más bonita que la antigua. También sabía que no importaba mudarse de una ciudad a otra, o simplemente de un barrio de la ciudad a otro.

Los niños suelen tener conflictos con los cambios, pues los cambios dan miedo. Una mudanza representa automáticamente cambios en todo lo que es conocido y seguro para el niño. ¿Adivina a quién afecta también todo esto? Si dice que a los padres, estará en lo cierto.

Con frecuencia, cuando hay una mudanza, esto suele significar que hay más dinero que facilita el traslado a una casa más grande. Esos son factores positivos. Sin embargo, cualquiera que sea su tamaño o condición, los niños están acostumbrados a la casa vieja. Conocen la casa, y ella parece conocerles. Conocen cada rincón y cada grieta, pues es su casa. La emoción de tener una casa nueva se mezcla con la tristeza de abandonar la antigua. Incluso si a los niños no les gustara la casa vieja, la conocían bien. Esta mezcla de sentimientos positivos y negativos ilustra lo que queremos decir con "sentimientos contradictorios".

A veces se da asimismo un revés de fortuna, y la mudanza es de una casa grande a otra más pequeña. Esta mudanza no representa tan sólo un cambio en las cosas conocidas, sino que añade el sentimiento negativo que viene asociado a los aprietos económicos. Aunque es posible que los niños pequeños no se den cuenta de los problemas de dinero, se ven afectados por la actitud de sus padres. Los niños suelen oír las discusiones nocturnas de sus padres sobre el dinero. O se dan cuenta de las comunicaciones no verbales de sus padres, que les dicen que hay algo que no marcha bien.

Conviene recordar que todos los cambios importantes producen energía emocional en niños y adultos.

Cole se sentía muy emocionado ante la idea de tener una casa con jardín y con su propia alberca. También le gustaba la idea de tener una habitación más grande. Pero, al mismo tiempo, se sentía triste por tener que mudarse y separarse de los amigos que había hecho en su colegio y en su vecindario. John sabía que esta mudanza era una oportunidad de oro para enseñar a Cole a enfrentarse a los sentimientos contradictorios que estaba experimentando.

John hizo con su familia un recorrido emocional de su antiguo departamento y Cole se sumó de inmediato al espíritu de la ocasión. Hablaron sobre las experiencias felices y tristes que habían compartido en cada habitación. Dieron las gracias a cada habitación por haberles protegido y resguardado del calor y del frío. Recordaron cosas importantes, como cuando Cole perdió su primer diente o cuando aprendió a escribir su nombre. Cuando salían de una habitación, le daban las gracias y le decían adiós.

Este ejercicio no era únicamente para el beneficio de Cole. John y Jess también hablaron de muchos de sus recuerdos, tanto buenos como malos. El proceso les sirvió a los tres. El día de la mudanza, con lágrimas en los ojos, Cole agitó su mano diciendo adiós a la única casa que había conocido hasta entonces. Cole se adaptó muy rápidamente a su nuevo hogar. Como había completado su relación con el departamento antiguo, pudo empezar a desarrollar una nueva relación con su nueva casa. John y Jess siguen teniendo recuerdos afectuosos del viejo departamento en el que Cole pasó sus primeros años y han desarrollado nuevos recuerdos maravillosos en su nueva casa.

Pronto Cole tendrá que irse a la universidad. Aunque su habitación en la casa seguirá allí para las vacaciones, empleará unas acciones semejantes a las que llevó a cabo hace trece años, dándose cuenta que muchas de sus acciones cotidianas tendrán que cambiar como resultado de esta mudanza. John y Jess seguirán con Cole, y juntos recordarán los acontecimientos de los últimos trece años. Ahora la mayor parte de su vida tendrá lugar en la residencia universitaria, donde desarrollará nuevas pautas de comportamiento. Y ya puede imaginar lo que Cole tendrá que volver a hacer cuando termine su estancia en la universidad.

ACONTECIMIENTOS TRANSICIONALES

Hemos visto innumerables ejemplos de los efectos negativos que se dan en los niños (y en los adultos) que no han completado adecuadamente su relación con personas y cosas del pasado. Este sencillo ejercicio puede ayudarle a asegurar una transición sin fricciones. Y la mudanza es una de esas transiciones.

Hay otros muchos acontecimientos previstos en el calendario en que este mismo tipo de superación puede suponer una afirmación de la vida. ¿Recuerda el primer día de colegio de su primer hijo? Seguro que sí. Posiblemente empiece a recordar cosas como entregas de premios o graduaciones, cada una de las cuales representan un cambio hacia un nivel superior de conocimiento. Estos acontecimientos son oportunidades de oro para ayudar a su hijo a repasar los acontecimientos y las emociones que llevaron hasta ese punto para después entrar en las situaciones sucesivas de su vida.

Incluso, aunque este ejercicio pueda parecerle muy simple, no podemos sino resaltar su importancia.

27
LO QUE NO HAY QUE HACER

La historia de la primera gran mudanza de Cole ilustra el método más eficaz para hacer frente a las mudanzas. Sin embargo, es posible que también le resulte útil leer otra historia en la que se hizo mal casi todo, y descubrir algunas consecuencias de este manejo inadecuado.

En uno de nuestros seminarios participó un joven llamado Tomás que entonces tenía veintiocho años. Nos contó una historia que hemos escuchado muchas veces. Es muy descriptiva de los problemas potenciales que pueden resultar cuando una mudanza no es manejada correctamente. Esta es la razón por la que incluimos aquí su historia como ejemplo negativo.

Hasta que cumplió ocho años, Tomás vivía felizmente en un barrio de una ciudad del centro de Estados Unidos. Iba al colegio que estaba a unas manzanas de su casa. Varios amigos suyos vivían en su misma cuadra, por lo que él y sus amigos hacían casi todo juntos.

El padre de Tomás trabajaba para una gran compañía que decidió trasladarle a la zona de la costa del Pacífico. Este nuevo empleo suponía un aumento muy sustancioso y una categoría superior.

Tomás recordaba que su padre y su madre le dijeron que iban a mudarse. Recordaba sentirse muy agobiado con la idea de separarse de sus amigos, de marcharse de su colegio, de su casa y de todos los lugares que le eran familiares. A través de sus lágrimas, dijo a sus padres que no quería dejar a sus amigos. Su padre le dijo:

—No estés triste. Ya verás como haces nuevos amigos.

Estamos seguros que esa frase, "no estés triste", le resulta familiar. Recuerde que ya comentamos que casi todas las comunicaciones incorrectas sobre las emociones empiezan con una frase como "no te sientas mal" o "no estés triste". No olvide que los padres son fuentes de información y orientación muy importantes para los niños.

Aunque es una idea razonable que haremos nuevos amigos cuando nos mudemos, es del todo irracional decir que no tenemos que sentirnos tristes al abandonar a nuestros amigos actuales. Aún peor, los niños que no reciben ayuda para reconocer y superar el dolor producido por la separación de sus amigos, con frecuencia no entablan nuevas amistades. Los niños que se mudan muchas veces durante su infancia tienden a convertirse en observadores en vez de actores en sus propias vidas. ¿Para qué hacer nuevos amigos? La cuestión en sí tiene una clara lógica. Aunque las mudanzas son importantes, las emociones producidas por esas mudanzas son las que pueden llegar a crear problemas a largo plazo.

Tomás estaba confundido. Pensaba que tal vez su padre no le había oído o comprendido. No entendía porqué no debería sentirse triste ante la idea de abandonar a sus amigos. Volvió a intentarlo. Esta vez dijo a sus padres que no quería dejar el colegio. La respuesta fue similar:

—No estés triste, irás a un colegio mucho mejor.

No podía entenderlo. Le gustaba su colegio y le gustaban sus profesores. No podía imaginar dejar todo eso atrás. Y tampoco podía entender porqué le repetían que no se sintiera triste. Toda su vida le habían animado a que dijera la verdad. Ahora que decía la verdad sobre cómo se sentía, le indicaban que no debería sentirse así.

Tomás volvió a hacer un tercer intento. Dijo a sus padres que no quería marcharse de su casa, especialmente de su habitación, en la que había pasado tanto tiempo colocando sus carteles de fútbol. De nuevo le dijeron:

—No estés triste, vamos a mudarnos a una casa más grande y tu habitación también será mucho mayor.

Empleando el lenguaje futbolístico, Tomás había perdido por 3 a 0. Tres veces había intentado conseguir que sus padres lo escucharan, y las tres veces le habían dicho que "no se sintiera triste", pues tendría nuevos amigos, un colegio mejor y una casa más grande. Finalmente se rindió. Cada vez que había expresado su preocupación emocional por sus amigos, su colegio o su habitación, le habían dicho que no sintiera lo que estaba sintiendo y le dieron una razón intelectual por la que no debería sentirse triste.

Tomás, que había sido un muchacho muy extrovertido, empezó a hacerse más retraído tras la mudanza. No logró hacer amigos. En el colegio tampoco le iba bien. Y nunca tuvo tiempo ni ganas para arreglar su nueva habitación. Su historia es muy representativa del tipo de historias dolorosas que escuchamos con demasiada frecuencia en el Instituto. Afortunadamente Tomás vino a uno de nuestros seminarios y pudo recuperar su vida.

Lo trágico de esta historia es que el padre de Tomás perdió una oportunidad estupenda para comunicar algo muy útil a su hijo. El padre de Tomás había crecido en aquella misma ciudad de la que iban a marcharse. Había pasado allí toda su vida, y allí estaban todos *sus* amigos. Tampoco el padre de Tomás quería abandonarlos ni dejar todo lo que conocía.

Pero no le dijo la verdad emocional a su hijo.

Sería injusto decir que mintió a su hijo, pero sí es más exacto decir que no le dijo la verdad. Cada vez que decía a su hijo que no debería sentirse triste, le apartaba un poco más de la verdad, y le alejaba otro poco más de poder confiar en su consejo, y a él le ocurría lo mismo.

El padre de Tomás no era un mal padre; simplemente estaba transmitiendo a su hijo la misma información que le habían dado a él en su infancia.

Seguro que se le ha ocurrido una mejor forma que el padre de Tomás podría haber empleado para ayudar a su hijo y ayudarse a sí mismo. Como respuesta al primer comentario de su hijo que no quería abandonar a sus amigos, podría *haberle dicho:*

—Tampoco yo quiero hacerlo; también a mí me da miedo dejar a todos mis amigos y familiares. Aunque es verdad que estoy entusiasmado con mi nuevo trabajo, y con tener más dinero y con toda la aventura de este viaje, estoy triste y un poco asustado por dejar todo lo que conozco.

Ya definimos el dolor emocional como los sentimientos contradictorios que experimentamos cuando se da un cambio en un patrón normal de comportamiento, o cuando ese comportamiento termina. Estos últimos comentarios ilustran claramente lo que son sentimientos contradictorios. La tristeza y el miedo ante la idea de cambiar totalmente de vida están entreverados con los sentimientos alegres de un nuevo trabajo y una nueva aventura.

Y este padre podría haber llevado a su hijo a visitar a sus amigos para decirles lo triste que estaba por marcharse y dejarlos. Ellos se podrían haber asegurado de tener el teléfono y la dirección de todos ellos. Y, cuando llegaran a la nueva casa, el padre pudo haber animado a su hijo a que se mantuviera en contacto con sus amigos. Y esto le habría servido también a él para no perder la relación con los suyos. Y así la vida de Tomás pudo ser muy diferente.

Esperamos que vea las diferencias que hay entre estos dos escenarios. Hemos visto las consecuencias negativas que se dan cuando esa mudanza fue mal manejada. Y es tan fácil hacerlo bien. Le presentamos algunas sugerencias si piensa mudarse.

MUDANZA

Haga un plan: No es una buena idea embarcarse en una mudanza sin haber hecho los preparativos oportunos. Es mucho mejor establecer un plan para manejar los sentimientos que con toda seguridad aflorarán en su hijo.

DIGA SU VERDAD EMOCIONAL: Como los padres son los guías emocionales de la familia, siempre es una buena idea que sean ellos los que empiecen a decir cómo se sienten. Una declaración emocional sencilla es suficiente. Algo como: "Estoy entusiasmado ante la idea de la nueva casa, pero también me da un poco de pena abandonar la casa en la que hemos vivido tanto tiempo." Como ve, es una declaración honesta, pero también es una declaración emocional. Lo que pretendemos con esto es hacer que sus hijos se sientan seguros para decir su verdad emocional.

SI ES POSIBLE, CUENTE UNA HISTORIA EN PRIMERA PERSONA: Si usted tiene una historia similar de su infancia, cuéntela. Emplee la historia, como hemos dicho, para crear un entorno seguro para todas las emociones que surjan de forma natural como consecuencia de esos cambios.

TODOS LOS SENTIMIENTOS ESTÁN BIEN Y SON NORMALES: Recuerde que el amor y el odio, la alegría y la tristeza, son sentimientos normales. No cree una jerarquía de sentimientos. Y haga lo que haga, no sugiera que los sentimientos tristes, dolorosos o negativos son malos.

CONSIGA LOS TELÉFONOS Y LAS DIRECCIONES DE LOS AMIGOS: Tenga mucho cuidado de no hacer promesas vacías. Si dice a su hijo que va a ayudarle a conseguir los nombres y las direcciones de sus amigos, hágalo. También es importante que ayude a sus hijos a que recuerden escribir las cartas o hacer las llamadas en cuanto sea posible tras la mudanza.

COMENTARIOS REALISTAS SOBRE FUTURAS VISITAS: **Esta puede ser un área especialmente conflictiva. No puede imaginar cuántas personas que han acudido a nuestros seminarios siguen afectadas, a veces décadas después, porque sus padres no cumplieron las promesas de visitar su antigua ciudad. Con frecuencia los padres prometen visitas para tratar de calmar a los niños que están muy afectados por la partida. Los niños se toman estas palabras al pie de la letra.**

28
SOBRE EL DIVORCIO

LESLIE TOMA LA PALABRA...
EL DIVORCIO DE MIS PADRES

Uno de los acontecimientos más dolorosos y significativos de mi vida fue el divorcio de mis padres. Era como si mi familia hubiera muerto y toda la vida que yo conocía fuera a cambiar para siempre. Para mí, el divorcio fue **repentino e inesperado.** Mi padre salió de casa una noche y nunca regresó como el padre con el que yo crecí. Se había enamorado de otra persona, lo que hizo añicos todos mis pensamientos y sentimientos sobre el matrimonio feliz que yo creía que tenían mis padres. **Esperaba que siempre estuvieran juntos...** "Hasta que las muerte los separara". Mi cuerpo se quedó como anestesiado, y no puedo recordar lo que hice en los días o semanas que siguieron a la noticia de la separación de mis padres. Estaba a punto de terminar mis estudios en el instituto, y esas últimas semanas estuve aturdida.

Lo único que podía pensar era que mi padre volviera con mi madre y en que terminara esa pesadilla. Mis hermanos y yo esperábamos verle, y a veces él se marchaba de la casa sin decirnos hola ni adiós. Ninguno de nosotros podía ayudar al otro, pues todos estábamos adoloridos por una relación que era única y especial para cada uno de nosotros.

Inmediatamente adopté el papel de la que se ocupa de todo, especialmente con mis hermanos pequeños. Mi madre no podía funcionar como madre en esa época; su dolor era tan tremendo que el mero hecho de levantarse o sentarse a

cenar con nosotros era demasiado esfuerzo. **Todo lo que co-
nocíamos había desaparecido.** Solíamos cenar juntos y yo
salía luego a dar un paseo con mi padre tras la cena. Incluso
nuestro perro Poof dejó de comer, y el veterinario le dijo a
mi madre que nuestro perro estaba deprimido y que tenía
una crisis nerviosa.

Yo quería arreglar la familia; quería que el dolor desapa-
reciera. Me daba miedo decir a mi padre cómo me sentía,
lo enojada que estaba con él por el divorcio, pues en lo más
hondo de mí, **me aterraba la idea de perderle aún más.**
Quería agradarle y aceptar la situación a pesar de lo dolorosa
que era para mi familia y para mí.

Empecé a comer mucho para sentirme mejor. Yo nunca
había tenido antes problemas con la comida. Era una chica
sana; me gustaban los deportes, y mi cuerpo estaba en buena
forma. En el primer año que pasé en la universidad, empecé con trastornos alimentarios, con bulimia, y empleaba
la comida como premio y como castigo. Subí muchos kilos
ese primer año tras el divorcio de mis padres, y mi bulimia
ocupaba todo mi tiempo libre. Realmente no tenía tiempo
para salir con chicos ni para estar con mis amigas. Los fines
de semana regresaba a casa, y entonces tenía mis peores se-
siones de comilonas y purgas, vomitando en ocasiones hasta
doce veces al día. Durante unos dos años, luché con este
problema, que no me alivió de ningún modo el dolor que
sentía por mi vida y por todo lo que había perdido. Entonces cambié radicalmente de rumbo y empecé a obsesionarme
con perder peso, haciendo ejercicio como una loca. Hacía
un recorrido en coche de cuarenta y cinco minutos hasta
una clase de gimnasia que empezaba a las seis de la mañana.
Entonces empecé a llenarme de ocupaciones, gracias a lo
cual no tenía tiempo para pensar en todo lo que me dolía
en la vida. Mi relación con mi padre y con mi madre había
cambiado definitivamente, y mi corazón estaba destrozado.

Años después, con ayuda de la terapia, deseé tener una vida que pudiera vivir con plenitud. Comprendí que había cosas que yo no podía cambiar, y que tenía que renunciar a mis esperanzas y sueños de conseguir que mi familia volviera a ser como yo la recordaba. Mi relación con mi futuro marido estaba yendo muy bien... hasta que me propuso que nos casáramos. Yo estaba muy enamorada, pero cuando Brian me lo propuso, me di cuenta de todo lo que podía perder. **Traté de sabotear la relación**. No era un plan muy elaborado, sino un conjunto de acciones producto del miedo. No quería terminar siendo una estadística de divorcio. Afortunadamente Brian es un hombre maravilloso que me apoyó en todo, y trabajamos juntos las contradicciones del matrimonio. Llevamos casados 10 años y acabamos de tener nuestro tercer hijo.

Poco después de la muerte de mi padre acudí al Instituto para Superación del Dolor Emocional. Aunque aparentemente la razón que me llevó allí era la muerte de mi padre, Russell y John me ayudaron a darme cuenta que seguía incompleta, sin haber resuelto el divorcio de mis padres hace ya tantos años.

◻

Hemos destacado algunos de los comentarios de la historia de Leslie. Si piensa en las ideas que expusimos al comienzo del libro, y a medida que prosigue esta parte sobre el divorcio, verá que muchos de los elementos de la historia de Leslie concuerdan con las ideas que estamos discutiendo. Queremos volver a recordarle que aquí estamos hablando de la realidad, y no de meras teorías.

29

Malas noticias...
y malas noticias

Tenemos malas noticias y tenemos malas noticias. No, no se trata de un error. A lo largo de este libro le hemos animado a ayudar a su hijo a descubrir lo que es emocionalmente único y específico en su relación. Le hemos recomendado que sea muy cuidadoso para evitar que se confunda su relación con las relaciones de sus hijos. Desgraciadamente, mucho de eso no es aplicable si usted y su cónyuge se están divorciando o ya se divorciaron.

Usted y nosotros seríamos muy ingenuos si afirmáramos que se puede mantener cierta distancia de sus propios pensamientos y sentimientos respecto a su propio divorcio.

Nosotros tenemos mucha práctica con el manejo de nuestras propias emociones y, francamente, no lo intentaríamos. De hecho, cuando uno de nuestros familiares participan en alguno de nuestros seminarios, no asisten a los que son dirigidos por su padre o cónyuge.

Estamos de acuerdo con la idea que un abogado que se representa a sí mismo tiene un estúpido como cliente, o que los médicos no deben cuidar a sus propios familiares.

A largo plazo o de impacto súbito

En nuestros seminarios de capacitación de instructores solemos enseñar que hay dos categorías diferentes relacionadas con la muerte. Una es tras una larga enfermedad, y la otra es la muerte repentina. En este libro hemos ilustrado esta distinción separando esas categorías en la Lista de Comprobación de la Energía Emocional. La muerte tras una larga enfermedad y la muerte súbita producen diferentes áreas de energía emocional en quienes se debaten confusos tras una pérdida.

Tal vez le sorprenda saber que también dividimos el divorcio en dos categorías similares, esto es, a largo plazo o repentino. La diferencia es que suele haber habido un cónyuge que ha estado luchando largo tiempo, mientras que el otro no se daba cuenta que las cosas no iban bien. Cuando éste recibe los papeles del divorcio, pueden tener los mismos efectos que una muerte súbita.

Algunos niños son muy conscientes de los problemas de sus padres. Han visto disputas entre sus padres y tal vez incluso han tenido que sufrirlas durante un largo período de tiempo. Para estos niños, el anuncio de un divorcio cae dentro de la categoría de a largo plazo. Por otra parte, algunos padres se las arreglan para ocultar a sus hijos sus dificultades personales entre ellos. Cuando los niños que no son conscientes de ningún problema importante son informados de un divorcio inminente, su reacción es como si se hubiera producido una muerte repentina. El impacto puede ser abrumador para un niño. Hay una gran probabilidad que el niño empiece a adoptar una gran variedad de formas de escape temporal como respuesta a la noticia insospechada del divorcio de sus padres.

Antes que hagamos algunas sugerencias sobre cómo sus hijos pueden beneficiarse de lo que usted está aprendiendo en este libro, queremos discutir algunas ideas importantes.

¿QUIÉN SE DIVORCIA?

Tal vez recuerde la pregunta con que comenzábamos este libro: ¿Cuál es el problema? ¿De quién es el problema? La cuestión se convierte ahora en: ¿Quién se está divorciando? Podríamos decir que el divorcio es un asunto familiar. E incluso aunque hay una cierta verdad en este comentario, en el fondo lo que pasa es que la pareja se está divorciando y los niños están en la línea de fuego. Los daños colaterales para los niños pueden ser tremendos.

PÉRDIDAS MÚLTIPLES

Los niños atrapados en un divorcio están experimentando múltiples pérdidas. Volvamos a definir la pena como los sentimientos contradictorios producidos por un cambio en un patrón normal de comportamiento, o cuando ese comportamiento termina. Sabemos que somos repetitivos con esa definición, pero es que nos gustaría que realmente la haga propia.

Entre las pérdidas que experimenta el niño están:

- ❖ Pérdidas de expectativas que la familia seguirá unida.
- ❖ Pérdida de confianza.
- ❖ Pérdida de familiaridad y de las rutinas.
- ❖ Pérdida de seguridad.
- ❖ Pérdida de la infancia.
- ❖ Pérdida de residencia, y/o cambio a doble residencia.

Cualquiera de estas pérdidas es suficiente por sí sola para destrozar el corazón de un niño. Tomadas todas en conjunto, pueden ser abrumadoras. Veamos cada una de ellas con un poco más detalle.

Pérdidas de las expectativas que la familia seguirá unida. Los padres enseñan a los niños lo que es el amor, el honor, la confianza y la lealtad. Aprenden a ser amorosos y considerados, a resolver los conflictos y a llevarse bien con los demás. Por medio de libros, películas e instituciones religiosas, los niños aprenden que los votos expresados en la boda suponen un compromiso con esas virtudes. Tanto si usted ha pasado por esto como si no, piense en lo confuso y perturbador que puede resultar para un niño el que sus padres no puedan mantener el compromiso que se han hecho.

Pérdida de confianza. Imagine los sentimientos conflictivos que tienen que experimentar los niños cuando el divorcio empieza a plantearse o estalla bajo sus narices. ¿Qué punto de referencia tienen para manejar esos sentimientos? Es muy difícil enseñar a los niños lo que es el amor, y enseñarles al mismo tiempo lo que es el divorcio. Dada la promesa implícita de que la familia siempre va a estar unida, el divorcio representa en sí mismo una fisura en la confianza.

Pérdida de familiaridad y de las rutinas. Se trata de una dificultad en sí misma, y suele ser intensificada por el hecho que los niños pueden estar sufriendo, asimismo, sus propias transformaciones al pasar de la infancia a la adolescencia. Las tensiones de estas transiciones pueden tener resultados demoledores. Estas transiciones tienen lugar a cualquier edad.

Pérdida de seguridad. La familiaridad y las rutinas suponen seguridad y una sensación de bienestar. Las pautas de comportamiento establecidas en una familia suelen venirse abajo con el divorcio. Los niños, zarandeados por las secuelas del divorcio, no suelen sentirse muy seguros. La seguridad y la familiaridad van de la mano, por lo que es una buena idea tratar de limitar la cantidad de cambios adicionales.

Pérdida de la infancia. El instinto de supervivencia puede adoptar muchas formas. En la mayor parte de los casos, las acciones para sobrevivir suelen ser beneficiosas. A veces, sin embargo, tienen un efecto contraproducente. El escenario en el que los hijos se ponen a cuidar de su padre o su madre, es un ejemplo similar de tiro por la culata. Es comprensible que los niños traten instintivamente de proteger a la persona que debería protegerlos a ellos. Es la forma que tienen de tratar de garantizar su propia supervivencia.

Pero este impulso de "cuidadores" entra en conflicto con su propia naturaleza.

El divorcio tiende a convertir a los niños en aprendices de psicólogos. Los estimula a analizar e imaginar cosas. Los fuerza a crecer antes de tiempo y a adoptar actitudes que no son las más adecuadas en ese momento de su vida.

Pérdida de residencia, y/o cambio a doble residencia. La Quinta Parte del libro comenzó con una discusión sobre las mudanzas. Todo lo expuesto en ese apartado es aumentado cuando la mudanza es el resultado de un divorcio. Las mudanzas o cambios producidos por el divorcio tienen un peso emocional incalculable, que se suma al hecho de que la mudanza, en sí misma, cambia todo lo que es conocido y rutinario.

A VECES TENEMOS SUERTE

A medida que vamos acercándonos a los últimos capítulos de este libro, comprendemos que sería una buena idea compartir alguna historia personal para ilustrar sobre los beneficios de la superación del dolor en la vida de los niños. Llamamos a algunos amigos y les pedimos que nos escribieran algunas de sus experiencias que demostraran cómo su participación en la Superación del Dolor Emocional había sido útil para sus hijos.

Una de las historias que recibimos era tan relevante sobre los conflictos cotidianos que produce el divorcio, que la hemos incluido en este capítulo. Observará que el lenguaje empleado en este relato es muy semejante al nuestro, y es la razón por la que decimos que a veces tenemos suerte. Esta historia refleja perfectamente, con detalles reales, nuestro punto de vista sobre este tema. Como verá, esta historia habla de cinco de las pérdidas comentadas.

De nuestro amigo, Jeff Thorne

Los beneficios de trabajar para la superación del dolor emocional han sido enormes para mis tres hijos. Mi hija mayor, Sofía, de siete años, es la que más se ha beneficiado porque ha tenido que hacer frente a los problemas de la "doble residencia". Mi anterior esposa y yo tuvimos un buen acuerdo sobre las visitas y la custodia, pero esto significaba que Sofía tenía que hacer las maletas para venirse con papá todos los fines de semana, y luego pasar los días de escuela con mamá.

En una situación de residencia dividida, los niños experimentan una buena cantidad de pérdidas, incluidas la pérdida de confianza, pérdida de familiaridad, pérdida de residencia y tal vez, incluso, pérdida de seguridad entre otras. Cuando está lejos de uno de sus progenitores o terminando una larga estancia, Sofía a veces expresa su pesar porque echa de menos a su madre o a mí. Durante esos momentos, siento que puedo estar emocionalmente presente con ella cuando expresa esos sentimientos de sentirse desgarrada o de desear que siguiéramos juntos.

Todos los domingos, cuando se acercan las seis de la tarde, marcando el final de un fin de semana apacible y tranquilo con su papá, Sofía suele medio tirarse en el asiento trasero del coche conforme nos dirigimos a casa de su madre. En esos momentos recuerdo que, gracias a los principios de Superación del Dolor Emocional, puedo tratar de darle un ambiente seguro en el que pueda expresar cualquier sentimiento triste, doloroso o negativo. La mayor parte de las veces mi hija consigue ponerle voz a esas emociones.

Y es entonces cuando se ven los beneficios de mis años de esfuerzo para estar emocionalmente completo con las pérdidas de mi propia vida: puedo estar simplemente allí con Sofía a medida que ella se lamenta de su suerte. Puedo simplemente estar, sin tener que hacer nada. No tengo que arreglarla, ni darle ningún consejo, ni tampoco cambiar rápidamente el tema porque ella haya disparado algunos de mis propios conflictos sin resolver. Puedo escuchar y dar las gracias a Sofía al ver que confía en mí para compartir los sentimientos que experimenta por empezar a echar de menos a su padre, del que va a estar separada una semana. La superación del dolor es más útil porque puedo limitarme a conectar con Sofía en un nivel emocional, sea como sea, sin alejarla de sus sentimientos.

◻

Sinceramente, nos sentimos llenos de orgullo y gratitud al darnos cuenta de que lo que enseñamos funciona. Si lee atentamente la historia de Jeff y de Sofía verá que la clave de su éxito es precisamente el trabajo que Jeff ha ido haciendo con sus propias pérdidas. Consiga un ejemplar del *Manual Superando Pérdidas Emocionales* y póngase en acción. Sus hijos se beneficiarán exponencialmente.

NO ARREGLE LOS SENTIMIENTOS

Recordará que, después que murió el hijo de John, él estuvo buscando por todas las librerías un libro que le ayudara a manejar el dolor emocional que estaba experimentando. También recordará que John encontró muchos libros que le decían cómo se sentía. Pero él ya sabía cómo se sentía. Lo que necesitaba era saber qué hacer con eso.

Con esta idea presente, no vamos a decirle cómo se sienten sus hijos como consecuencia de su divorcio. Si hay 20 millones de niños viviendo bajo las circunstancias del divorcio de sus padres, podemos decir que hay 20 millones de corazones rotos y 20 millones de juegos diferentes de emociones, todos los cuales son apropiados.

El mayor problema con las emociones tristes, dolorosas o negativas es que todo el mundo trata de arreglarlas. Especialmente los padres. Raras veces alguien trata de componer o modificar las emociones alegres o positivas. Tal vez recuerde que al principio de este libro decíamos lo extraño que sonaría si alguien nos dijera que "no nos sintiéramos bien" como respuesta a algo positivo. Sentirse bien no es un problema.

Lo que tenemos que comprender es que los sentimientos malos tampoco son un problema. Sentirse mal simplemente *es*. Así como sentirse bien *es*. Los sentimientos son sentimientos. Tenemos que dejar de tratar de arreglarlos.

Esto resulta muy evidente cuando nuestros hijos están haciendo frente a sus reacciones ante el divorcio de sus padres. Quizá sea el momento en que resulte más tentador a los padres tratar de asumir el patrón de "arreglar problemas". Tratarán de componer los sentimientos de sus hijos, y no pueden hacerlo. Es más, estarían ignorando sus propios sentimientos. Entonces es cuando el padre o la madre pueden repetir sus viejas ideas como "sé fuerte por los demás" o "sé fuerte por tus hijos".

Recuerde los comentarios de Jeff en su carta sobre ser capaz de escuchar a Sofía sin tener que arreglar sus sentimientos. La seguridad que Jeff aporta al no tratar de arreglar los sentimientos de Sofía permiten que la puerta se mantenga abierta, y Sofía podrá seguir confiando en su padre y confiando en sus propios sentimientos. En este mundo imperfecto en el que el divorcio es una realidad, usted, el padre o la madre, tiene que emprender las acciones precisas que le ayuden a resolver su propia relación emocional con su divorcio para así poder escuchar y ayudar a sus hijos.

NO SE ENGAÑE
EL ALIVIO ES EL ÚLTIMO SENTIMIENTO

En el momento en que un matrimonio ha llegado al punto de ruptura que termina en divorcio, suelen haber sucedido muchas cosas. El camino hacia el divorcio se inicia muchos años atrás. A veces una gran parte de todo ello se cuece a fuego lento de forma subterránea. A veces todo es obvio. A veces los niños, sea cual sea su edad, no tienen la menor idea de lo que está pasando. Otras veces lo intuyen o sienten que hay algo que no va del todo bien, pero sin saber exactamente qué.

En lo que se refiere a la propia pareja, el divorcio puede parecer un alivio tras la angustia de la larga lucha. Un alivio de las discusiones y las peleas. Un alivio de la falsa esperanza de que todo vaya a cambiar.

Para los niños que tienen conciencia del problema de sus padres, también puede suponer un cierto alivio. Es muy probable que sus padres no fueran muy tratables tras alguna de sus escaramuzas.

Cuando los niños comentan que experimentan un cierto tipo de alivio tras el divorcio de sus padres, este sentimiento representa únicamente el final de las hostilidades. No significa que el niño, ni tampoco ninguno de los padres, se sienta emocionalmente completo con las esperanzas y las expectativas de vivir en una familia feliz. Es simplemente el último sentimiento de una larga letanía de sentimientos con los que no ha sido cómodo vivir.

LOS SENTIMIENTOS SON NOBLES,
PERO LOS CORAZONES SIGUEN ROTOS

Hubo un tiempo en que se solían mantener los lazos matrimoniales con la creencia que era "por el interés de los niños". Por muy noble que pueda haber sido este sentimiento, no creemos que sea la mejor idea del mundo.

En los últimos años la tasa del divorcio se ha elevado a casi el cincuenta por ciento. Hemos conocido a personas que creían que era mejor el divorcio que someter a los hijos a las continuas peleas y a la infelicidad de un mal matrimonio. También es un sentimiento noble, pero seguramente tampoco es una idea estupenda.

En el Instituto para la Superación del Dolor Emocional hemos pasado gran parte de los últimos veinticinco años ayudando a los hijos que son el producto de esos dos enfoques. Ninguna de estas filosofías tenía presente la ruptura inevitable de la confianza y de la seguridad. Y ninguna de ellas limitaba el dolor emocional que sentían los hijos. Todo el mundo pierde, especialmente los hijos.

Creemos que es prácticamente imposible divorciarse bien, esto es, hacerlo de una manera que no afecte a los hijos. Los padres son quienes debieran enseñar a los hijos a amar, pero resultan incapaces de mantener el amor en su matrimonio. Imagine la angustia y la confusión que esta realidad crea en la mente del niño.

No es que seamos excesivamente optimistas. No estamos sugiriendo que exista un mundo idílico en el que el amor sea perfecto, en el que la gente sea perfecta, en el que no exista el odio ni tampoco el divorcio. No estamos sentados en un trono, juzgando ni moral ni emocionalmente a las personas que se encuentran en una relación que no logran mantener.

Sabemos que la gente se casa por muchas razones, y no todas ellas pueden resistir un examen detallado. Sabemos que hay personas impulsivas. Sabemos que hay personas que dejan de lado su sentimiento intuitivo. Sabemos que hay muchas circunstancias que un día pueden parecer bien y cambiar radicalmente en poco tiempo.

Pero saber todo esto no resuelve el problema. Los niños siguen siendo afectados. Sea cual sea la razón del divorcio, sus corazones siguen estando rotos.

UN CONFLICTO PRINCIPAL

Para nosotros, todo retorna a lo que es el conflicto principal. ¿Qué herramientas, ideas y creencias tienen los padres para hacer frente a las pérdidas? Y, ¿qué es lo que han enseñado a sus hijos para manejar las pérdidas?

En un mundo perfecto no habría muertes inesperadas. En un mundo perfecto no habría divorcios. En un mundo perfecto no habría abusos, desprecios ni abandonos. En un mundo perfecto no habría decepciones. Nunca llovería un día en que hubiéramos planeado una excursión.

Pero estamos en el mundo real, y aquí las pérdidas son parte normal de la existencia cotidiana. Obviamente las pérdidas importantes, como la muerte de un ser querido, no suceden todos los días. Pero cada día puede contener algunas decepciones o desacuerdos. Evitar la pérdida, y el impacto que tiene sobre nuestras emociones, no mejora en absoluto nuestras vidas. Es nuestra capacidad para manejarnos eficazmente frente a todo tipo de pérdidas, lo que nos permite retomar un lugar feliz y productivo en nuestras vidas.

LO ÚNICO E INDIVIDUAL
SIGUE SIENDO LA CLAVE

Lo esencial sigue siendo que el divorcio va a producir una alteración muy importante en la vida de los niños. Parte de esa alteración sucede inmediatamente, y puede ser muy aparente, y otra parte puede estar latente, descomponiéndose y haciendo acto de presencia mucho después para afectar a los hijos, incluso cuando ya se hayan convertido en adultos. Estadísticamente hay una gran probabilidad que los niños cuyos padres se han divorciado se divorcien a su vez. Creemos que si conseguimos inculcar ideas eficaces para hacer frente a las pérdidas, daremos un gran paso en la dirección de invertir esa tendencia.

Pero repitamos, hay hijos fruto de matrimonios divorciados que viven maravillosamente. Muchos de ellos pueden haberse beneficiado, directa o indirectamente, del divorcio y tal vez usen esa experiencia como guía para tomar mejores decisiones. Tenemos que ser precavidos para no sugerir que el divorcio es intrínsecamente malo. Es más correcto decir que la respuesta de cada niño ante el divorcio, y la ayuda que le suministremos durante el mismo, serán la clave para el futuro de dicho niño.

En todo momento estamos destacando la idea que todas las relaciones son únicas, individuales, que es la razón por la que la recuperación de una pérdida es diferente para cada individuo. De la misma manera, la reacción que tiene cada niño concreto ante el divorcio de sus padres, es específica de ese niño en particular. No podemos ni debemos hacer ninguna afirmación absoluta, a fin de no cometer el error de pintar a todos los niños con el mismo pincel. Hemos visto familias en las que algunos de los niños estaban destrozados por el divorcio de sus padres, con consecuencias negativas que duraron toda la vida. Y hemos visto hijos del mismo hogar que sólo estaban un poco afectados, tanto en el momento del divorcio como a lo largo de sus vidas.

Pero como generalidad, es raro que los niños no se sientan impactados por el divorcio. El grado de afectación depende de su propia sensibilidad ante emociones de cualquier tipo.

Como ya hemos dicho, incluso dentro de una misma familia los hijos son diferentes entre sí. Algunos son muy sensibles y otros parecen tener la piel muy resistente. Una reacción típica ante el divorcio suele ser el aumento de alguno de los comportamientos de escape temporal, desarrollados tal vez antes del divorcio. Conocemos una familia en la que uno de los chicos se metió de lleno en las drogas y el alcohol, otro desarrolló trastornos alimenticios, y los dos menores mostraban un comportamiento atípico, tanto en casa como en el colegio, como respuesta directa ante el divorcio de sus padres.

Otro elemento decisivo es el nivel de conocimiento que tienen los niños sobre cómo manejar las emociones tristes, dolorosas o negativas que existen entre los miembros de la familia antes del divorcio. Saber hacer frente al pesar no hace que los acontecimientos sean menos dolorosos, pero puede generar acciones que resuelvan lo que está emocionalmente incompleto y reducir así el sufrimiento.

¿DÓNDE ESTÁ EL ENFOQUE?

Aunque cada uno de los padres quiera dedicar su atención al bienestar de sus hijos, es muy difícil colocarse en un compartimento aislado. Es casi imposible que usted logre distanciarse de sus propias reacciones sobre el divorcio para poder dirigir su atención a las de sus hijos.

Anteriormente hemos presentado unas pautas para ayudar a sus hijos a manejar una gran variedad de pérdidas, como las mudanzas, la muerte de un animal, la muerte de un familiar o de un amigo... Entonces comentamos que posiblemente usted también tuviera alguna energía emocional asociada a esas relaciones. Le sugerimos formas para que se diera cuenta y no interfiriera en la relación que tenía el niño con el animal o la persona que hubiera fallecido. Todo eso era muy importante, y esperamos que se lo tomara en serio.

Pero cuando se trata de hacer frente a las reacciones que tienen sus hijos ante el divorcio de sus padres, las reglas tienen que cambiar. Es casi imposible que usted o su cónyuge mantengan algo que pueda parecerse a la objetividad cuando hablen con sus hijos respecto a *su* divorcio. Recuerde, su divorcio tiene que ver fundamentalmente con su relación con su cónyuge. Resulta poco realista creer que se pueda tener una conversación útil y significativa con sus hijos. Recuerde, asimismo, que ya hablamos anteriormente del peligro de convertir a sus hijos en sus confidentes o terapeutas. Hemos visto muchos de estos enredos cometidos involuntariamente cuando los padres usan a sus hijos como caja de resonancia de sus emociones respecto a su ex cónyuge.

Esto es especialmente difícil para el que tenga la custodia de los niños, que suele estar abrumado por la carga de las responsabilidades cotidianas. Resulta fácil cometer un desliz cuando estamos frustrados con todos los problemas de la vida diaria. Hay una separación muy fina entre decir la verdad sobre cómo nos sentimos y animar involuntariamente a nuestros hijos a que nos cuiden.

Tomando partido

Hay algunos elementos que parecen casi universales cuando hablamos de niños y de divorcio. En primer lugar, los niños terminan pensando, sintiendo o creyendo que tienen que tomar partido. Es una cuestión de la naturaleza humana. El problema a veces se incrementa cuando el progenitor que tiene la custodia es el responsable de las cuestiones de disciplina y comportamiento, mientras que el otro suele traer regalos y se lleva a los niños a lugares divertidos. Las palomas suelen acudir en tropel alrededor de la persona que les pone migajas de pan.

Los niños libran su propia lucha por la supervivencia. Están tratando de aprender a negociar su propio lugar en la vida. Esto es especialmente cierto en el caso de los adolescentes. Si ha contemplado algún matrimonio sólido luchando cuerpo a cuerpo con adolescentes rebeldes, sabrá a qué nos referimos. Los años de la adolescencia pueden ser infinitamente más complicados cuando un divorcio se vuelve parte de las luchas del crecimiento.

Los niños a veces se culpan

Otro elemento difícil es el hecho que los niños tienden a culpabilizarse aunque sus padres o familiares les aseguren que no son responsables. Tenga presente que se dan cuenta que su supervivencia está siendo amenazada, y sus mentes tratan de convencerles que si hubieran hecho algo diferente o mejor, sus padres seguirían juntos. El que los niños piensen que han provocado el divorcio puede parecer un poco egocéntrico, pero lo cierto es que son simplemente ideas equivocadas de supervivencia.

¿Cómo puede ayudar usted?

En las cuatro primeras partes de este libro le mostramos cómo podía ayudar a su hijo a repasar una relación y descubrir lo que estaba emocionalmente incompleto dentro de dicha relación. Empleando las mismas ideas, usted podrá repasar, descubrir y resolver lo que está emocionalmente incompleto entre usted y su ex cónyuge.

Esta técnica no es tan sencilla ni tan clara cuando se trata de que un niño complete su relación con el divorcio de sus padres. Aunque no pueda resultar obvio a primera vista, la razón es que el niño tiene una relación particular con el matrimonio de ustedes. Esa relación está compuesta de por lo menos tres componentes principales, y posiblemente más. Está la relación individual del niño con su padre, con su madre y su relación con la propia familia. Por esto resulta algo más complicado que en la mayor parte de las relaciones.

La razón por la que no es recomendable que usted trate de ayudar a sus hijos es que usted no puede escucharles con un corazón totalmente abierto. Cuando ellos hablen de su anterior cónyuge, usted sentirá ganas de "salirse del momento".

Entonces, si usted no puede ayudar a sus hijos, ¿quién podrá hacerlo?

LESLIE TAMBIÉN TIENE AQUÍ
LA ÚLTIMA PALABRA

Esta parte del libro dedicada al divorcio comenzó con Leslie narrando su historia personal de algunas de sus reacciones ante el divorcio de sus padres. Ahora, en el papel de Leslie Landon Matthews, doctora en psicología y consejera matrimonial e infantil, ella quiere decirle lo que cree que es lo más útil para los niños.

Llegué al Instituto para la Superación del Dolor Emocional unos meses después de la muerte de mi padre. En esa época, yo era psicoterapeuta y estaba especializada en trabajar con niños cuyos padres se habían divorciado o estaban separados. John y Russell fueron muy hábiles alentándome a dedicar tiempo, energía y esfuerzos para terminar mi tesis doctoral concentrándome en el tema de los niños y la pena. Fueron responsables conmigo del cuestionario que establecía los resultados significativos en los que se apoyó mi tesis. A partir de eso, conseguí mi doctorado en Terapia Familiar.

Durante mis años de estudio como terapeuta encontré algunos cursos que me enseñaron a emplear acciones específicas con niños o adultos para que hicieran frente a las pérdidas de sus vidas, pero no fueron muchos. Incluso, era opcional una clase en que participé sobre la muerte y los moribundos, y era más acerca del proceso de la muerte, y no tanto sobre el dolor emocional.

Cuando empecé a trabajar en la Superación del Dolor Emocional por la muerte de mi padre, fue el primer seminario en que me di cuenta que aún me sentía incompleta por el divorcio de mis padres. Al recordar ese acontecimiento me doy cuenta que el seminario reforzó mi creencia que algo faltaba en mi formación como terapeuta. Las ideas y acciones que John y Russell estaban enseñando me parecieron muy sensatas. Lo que no me parecía en absoluto razonable era que en todos mis años de formación nunca me habían enseñado lo que ellos. Alentada por la transformación emocional personal producto de ese seminario, volví y participé en el Seminario de Certificación en el Programa de Superación del Dolor Emocional. Entonces pude comprender que lo que me había sucedido en ese seminario no era fruto de la casualidad ni un acontecimiento al azar. John y Russell sabían lo que hacían y podían enseñar a otros a hacerlo.

Creo firmemente en la terapia. Y también creo firmemente en los principios y acciones para la Superación del Dolor Emocional. Desde lo más hondo de mi corazón, me gustaría que todos los terapeutas pudieran beneficiarse del Seminario de Certificación como herramienta complementaria para las técnicas que hayan adquirido en sus años de formación.

Las vidas de muchos niños se han visto afectadas por experiencias de pérdida. Sus hijos pueden beneficiarse sobremanera de las acciones que usted emprenda para resolver su relación con su anterior cónyuge. De esa forma usted se convertirá automáticamente en un mejor guía y un mejor maestro. Tal vez sus hijos no necesiten emprender ninguna acción formal para sentirse completos respecto a su divorcio. Al igual que la hija de Jeff, tal vez lo único que necesiten sea un padre o una madre más completos que no traten de arreglar sus sentimientos.

Si su hijo está debatiéndose en una lucha como reacción a su divorcio, le recomiendo que busque un Especialista Certificado en Superación del Dolor Emocional en su ciudad. Algunos son terapeutas; otros, no. El detalle fundamental es que todos ellos tienen las herramientas y los principios del Instituto para Superación del Dolor Emocional como orientación y, gracias a su contacto con el Instituto, tienen acceso directo a John y Russell y a las personas formadas por ellos.

Una advertencia. Como padre o madre, usted tiene que tomar la decisión de si su hijo necesita ayuda profesional. Si es así, llévelo inmediatamente con un profesional competente. También quiero prevenirle de la posibilidad de hacer que su hijo empiece un tratamiento con psicofármacos. Uno de los peligros del abuso de los medicamentos, tanto para niños como para adultos, es que ocultan las respuestas normales y naturales ante las pérdidas. Salvo en el caso de circunstancias de emergencia, es mejor un enfoque en el que no se usen fármacos, pues eso les ayudará a descubrir y resolver las emociones pendientes asociadas a su reacción ante su divorcio.

Sé que John y Russell comparten conmigo su deseo más profundo que usted y sus hijos puedan resolver el dolor, la confusión y la tristeza que pueden venir con el divorcio. No podemos lograr que los matrimonios vuelvan a reunirse, y no podemos conseguir que los viejos sueños se vuelvan realidad nuevamente. Si podemos ayudarles a que sus corazones se arreglen y a que puedan crear nuevos sueños. Les deseo buena suerte en su viaje.

Sexta Parte
Cerrando el Libro

Estamos llegando al final de este libro. Antes que pongamos el cierre, queremos compartir con usted información importante. Como regalo adicional, hemos añadido el cuestionario que hicimos y que condujo a la tesis de Leslie. Tal vez le parezca estimulante y motivador responder a las preguntas ahora que ya leyó el libro.

30

La palabra que empieza con "m"

Muchos padres se sienten incómodos e incluso un poco asustados al tener que emplear las palabras *muerto* o *murió* en las conversaciones con sus hijos. Hemos conocido a padres que deletreaban esas palabras cuando sus hijos estaban con ellos, como si se tratara de malas palabras. No hace mucho escuchamos a una mujer que decía a una amiga que no quería que sus hijos vieran la película *El rey León* porque el papá león M-U-E-R-E y eso podría traumar a sus hijos. Deletreaba la palabra para que sus hijos no entendieran lo que decía.

Antes que sigamos adelante, digamos que no queremos ser insensibles. Tampoco queremos imponer en qué momento debe hablar con sus hijos sobre la muerte. Como guía práctica, la conciencia que ellos tengan y la respuesta que den a las solicitudes del mundo en el que viven le ayudarán a reconocer cuándo están listos para comprender algunas ideas sencillas y básicas sobre la muerte.

El punto esencial es el mismo que hemos destacado desde el comienzo de este libro. Que nuestra tarea como padres y responsables es preparar a nuestros hijos para los sentimientos que tendrán como respuesta a los acontecimientos que sin duda sucederán a lo largo de sus vidas. Cuanto más sólidos sean los cimientos que les demos, mejor equipados estarán cuando sucedan las pérdidas.

Ilusión de protección

No es extraño que la gente trate de evitar un tema con la creencia que ciertas palabras o ideas podrían afectar negativamente a sus hijos. Evitar áreas sensibles puede parecer más fácil y más seguro al padre, pero no les hacen ningún favor a sus hijos. Los niños suelen sentirse más afectados por la ausencia de la verdad que por la verdad en sí. Como los niños entienden tan bien la comunicación no verbal, pueden tener la sensación que hay algo que falta o que no les están diciendo del todo bien. Evadir un tema puede crear una ilusión de bienestar a corto plazo, pero eludir la verdad puede crear mayores problemas en el largo plazo.

En lo que se refiere a la muerte, a la enfermedad, al divorcio y a otras muchas pérdidas, el problema suele tener menos que ver con lo que está sucediendo que con la incapacidad de los padres para abordar esos temas. Esperamos que lo que ha leído en este libro le permita disminuir o perder alguno de los miedos que pudiera haber tenido y que pueda empezar a hablar con mayor apertura y sinceridad sobre las pérdidas. Conforme ha ido leyendo este libro puede que se haya ido dando cuenta de que hay acontecimientos en su pasado que están sin resolver o sin completar. La superación de esos conflictos antiguos le dará la libertad para comunicarse de forma diferente con sus hijos.

Puntos de referencia claros y firmes

El peligro que supone no dar a sus hijos una explicación firme y clara de las reacciones ante la muerte y otras pérdidas es que deja su educación al capricho y a las inexactitudes de otros. Lo que hace es dejar abierto ese tema a los mitos que discutimos detalladamente en los capítulos iniciales de este libro. Es preciso que usted demuestre su apertura para comunicar sus reacciones emocionales ante los acontecimientos de pérdidas. El silencio o la evasión de las realidades de la pérdida son más un problema que una solución.

No es preciso que se convierta en un experto. Lo único que tiene que hacer es empezar a reconsiderar las ideas que ha estado empleando al hacer frente a las pérdidas. Y luego necesita comenzar a poner en práctica las ideas expuestas en este libro. Avance sin miedo. Diga la verdad sobre usted mismo. No puede dañar a sus hijos con la verdad. Puede hacerles daño con la evasión o con mentiras, pues estos comportamientos pueden crear un conflicto adicional: la pérdida de confianza.

A VECES EL MUNDO VA PARA ATRÁS

Permítanos compartir una pequeña lección de historia sobre algunos aspectos de los funerales que han cambiado a lo largo de los años, y que ahora son mucho menos útiles de lo que eran hace tiempo. Comenzaremos en el mundo actual y viajaremos hacia atrás. Tal vez usted haya acudido a algún velorio. (Sabemos que no todas las religiones y costumbres culturales son iguales. Aquí usamos prácticas acostumbradas). Se trata de un tipo de visitas que se hace a la funeraria los días siguientes a la muerte, antes del entierro. El cuerpo del difunto ha sido preparado y yace allí en un ataúd abierto. Los familiares y amigos acuden a presentar sus respetos, a dar el pésame y a tener algún tiempo para completar lo que está incompleto.

Los profesionales de las funerarias suelen preparar el cuerpo para esas visitas. Hay lugares en los que, con la ayuda de fotografías, los expertos en cosmetología tratan de crear una imagen realista de la persona muerta. Vestir el cadáver y prepararlo son parte de los servicios que dan las empresas funerarias. Tal vez a usted le hayan pedido que traiga un traje o vestido con el que la persona amada quisiera ser enterrada. En nuestro mundo actual, muchas veces traer esa ropa o alguna joya es la única tarea que realizan los familiares.

Como contraste, a finales del siglo XIX y primera mitad del siglo XX, los velorios se hacían en la sala de la casa. Las tareas de preparación del cadáver eran realizadas por los familiares, principalmente por las mujeres, que vestían el cuerpo y lo peinaban. Durante el proceso de preparación del cadáver, la familia estaba activamente involucrada en lo que hemos llamado el repaso de la relación. De forma natural, mientras hacían esos preparativos, hablaban sobre la persona muerta. El propio cadáver actuaba como estímulo para recordar a cada uno su relación única e individual con el muerto. Los niños aprendían a tocar ese cuerpo muerto y hablaban abierta y sinceramente de esa persona y de la muerte.

Cuando las funerarias empezaron a funcionar, la experiencia de la muerte salió de la casa y se empezó a manejar de una forma más remota. Hace cien años seguramente se podía afirmar que la muerte era parte de la vida. Cuando el proceso de preparación y el acto de visitar al muerto fueron desplazados de la casa a un lugar público, se perdió algo esencial: la *participación*. Implícito con la participación estaba el repaso de la relación que sucedía de forma natural, lo que llevaba a descubrir acontecimientos y emociones sin resolver, y daba así la posibilidad de resolverlos.

El progreso no siempre es resultado del cambio. A veces vamos para atrás. El uso de los velorios ha tenido un impacto negativo sobre el dolor emocional y su superación. Es difícil imaginar a padres referirse a la muerte como "la palabra que empieza con M" u otro eufemismo frente a niños que han visto a alguien muerto en la sala de su casa.

Sabemos que si usted ha empleado una frase similar lo ha hecho con la creencia de que así era mejor para sus hijos. Y no es necesario que la cambie si no está de acuerdo con nosotros. Pero queremos darle algo más de información para que fundamente su decisión.

HABLAR DE LA MUERTE CON SUS HIJOS

En el capítulo 13, en el epígrafe titulado "Muerte de un animal", comentamos que a veces no es adecuado entrar con su hijo en una discusión intelectual sobre la muerte. Dijimos que le daríamos algunas recomendaciones adicionales un poco después. Aquí están.

Hay diferentes ocasiones en que el tema de la muerte puede incorporarse a la educación de sus hijos. Como la mayor parte de cosas de la vida, sea cual sea la edad, la conciencia es siempre el principio. La conciencia suele provenir de la observación de un cambio. Puede ser algo tan simple como ver una hoja verde y viva en un árbol y seca y muerta, en el suelo, al siguiente día. La comparación con los objetos de la naturaleza puede dar ejemplos útiles para ayudarle a comunicar a un niño el significado básico de la muerte.

Otra oportunidad para discutir este tema tan importante puede presentarse al estar dando un paseo y ver un animal muerto. El ver a una ardilla o a un pájaro muerto suele dar la oportunidad al padre de hablar sobre la muerte con sus hijos. Su respuesta a una situación como esa puede tener un impacto sobre ellos que dure toda la vida.

Podríamos darle una lista de todas las cosas equivocadas que se pueden hacer o decir en este tipo de situaciones. En vez de eso, creemos que es mejor discutir lo que es adecuado y eficaz. Imagine que usted y su hijo están dando un paseo por el parque, y ven una ardilla o una paloma muerta tirada en el suelo. Es una circunstancia ideal para explicarle lo que significa la muerte. Para los niños más pequeños, casi todas las ideas que tienen relacionadas con la muerte derivan de los rasgos físicos que pueden ver. Puede ayudarles a darse cuenta de que el animal no se mueve. Puede señalar que no respira. Si hay cualquier daño obvio, puede especular con lo que tal vez haya sucedido. Puede observar si los ojos del animal están abiertos o cerrados.

Uno de los beneficios que tiene ser tan específico es que así se elimina cualquier rasgo mágico y se reduce la posibilidad de que su hijo tenga un miedo desmedido a la muerte. Si se les deja imaginar cualquier cosa, los niños suelen llegar a conclusiones bastante incorrectas. La información exacta les ayuda a comprender el mundo que les rodea. También les ayuda a manejar de forma más eficaz las pérdidas que les afecten emocionalmente.

Las cosas que hacemos y decimos como respuesta al ver un animal muerto son la piedra angular sobre la que los niños construyen sus propias creencias respecto a la muerte. Al ver una ardilla muerta es posible que digamos: "¡Oh! Una ardilla muerta. ¡Qué pena!" Y en esta frase está mostrando a su hijo tanto la verdad de los hechos como su respuesta emocional ante ella. Se está comunicando la emoción de la tristeza como algo normal.

A lo largo de este libro hemos tratado de evitar la sensación de estar escribiendo un texto científico, pues el dolor emocional no es científico, sino emocional. Sin embargo, en las próximas páginas aportaremos una información más académica para ayudarle a tener una comprensión básica de cómo los niños pequeños aprenden a tratar con la muerte. Es esencial que usted adquiera, demuestre y enseñe a sus hijos unas ideas más eficaces sobre la muerte, el dolor y la superación.

A veces los adultos no se dan cuenta de lo pronto en que los niños empiezan a afligirse. Hacia los dieciocho meses son capaces de conservar la imagen de un ser querido, por lo que pueden anhelar estar con esa persona. Cuando a los niños se les da una información veraz y el soporte apropiado respecto a las circunstancias de la muerte, tienen la posibilidad de sobrellevar su pena de una forma similar a la del adulto sano. Los padres son responsables de cómo contemplan la muerte. Cuando se les enseña a tenerla en consideración de forma realista, pueden tener las emociones correctas y naturales ante la muerte.

La curiosidad es una aliada del aprendizaje

La mayor parte de los niños sienten mucha curiosidad hacia la muerte. Las ideas importantes respecto a la muerte evolucionan de forma progresiva. Los conflictos de la reversibilidad, universalidad y causalidad son temas muy importantes. La reversibilidad es la idea que los muertos pueden volver a la vida. Muchos niños de menos de cinco años no comprenden que la muerte es permanente y que todas las funciones biológicas, cognitivas, emocionales y físicas se terminan para los difuntos. En primer lugar, los niños aprenden que los muertos no pueden comer, dormir o hablar. Luego empiezan a comprender que también las funciones menos obvias, como pensar, sentir o soñar, se interrumpieron.

Veamos cómo afecta esta idea de la reversibilidad a niños de diferentes edades. Un padre ha muerto. Dos meses después de su muerte, el niño de cuatro años, la niña de siete y su madre, se van de viaje. Están fuera durante un mes. Cuando regresan, al ver el coche estacionado frente a la casa, el pequeño empieza a gritar que papá está en casa, que ha regresado. La niña también ha sentido un momento esa emoción, pero enseguida se da cuenta, gracias a su nivel superior de comprensión, que el comentario de su hermano no es cierto. Entonces rompe a llorar, pues sabe que su papá no está en casa.

Leslie recuerda que cuando un coche mató a sus dos perros, supo que estaban muertos. Pero, aunque tenía ocho años, seguía creyendo que podrían estar cansados o hambrientos. Recuerda que seguía poniéndoles comida, hasta que finalmente comprendió que no vendrían a comer. Sus padres no entendieron en ese momento que tenían que sentarse con ella y explicarle lo que sucede cuando los seres vivos mueren. Ella había caído en una forma infantil de pensamiento que incluía el deseo que los muertos regresen. A veces los niños se aferran a estos hábitos y costumbres del período anterior a la muerte.

Como puede entender mediante la historia de Leslie, un poquito más de información correcta le habría ayudado sobremanera. Incluso si a usted le da miedo el tema de la muerte, conviene que haga frente a dicho miedo para poder ayudar a sus hijos. Comprender que la muerte no es reversible es muy importante para el niño.

Ésta es una declaración que alivia a muchas personas y es de suma utilidad. Las investigaciones indican que:

Dar a los niños información correcta sobre la realidad de la muerte no interfiere con el desarrollo de creencias religiosas o espirituales sobre el cielo o la vida después de la muerte.

Hemos destacado la frase anterior para subrayar el hecho que una comunicación veraz sobre la muerte no inhibe ni erosiona los principios religiosos o espirituales.

◻

La idea de la universalidad implica la comprensión definitiva de los niños de que la muerte es ineludible y que todos moriremos un día u otro. La mayor parte de los estudios indican que a los seis o siete años los niños empiezan a aprehender este concepto. Los niños más pequeños, por el contrario, pueden llegar a preguntar: "¿Entonces tú también te morirás, mamá?" Puede parecer una pregunta comprometedora, pero creemos que es importante ser sinceros, claros y directos en las respuestas que se den a esta pregunta. El momento de la comprensión varía de un niño a otro. No deje que sea fruto de la casualidad o de conjeturas. Cuanto mejor eduque a sus hijos, más libres serán para manejar de forma eficaz todos los aspectos de la vida y de la muerte.

Puede haber consecuencias negativas muy dramáticas cuando el padre no responde honestamente a estas preguntas. No es extraño que el niño espere respuestas sinceras a sus preguntas. Tiempo después, cuando descubren o se dan cuenta de que no les han dicho la verdad, pueden llegar a desconfiar de la persona que les engañó. Esta desconfianza a veces se traduce incluso en una desconfianza general hacia los demás. Creemos que si los niños pueden formular esta pregunta, se merecen una respuesta sincera. Incluso si no comprenden del todo bien lo que significa, sabrán que pueden confiar en que les dirán la verdad.

La tercera idea importante es la causalidad. La causalidad tiene que ver con los hechos físicos y biológicos que llevan a comprender las diferentes causas de la muerte. Los niños que comprenden que la muerte es inevitable, suele comprender también que haya habido una causa de la muerte. Es muy importante que los padres escuchen atentamente el modo en que sus hijos creen que ocurrió la muerte. No es extraño que los niños desarrollen algún tipo de pensamiento mágico y lleguen a creer que son en cierto modo responsables de la muerte de alguien. A veces, si un abuelo ha sido severo o gruñón con el niño, el niño puede tener el deseo secreto que esa persona se muera. Si la persona muere en un tiempo breve después que el niño hubiera tenido ese pensamiento, el niño puede creer que ha sido el causante de la muerte. Es muy importante estar atentos ante ese modo de pensar para poder corregirlo.

Demos un salto hacia adelante por un momento, y permítanos decirle que a lo largo de los años hemos visto una extensión de este tipo de pensamiento en los adultos que creen que sus palabras, sus pensamientos o sus sentimientos causaron la muerte de alguien. En cada una de esas situaciones, se puede seguir el rastro de este tipo de pensamiento, hasta un acontecimiento de la infancia y hasta unas creencias que nunca fueron corregidas con información adecuada.

Como resumen de este capítulo, sirva este comentario de precaución:

Muestre, diga y enseñe a sus hijos que la verdad no hace daño... cualquier otra cosa corre el riesgo de producir consecuencias negativas de por vida.

31.
EUFEMISMOS Y METÁFORAS, IGUAL
A CONFUSIÓN

En los próximos momentos parecería que estuviéramos en clase de lengua. Lo lamentamos. Veamos algunas definiciones del Diccionario de la Real Academia de la Lengua:

Eufemismo: Manifestación suave o decorosa de ideas cuya recta y franca expresión sería dura o malsonante.

Metáfora: Figura del lenguaje que consiste en trasladar el sentido directo de las cosas o ideas a otro figurado, en virtud de una comparación tácita.

Analogía: [1] Relación de semejanza entre cosas distintas. [2] Relación de correspondencia que ofrecen entre sí partes que en diversos organismos tienen una misma posición relativa.

Símil: Figura que consiste en comparar expresamente una cosa con otra, para dar idea viva y eficaz de una de ellas.

La verdad es que ahora no lo entendemos mejor que cuando estudiamos lengua en el colegio hace ya mucho tiempo. Pero lo que queremos decirle es muy sencillo. Los niños, cuanto más pequeños, se lo toman todo al pie de la letra. No captan la idea que las palabras no significan exactamente lo que dicen. Los eufemismos y las metáforas, en concreto, les resultan desconcertantes. Y cuando se trata de la muerte y de otras pérdidas, pueden tener efectos profundos negativos sobre ellos.

El ejemplo clásico es el del niño de pie frente al ataúd de su abuela al que le dicen que la abuela duerme, con lo cual el niño siente miedo de quedarse dormido durante los seis meses siguientes. Como adultos, nosotros sabemos que "dormir" es una metáfora de la muerte, pero los niños pequeños no lo saben.

Como ya hemos dicho, los niños son muy literales. A medida que van empezando a comprender el mundo que les rodea, cuestionan todo. Cualquier padre puede recordar esos momentos en que los pequeños parecían pasarse todo el día preguntando porqué. Y, cualquiera que fuera la respuesta, seguían insistiendo con sus porqués. Están tratando de comprender el mundo, lo que es fundamental para su supervivencia. Después añadirán poesía, simbolismo y metáforas. Pero no les meta prisa ni les confunda.

Otra área muy engañosa es el empleo de las metáforas religiosas o espirituales respecto al cielo. No podemos calcular el número de llamadas que hemos recibido a lo largo de los años de padres preocupados cuyos hijos quieren "irse al cielo" para estar con el abuelito. Incluso hay ejemplos, aunque son más escasos, de niños que se han suicidado para conseguir el objetivo de irse al cielo con alguien a quien amaban falleció.

De la misma manera, cuando los niños escuchan frases como "papá está con Jesús", hay un peligro real que su interpretación literal tenga consecuencias desafortunadas. No es raro que los niños se enfaden con Dios o con Jesús por haberles quitado a alguien a quien amaban. Conocemos a muchas personas que nunca fueron capaces de resolver la rabia que sintieron cuando eran niños y que nunca pudieron llegar a tener una relación amorosa con Dios ni con ningún otro principio religioso. Es muy triste, pues les han robado algunos de los beneficios potencialmente más valiosos que podrían encontrar en la religión.

Los niños pequeños tienen muchas dificultades para comprender las cosas que no pueden ver o tocar. Cuando se enfrentan a una idea que no captan, aplican cualquier cosa que perciban de la realidad a esa nueva idea. Si el abuelo vive en otra ciudad, los niños saben que pueden coger el coche para ir a visitarlo. Si el abuelo se ha ido al cielo, la mente de los niños dice: "Bueno, pues cojamos el coche y vamos al cielo a verlo." Hay mucha gente que dice que el cielo está allá arriba. Los niños pequeños también se lo toman al pie de la letra. Nos han contado muchas veces que los niños miraban por la ventanilla del avión tratando de ver a su abuelito.

Antes, cuando hablamos de ideas que tenían que ver con principios religiosos y espirituales, usamos el término *engañoso*. Es un territorio engañoso porque, sea lo que sea que usted cree, posiblemente se aferra a dichas creencias fuertemente y sin reserva. Estamos a favor de esas creencias. Tenemos algunas ideas sobre las que creemos que son las mejores formas de ayudar a los niños a manejar las pérdidas. La cuestión es cómo podemos comunicar nuestras creencias sobre el cielo a nuestros hijos sin confundirlos.

Creemos que lo esencial es asegurarnos que incluimos una frase clave en nuestra comunicación con los más pequeños. Como respuesta a sus preguntas sobre dónde está la abuela, o qué le pasó a la abuela, pueda decir algo de este estilo: "La abuela murió. Nosotros creemos que después que alguien muere va al cielo." La frase clave, que debe ser *la primera*, es "la abuela murió". *Tiene* que ser la primera. Si empieza diciendo que la abuela está en el cielo, el niño lo oirá y querrá ir allí también, por lo que se lo pondrá difícil y tendrá que explicarle: "Pero la abuela murió; tú no puedes ir al cielo todavía." Recuerde que los pequeños son muy literales.

Es verdad, corre el riesgo de verse sometido a un bombardeo de preguntas: ¿Qué quiere decir eso? ¿Qué es el cielo? ¿Dónde está el cielo? ¿Quién está en el cielo? ¿Podemos ir nosotros? Pero usted puede responder a todas estas preguntas una a una. Hemos dedicado un tiempo orientándole sobre cómo hablar a sus hijos de la muerte. Esto no quiere decir que sea fácil. Sea sincero y recuerde que debe ser sencillo y concreto.

Cuando llegamos a las creencias sobre el cielo y el más allá, hay muchas percepciones diferentes. Algunas personas perciben el cielo de una forma muy literal, con personas con túnicas blancas rodeadas por un paisaje idílico. Otras tienen una imagen más metafórica. Otras no tienen la menor creencia en el cielo, y creen que la muerte marca el fin del tiempo que compartieron. Usted tiene que decidir qué es lo que quiere transmitir a su hijo. Cualquiera que sea su decisión, sea muy claro cuando les hable de la muerte.

Terminaremos este capítulo repitiendo algo que dijimos hace unas páginas:

Dar a los niños información correcta sobre la realidad de la muerte no interfiere con el desarrollo de creencias religiosas o espirituales sobre el cielo o la vida después de la vida.

Esperamos que esta declaración contribuya a su capacidad para ayudar a sus niños más pequeños a entender la muerte. Además de darles esa comprensión clara, le animamos a que demuestre las emociones normales que acompañan a la muerte de un ser querido. Recuerde que sus hijos le miran buscando orientación en todas las cosas. La realidad, los hechos sobre la muerte son algo intelectual. Los sentimientos asociados a la pérdida son emocionales. Las creencias sobre lo que sucede tras esta vida física, son espirituales. Creemos que los tres campos son importantes.

32
¿CUATRO BODAS Y UN FUNERAL?

Hemos empleado el título de esa película para introducir un tema muy importante. Habrá observado los signos de interrogación en el título. La cuestión que se nos plantea con más frecuencia es: "¿Conviene que lleve a mi hijo pequeño al funeral?"

Sin ganas de ser bromistas, podemos preguntar: "¿Lo llevaría a una boda?" Y usted podría decir ofendido que no es lo mismo, que las bodas son muy diferentes. Con toda educación le hacemos notar que la diferencia está principalmente en el tipo de sentimientos que se producen. Como todo este libro ha estado dedicado a la idea que los sentimientos tristes, dolorosos o negativos son una forma normal y natural de la vida, entonces nos preguntamos por qué *no* hay que llevar a los niños a un funeral.

En realidad, la cuestión fundamental es si los niños son lo suficientemente maduros para estar tranquilos mientras los adultos hacen lo que les corresponde. Por tanto, el mismo criterio que se aplicaría para llevar a los niños a una boda, se aplica para un funeral. Si son suficientemente maduros para no interferir, pueden ir.

La cuestión principal es que, en cualquier caso, usted tendrá que educar a sus hijos si es la primera vez que van a una boda o a un funeral. Y tiene que explicárselo *antes* del acontecimiento. Fijémonos en una boda. Tendría que explicar a sus hijos qué es una boda. Es posible que sepan algo, pues probablemente su papá y su mamá están casados. Entonces les dirá que una boda es la ceremonia en la que dos personas se prometen amarse y ayudarse mutuamente, y cualquier otra idea sobre el matrimonio que quiera inculcarles. Eso puede incluir los aspectos religiosos o espirituales asociados con el matrimonio. Entonces les explicaría dónde se hace, en una iglesia, en un juzgado o al aire libre. Les hablaría del tipo de ropa que se lleva, ya sea formal o informal, según el estilo de la boda. Y, lo fundamental, les explicaría que mientras que se celebra la ceremonia, tienen que estar sentaditos y calladitos. De esa forma, cuando se les olvide, podrá recordárselo. Y luego les diría que habrá una comida o una cena. Hablando simplemente habría preparado a sus hijos anticipadamente para lo que pueden esperar de ese acto.

¿Verdad que no resultó difícil? Seguramente ya lo ha hecho. Pero volvamos al funeral. ¿Qué podría hacer?

Podríamos decirles casi lo mismo. Sigamos el guión empleado para la boda y usémoslo para el funeral.

En primer lugar, podría decir a sus hijos que un funeral es algo que se hace después de que alguien muere. Es una ceremonia a la que vamos para recordar a alguien tal como le conocimos en vida, para que podamos decirle adiós. En este momento, *podría* compartir con su hijo las creencias religiosas o espirituales que tenga su familia sobre qué le pasa al alma o al espíritu de la persona que ha muerto. Observe que hemos escrito *podría* en cursiva. Tome su decisión en función de la edad, los intereses o las preguntas de su hijo. Luego le explicaría dónde se celebraría ese acto... en la iglesia, o en la funeraria y posteriormente en el cementerio. También podría decirles qué tipo de ropa se requiere para ir a este tipo de ceremonias. Y, lo más importante, les diría que tienen que estar quietos y respetuosos mientras que dura la ceremonia. Podría decirles que no está mal llorar... lo que también podría ser aceptable para la boda. Les explicará de antemano que seguramente muchas personas estarán llorando. Que están tristes porque murió alguien a quien querían. Aquí tiene una nueva oportunidad para explicarles que la "tristeza" es uno de los sentimientos normales que tenemos cuando la gente muere. Y luego, tal vez se vaya a algún sitio donde puede haber comida, y que puede parecer como una fiesta. La razón para esa celebración es que la gente pueda recordar y hablar sobre la persona que falleció. Y, como en el caso de la boda, otro de los propósitos es ser testigo del acto y compartir los recuerdos y los sentimientos.

Las bodas y los funerales son lo mismo, sólo que diferentes. Es muy sencillo verlo así si no se asusta pensando que es algo fuera de los límites. Si sus hijos están empezando a comprender la muerte, la experiencia les resultará útil. Si usted se esmera en hacer una explicación detallada, sus hijos tendrán una idea clara sobre qué pueden esperar. Podemos reducir su miedo a la muerte diciéndoles la verdad. No puede darles una mejor preparación a la vida que la de ayudarles a comprender las realidades emocionales relacionadas con la muerte, de la misma manera que los educa respecto a las emociones producidas por las bodas y otros acontecimientos positivos.

Por la naturaleza de nuestro trabajo, nos hemos encontrado con muchas personas que nos decían que no iban nunca a funerales. Sin excepción alguna, en esa declaración y en el miedo asociado podemos seguir la pista hasta llegar a un acontecimiento desdichado de hace mucho tiempo. Por lo general, esa persona fue forzada a asistir a un funeral en su infancia sin que le hubieran explicado la posibilidad de que el ataúd estaría abierto, y lo que suponía ver a un muerto por primera vez. Una sencilla explicación puede tener resultados positivos durante toda la vida de sus hijos.

No estar adecuadamente preparado para un funeral es otro ejemplo de una experiencia que puede alterar la vida de los niños. Otra experiencia bastante habitual, y que también tiene un impacto negativo a largo plazo, es cuando a los niños *no se les permite* asistir al funeral de alguien importante para ellos si así lo desean. Veinte, treinta o cuarenta años después, viene a nuestros seminarios sintiéndose tremendamente incompletos, pues se les robó el potencial de los elementos de superación que proporciona un funeral.

CUARENTA Y CINCO AÑOS DESPUÉS, PERO ¿QUIÉN LLEVA LA CUENTA?

Fred Miller es un amigo nuestro muy querido. De vez en cuando le hemos pedido que repasara alguno de los capítulos de este libro y que los comentara mientras estábamos escribiéndolo. Cuando estaba repasando una de las historias personales que aparecen en la Parte Sexta del libro, Fred tuvo una fuerte reacción. Con su permiso, vamos a contarle unos fragmentos de su historia.

☐

Cuando Fred tenía diez años, su abuela materna murió. El niño no tenía una relación muy estrecha con su abuela. Nunca antes había experimentado la muerte de un familiar, ni había asistido a ningún funeral. No tenía la menor idea de qué esperar. Su madre, posiblemente más preocupada por su propio dolor por la muerte de su madre, no se detuvo un momento para explicar a su hijo lo que iba a suceder en el funeral.

Fred fue al funeral con su madre. Ella no le obligó a asistir. Al final de la ceremonia, los dolientes se pusieron en fila ante el féretro abierto para presentar sus respetos. Cuando Fred llegó junto a la caja, su madre le dijo que le diera un beso de despedida a su abuela. Fred, respetuoso con los deseos de su madre, se inclinó para besarla. Entonces su mano tocó la mano tiesa y fría de su abuela. Recuerda que sintió un escalofrío, algo que casi no puede describir, cuando su cerebro registró esa sensación.

En un instante aterrador, se dio cuenta que sus labios iban a tocar la cara de su abuela. Como su cuerpo se movía hacia adelante, no pudo parar y la besó. Era impresionante escuchar el relato de Fred y observar que, aunque fue cuarenta y cinco años antes, Fred parecía estar reviviendo esas horribles sensaciones como si estuvieran sucediendo en ese instante.

Ese acontecimiento afectó la vida de Fred de muchas formas, de las cuales no era la menor el recuerdo doloroso que afloró cuando Fred leyó la dulce y maravillosa historia de la niña con su Nana que había muerto. Durante toda su vida, Fred no ha podido soportar a las personas que sufren, así como no ha podido soportar ni siquiera su propia pena. Una vez rehuyó a un director de una empresa funeraria cuando le conoció en un acto social. Y nunca va a funerales ni entierros. Puede asistir a un velorio antes del entierro, pero nunca toca el cadáver.

Nos da tristeza la historia de Fred por él mismo, pero realmente ilustra que puede haber consecuencias durante toda la vida cuando a los niños no se les dan las explicaciones adecuadas ni se les permite tomar sus decisiones. Aunque es verdad que su madre no le obligó a dar un beso a su abuela, cuando le dijo que la besara, para un niño de diez años eso tenía toda la fuerza de la autoridad.

Pero la auténtica razón por la que queríamos compartir esta historia con usted es que sugiere que con unas pocas explicaciones se podrían haber evitado cuatro décadas y media de malestar.

¿Imagina la diferencia si la madre de Fred —o cualquier otro, eso no importa— hubiera dedicado unos minutos a hablar con su hijo? Podría haber empezado con unas preguntas suaves, sin que pareciera un interrogatorio. ¿Sabes lo que es un entierro? ¿Has visto o has tocado un cuerpo muerto? Esta última pregunta es muy importante. Puede ser una sensación muy extraña esa primera vez en que un niño —o un adulto— ve y toca un cuerpo muerto.

El cerebro puede engañarnos. Es que estamos mirando una forma humana, pero como no está animada, lo que vemos resulta confuso. Mirar un cuerpo muerto es muy diferente de mirar a una persona que duerme. No es sólo por la inmovilidad, sino por una especie de ausencia. Hay muchas opiniones sobre lo que representa exactamente esa ausencia. Creo que podemos decir, sin excluir ninguna otra idea, que lo que falta es la fuerza vital. Como adultos podemos comprender lo que acabamos de decir. Ahora hay que encontrar la forma de comunicarlo a los hijos.

Otra forma que nos engaña el cerebro es que ese cuerpo muerto, que parece una persona, no se siente igual que como se sentía durante la vida. Estamos acostumbrados a un cierto nivel de calor y de energía cuando tocamos a otra persona. Esa frialdad, y esa ausencia de energía de un cuerpo muerto, puede crear una sensación totalmente desconocida. Puede ser terriblemente confusa cuando el cerebro trata de reaccionar frente a una sensación que nunca ha experimentado. Confusa y aterradora.

Si no sabe qué podría esperar, tocar un cadáver puede ser una experiencia abrumadora. Este acontecimiento se complica aún más por todas las emociones que rodean a la relación que tuvimos con la persona que falleció.

◻

Unas palabras de advertencia: Si va a llevar a sus hijos a un funeral, siéntese con ellos antes. Hable con ellos. Dígales la verdad sobre sus sentimientos. Si se siente un poco asustado o incómodo ante la idea de tener esa charla, dígales eso primero. Tal vez usted nunca haya estado antes en un funeral. Tal vez nunca haya tocado un cuerpo muerto. Si es así, vuelva atrás y lea las últimas páginas de este libro en voz alta a sus hijos. Pueden aprender juntos.

Hay algunas cosas más que puede decirles para que tengan una idea más clara de porqué los funerales son tan significativos. Las creencias religiosas y culturales, entre otras, determinan si el ataúd está abierto o no. Uno de los propósitos del funeral y del ataúd abierto (cuando es así) es que las personas vean el cuerpo para que estén seguros que lo que han oído es verdad. De forma técnica, podemos decir que aporta una confirmación visual de la información. Esto es muy importante. Si alguna vez se ha preguntado por qué se dedica tanto tiempo, esfuerzos y dinero para encontrar los cadáveres de esos trágicos accidentes aéreos sobre el océano, es para que las familias tengan la prueba que su ser amado murió. Esa confirmación les permite empezar a descubrir y completar lo que tal vez haya quedado emocionalmente incompleto en el momento de la muerte.

Una última cosa: También puede explicar a sus hijos que en el funeral verán que tal vez haya personas hablando al muerto. Esta ceremonia, si es eficaz, habrá ayudado a los asistentes a recordar acontecimientos de su relación con el fallecido. Con estos recuerdos puede empezar a aflorar cierta conciencia de cosas que nunca se dijeron, junto con la necesidad de volver a repetir algunas cosas ya dichas. Ayude a sus hijos a comprender que se trata de un comportamiento sano, normal y útil eso de decir algunas cosas al ataúd. Desde luego, decir cosas en voz alta así como tocar el cuerpo deben ser siempre opcionales. Nunca se debe forzar nada en ninguna de estas cuestiones.

Nuestra superación con usted

Tenemos una pequeña costumbre al final de nuestros seminarios. Solemos preguntar a la gente si han conseguido algo valioso al participar en el evento. Cuando dicen que sí, les recordamos que lo que recibieron era el resultado directo de su valor al compartir y de emprender las nuevas acciones que ilustramos para ellos. Les animamos a que se den una palmada en la espalda. Queremos asegurarnos que comprendan que aunque nosotros hayamos presentado esa nueva información, ellos mantuvieron la mente abierta para adquirir nuevas ideas, y con estas ideas obtuvieron una nueva libertad y nuevas posibilidades de elección.

Así que, veamos si podemos hacer aquí algo parecido. Si usted cree que ha recibido algo valioso de este libro, se merece una fuerte palmada en la espalda por haber dejado de lado sus viejas creencias para obtener nuevas ideas que beneficiarán a sus hijos. Nuestro trabajo ha terminado. Ahora es momento que usted aplique de forma cotidiana lo que aprendió aquí. Tómeselo con calma y con cariño. Y lo mismo para con sus hijos.

Antes que digamos adiós, queremos solicitarle su apoyo. Si cree que este libro le aportó herramientas valiosas que mejorarán las vidas de sus hijos, y si su situación económica se lo permite, regale un ejemplar de este libro a su biblioteca pública, a la biblioteca del colegio de sus hijos, a su iglesia o a una organización social. Anime a profesores, terapeutas y médicos de su comunidad a que lo compren y se lo regalen a sus alumnos y clientes. Llame también a su funeraria local y dígales que convendría que tuvieran un ejemplar de este libro para dejárselo a quien lo necesitara.

Como representante de sus hijos, le damos las gracias, le expresamos nuestro amor y le decimos *adiós*.

JOHN, RUSSELL Y LESLIE.

CUESTIONARIO

Habíamos prometido incluir las 74 preguntas que Leslie empleó en la investigación que llevó a cabo para la realización de su tesis doctoral. Los resultados de su estudio mostraron claramente que los niños pequeños procesan y completan las pérdidas mucho mejor si sus padres les han suministrado las herramientas adecuadas.

En su investigación, Leslie comparó dos grupos de edades comprendidas entre cuatro y ocho años, cada uno de los cuales había sufrido la pérdida de un miembro muy próximo de la familia. En uno de los grupos, los padres o tutores del niño estaban familiarizados con las técnicas del *Manual Superando Pérdidas Emocionales*, y tenían un conocimiento de primera mano de los principios de la superación de la pena. En el otro grupo, los padres o responsables de los niños carecían de dicho conocimiento. A medida que vaya leyendo las preguntas, verá que algunas de ellas tienen en cuenta el hecho que el adulto que está rellenando el cuestionario ha experimentado la misma pérdida que el niño.

		Sí	No
1.	Cuando hablo con mi hijo sobre la muerte de una persona querida, suelo emplear las palabras "se fue": "Tengo que decirte que tu abuelito se ha ido."	☐	☐
2.	Cuando hablo con mi hijo sobre la muerte de una persona querida, suelo emplear la palabra "muerte": "Hijo, tengo que decirte que tu abuelito murió."	☐	☐
3.	Desde esa muerte, me siento muy apático.	☐	☐
4.	Si estuviera dando un paseo por el parque con mi hijo y viéramos una ardilla muerta, dejaría que mi hijo la contemplara el tiempo que quisiera.	☐	☐
5.	Si estuviera dando un paseo con mi hijo y viéramos una ardilla muerta, le animaría a que hiciera las preguntas que quisiera sobre la ardilla muerta.	☐	☐
6.	Mi hijo habla de los recuerdos positivos que tiene con la persona muerta.	☐	☐
7.	Cuando hablo con mi hijo sobre la muerte o dolor, le digo que tiene que sufrir a solas.	☐	☐
8.	Cuando hablo con mi hijo sobre la muerte o dolor, le digo que puede expresar sus sentimientos libremente.	☐	☐
9.	Cuando hablo con mi hijo sobre la muerte o dolor, le digo que llore si le apetece.	☐	☐
10.	Cuando hablo con mi hijo sobre la muerte o dolor, le digo que se ocupe en algo y así no se sentirá tan mal.	☐	☐
11.	Cuando hablo con mi hijo sobre la muerte o dolor, le digo que sustituya la pérdida (un nuevo amigo, una nueva mascota, etc.)	☐	☐

		Sí	No
12.	Cuando hablo con mi hijo sobre la muerte o dolor, le digo que no conviene expresar los sentimientos fuera de la familia.	☐	☐
13.	Cuando hablo con mi hijo sobre la muerte, le digo que lo pasará mal unos días, y que luego seguirá adelante con su vida.	☐	☐
14.	Cuando hablo con mi hijo sobre la muerte o dolor, le digo que sea fuerte por los demás.	☐	☐
15.	Expresé mis sentimientos por la muerte de esta persona querida delante de mi hijo.	☐	☐
16.	Mi hijo lloró por la muerte de esta persona querida delante de mí.	☐	☐
17.	Casi todo el tiempo me siento muy preocupado por la muerte de esta persona querida.	☐	☐
18.	Animo a mi hijo a hablar de acontecimientos futuros que no compartiremos con la persona fallecida.	☐	☐
19.	Mis creencias sobre la muerte y dolor influyen en mi hijo.	☐	☐
20.	Sigo con cambios en mis patrones de sueño.	☐	☐
21.	He hablado de recuerdos y acontecimientos positivos de mi relación con la persona fallecida.	☐	☐
22.	Explicaría (o he explicado) a mi hijo cómo sentirá al tocar el cadáver (frialdad de la piel, rigidez de los brazos, piernas, color de la piel, expresión facial…).	☐	☐
23.	Desde la muerte, he notado que mi hijo tiene menos interés en sus actividades sociales y sus amigos.	☐	☐
24.	He explicado a mi hijo lo que es un entierro.	☐	☐
25.	Desde la muerte, he retirado las fotos que había en casa de la persona fallecida.	☐	☐

		Sí	No
26.	He explicado a mi hijo lo que le sucede al cuerpo después de la muerte.	☐	☐
27.	Tras explicarle en qué consiste el entierro, le he dado la opción de acudir si lo desea.	☐	☐
28.	Creo que hay que comunicar a los niños la muerte de las personas queridas enseguida.	☐	☐
29.	Animé a mi hijo a que sufriera en solitario tras la muerte.	☐	☐
30.	Desde el fallecimiento, mi hijo está apático.	☐	☐
31.	Pude comentar mis sentimientos sobre la muerte de esta persona querida con alguien próximo a mí.	☐	☐
32.	He animado a mi hijo a hablar de la relación que tenía con la persona que ha muerto.	☐	☐
33.	Desde la muerte, mi hijo ha llorado libremente.	☐	☐
34.	Animo a mi hijo a hablar de sus recuerdos positivos con la persona fallecida.	☐	☐
35.	Animé a mi hijo a que viera el cadáver si quería.	☐	☐
36.	Animo a mi hijo a que guarde y conserve cualquier objeto personal del fallecido.	☐	☐
37.	He animado a mi hijo a participar en el funeral (escribiendo una nota, un dibujo, o una canción).	☐	☐
38.	Cuando la muerte sucedió, le dije cómo me sentía.	☐	☐
39.	Empleé los recuerdos de mis propias experiencias de pérdida para explicar el dolor a mi hijo.	☐	☐
40.	Desde la muerte, estoy menos interesado en actividades sociales y relaciones con amigos.	☐	☐

		Sí	No
41.	Hablo de los recuerdos negativos de mi relación con la persona fallecida.	☐	☐
42.	Dije a mi hijo que sabía cómo se sentía.	☐	☐
43.	Prefiero sufrir a solas.	☐	☐
44.	Animo a mi hijo a que llore.	☐	☐
45.	Dije a mi hijo que era probable que tuviera dificultades para prestar atención tras la muerte de esta persona querida.	☐	☐
46.	Dije a mi hijo que la muerte plantea algunas cuestiones sobre la vida (¿Cuánto vivimos? ¿Nos morimos todos? ¿Por qué morimos?).	☐	☐
47.	Animé a mi hijo a que hablara de su persona querida cuando le apeteciera.	☐	☐
48.	Cuando nuestra persona querida murió, mi hijo expresó sus sentimientos sobre la muerte.	☐	☐
49.	Hablé sobre mi relación con la persona fallecida.	☐	☐
50.	Le animé a ser fuerte por el resto de la familia.	☐	☐
51.	Creo que hay que evitar a los niños el conocimiento de la muerte de un familiar mientras sea posible.	☐	☐
52.	Mi hijo habla de la persona muerta cuando quiere.	☐	☐
53.	Mi hijo habla de acontecimientos futuros que no serán compartidos con la persona que ha muerto.	☐	☐
54.	Soy capaz de llorar por la muerte de esta persona amada delante de mi hijo.	☐	☐
55.	Cuando mi hijo me hace preguntas sobre la muerte, le respondo como mejor sé hacerlo.	☐	☐
56.	Cuando mi hijo me hace preguntas sobre la muerte, cambio de tema a algo más alegre.	☐	☐

		Sí	No
57.	Cuando mi hijo me hace preguntas sobre la muerte, le doy las respuestas que creo que le gustaría oír.	☐	☐
58.	Cuando mi hijo me hace preguntas sobre la muerte, le digo que no quiero hablar de ese tema.	☐	☐
59.	Cuando mi hijo me hace preguntas sobre la muerte, le digo que es una cuestión de tiempo hasta que se sienta mejor.	☐	☐
60.	Tras la muerte, animé a mi hijo a que hablara de las cosas negativas que había en su relación con la persona fallecida.	☐	☐
61.	Mi hijo expresa sus sentimientos delante de mí.	☐	☐
62.	Cuando un animal muere, lo mejor es reemplazarlo de inmediato para no sentirnos tristes.	☐	☐
63.	Animo a mi hijo a estar ocupado para que no se sienta triste.	☐	☐
64.	Quiero ser fuerte para mi familia.	☐	☐
65.	No me gusta llorar delante de mi familia.	☐	☐
66.	He animado a mi hijo a que pregunte lo que quisiera sobre lo que sucede al cuerpo tras la muerte.	☐	☐
67.	Cuando tuvo lugar la muerte, dediqué un tiempo a compartir preguntas y sentimientos con mi hijo.	☐	☐
68.	Desde la muerte, he tenido dificultades de concentración.	☐	☐
69.	Animé a mi hijo a que fuera al entierro y a que viera el cuerpo muerto si lo deseaba.	☐	☐
70.	Demostré mis emociones delante de mi hijo.	☐	☐
71.	Dije a mi hijo que era normal soñar con una persona querida que ha muerto.	☐	☐

		Sí	No
72.	Desde la muerte, procuro estar ocupado para no sentirme tan triste.	☐	☐
73.	Hablo abierta y libremente sobre la persona muerta delante de mi hijo.	☐	☐
74.	Hablo sobre acontecimientos futuros en los que no estará la persona que ha muerto.	☐	☐

AGRADECIMIENTOS

De John:

Cuando miro atrás después de todos estos años, veo claramente que este ha sido un viaje espiritual. Un viaje lleno de milagros. Al principio no los veía tan claramente como ahora. De hecho, actualmente los veo y los espero. ¡Y suceden!

Hacen acto de presencia en las miradas de las personas que nos traen sus corazones rotos para que se los arreglemos. Les damos la información que no tienen y luego las envolvemos en una manta de seguridad emocional para que puedan emplear esta nueva información y emprender nuevas acciones. Los resultados de estas acciones incluyen la libertad emocional y una nueva sensación de alegría y de propósito en sus vidas. Estas personas amorosas y valerosas nos comunican sus transformaciones con sus sonrisas y sus miradas.

Tener el privilegio de contemplar esa renovación en los ojos de un niño es el mayor de los milagros. Contemplar el regreso de la esperanza a un niño llena mis ojos de lágrimas, y me niego a ocultarlas como antes hice. Estos milagros no suceden por nosotros, sino a través de nosotros.

También quiero dar las gracias a Russell y Leslie. Han trabajado incesantemente para completar este trabajo. Juntos hemos esperado y hemos rezado para que este libro sea algo esencial para los padres. El mayor regalo que los padres pueden dar a sus hijos es la capacidad de sanar sus corazones cuando se han roto, como sucederá tantas veces durante su vida.

Quiero dar las gracias a mis hijos, Allison (de veinticinco años) y Cole (de diecinueve). Siguen creciendo y adquiriendo sabiduría. Y yo sigo amándolos.

Por último, quiero dar las gracias a mi esposa, Jess Walton. Cuando escribo estas palabras se me llenan los ojos de lágrimas. Ha estado conmigo durante veinte años. Cuando nos conocimos, es verdad que yo tenía algunos bordes sin pulir. Ella los ha pulido. Entonces también carecía de talentos sociales. Ella me ha dado la gracia que ahora tengo. En mis días más oscuros, ha sido la única que me ha iluminado. Su luz es clara y brillante.

Ella es una actriz famosa y maravillosa. Durante muchos años, ha sido el número uno de algunos espectáculos televisivos. Ha conseguido muchos premios y tiene incluso un par de Emmys en las repisas. Con estas palabras quiero que sepa que yo no tengo premios que darle. Sólo tengo mi integridad, mi lealtad, mi palabra y mi amor. Y supongo que, en definitiva, son las cosas que importan.

Te QUIERO, Jess... que en lenguaje de computadoras es como decir que *lo grito con fuerza.*

De Russell:

Es domingo por la mañana, y estoy frente a la misma mesa en que me he sentado tantos años. Desde este lugar he hablado con más de 50,000 personas que estaban sufriendo, cada una de las cuales llamaba porque su corazón se había roto por una pérdida o por la acumulación de pérdidas de toda la vida. El hecho de que sus corazones se hubieran roto y de que no supieran cómo arreglarlos se convirtió en la motivación fundamental de este libro.

Trabajar con personas que sufrían nos dio una gran experiencia y conocimiento. Mes tras mes, año tras año, cada una de ellas llamaba para empezar desde esa desolación. No sabían lo que nosotros sabíamos, sólo sabían lo que les habían enseñado en algún momento que ya no recordaban. El denominador común de todas estas personas era la información que tenían para hacer frente a su experiencia de pérdida. Sin excepciones, las ideas que usaban eran las que habían aprendido cuando eran muy jóvenes. Las habían puesto en práctica una y otra vez sin cuestionarlas. Lamentablemente la información incorrecta nunca produce resultados útiles, sin que importe el número de veces que la empleemos.

Cualquiera que trabaje en el campo de la salud mental podría decir que la gente que llama suele discutir las recomendaciones que se les da. Parece divertido, ¿verdad? Cuando usted llama a un fontanero o un electricista, no suele discutir con ellos (aunque a veces discutamos cuando nos presentan la factura). A decir verdad, de las 50.000 personas que llamaron, posiblemente discutí con la mitad, porque lo que *ellas* creían, y lo que *nosotros* enseñamos, suelen ser lo contrario. Algunas incluso se molestaron mucho conmigo… pero fueron pocas… tal vez cinco en total (pero, ¿quién lleva la cuenta?)

En muchas de las llamadas no hubo discusión. Era más una confirmación de su experiencia. Era una validación de su sensación que la gente las evitaba o trataba de evitar el tema de su pérdida… y de decirles que su sensación era muy real, que no se estaban volviendo paranoicas. Para muchas de estas personas, bastó el mero hecho de escuchar la simple afirmación que lo que estaban experimentando era "normal y natural".

Así que quiero dar las gracias a las 49.995 personas que me permitieron darles una idea diferente para que pudieran tener la esperanza y la posibilidad de conseguir unos resultados diferentes, y les doy las gracias por ser la fuerza fundamental que dictó la necesidad de este libro.

Y con John y Leslie, creo firmemente que si sus hijos aprenden técnicas mejores para hacer frente a las pérdidas, nunca tendrán que llamarnos ni que acudir a nuestros seminarios, pues tendrán las ideas correctas para manejar todo tipo de pérdidas.

¤

Y ahora algo completamente personal. Alice Borden y yo hemos estado juntos durante 13 años. Mi primer contacto indirecto con Alice fue con su contestador después de que un amigo me diera su número. Me sentí nervioso al llamar a una desconocida, y se lo dije: "Me siento como un adolescente al llamarte." Alice dice que la sinceridad de este comentario hizo que sintiera ganas de responder.

Años después, sigo sintiéndome como un adolescente con Alice. Y es un sentimiento que espero no perder nunca. Gracias, cariño.

De Leslie:

Quiero dedicar este libro en primer lugar a mi marido Brian, y quiero agradecerle su apoyo. Eres mi mejor amigo, mi compañero del alma y el amor de mi vida. Y a mis hijos, Rachel Lynn, Justin Michael y Catherine Michelle, gracias por su paciencia y su comprensión cuando mamá trabajaba en este libro. Son la alegría más grande de mi vida, y mi corazón rebosa todos los días por el amor que nos tenemos. También quiero dar las gracias a mi madre, Lynn, y a mi familia por su apoyo, su aliento y fundamentalmente por su amor.

Quiero expresar mi agradecimiento a John y Russell por invitarme a participar en esta maravillosa aventura, y por darme una información valiosísima que espero poder emplear para ayudar a los demás.

Y a mi padre, Michael, que siempre está en mi corazón.

De Arturo Albin (Director Método Grief Recovery México)

Para mí es un honor traducir y adaptar este libro al castellano que utilizamos en México. Agradezco mi experiencia a partir de 2009 que he trabajado en Superación del Dolor Emocional, y desde 2011 en que nos volvimos, junto con mi difunta esposa Alejandra, entrenadores de Especialistas en Superación del Dolor Emocional con este Método. Usando los conocimientos que enseño, el duelo por la muerte de Alejandra fue un proceso arduo y doloroso. Sin estas herramientas aprendidas hubiera sido imposible. Un infierno. Alejandra, gracias por acompañarme en este camino de enseñar el Método Grief Recovery. También les agradezco a John y Russell la confianza que nos tuvieron. También de forma especial quiero aquí honrar la memoria de Russell. Al escribir esto Russell lleva siete meses de muerto. Con él me introduje a este método que me cambió la vida a mí, y a quienes he tenido la fortuna de entrenar y apoyar en estos años. Al compartir con él mis experiencias emocionales, y al escuchar las suyas, creció un lazo de amistad que su muerte no borra. Físicamente Russell ya no está, pero lo llevo en mi corazón pues aplicando y enseñando lo que viví con él me han ayudado a vivir con plenitud, y me han permitido acompañar a otros en alcanzar la suya.

John Russell y Alejandra, gracias, los quiero.

Russell y Alejandra, los extrañaré siempre.

De todos nosotros:

A nuestra familia de HarperCollins y especialmente a Trena Keating, Gail Winston y Christine Walsh.

***El libro sobre las pérdidas
sufre una pérdida***

Durante muchos años, nuestra campeona especial ha sido nuestra editora Trena Keating. Trena nos envió la copia editada del manuscrito de este libro con una carta. Uno de sus párrafos hizo que nuestros ojos se llenaran de lágrimas. Sus comentarios nos mostraron que Trena comprendía perfectamente lo que tratábamos de decir, y reforzaba nuestra creencia que este libro podía realmente ayudar a niños y adultos.

Y entonces, como tantas veces sucede en la vida real, se dio un cambio importante en nuestra familia. Trena cambió de trabajo a una nueva compañía, y por un momento pareció como si este libro se hubiera quedado huérfano. Como el tema de este libro era hacer frente a las pérdidas, tuvimos que poner en práctica los principios que enseñamos. Así que tuvimos que hacer nuestro propio duelo y resolver nuestra relación con Trena para poder comenzar otra relación con nuestra nueva editora, Gail Winston. El milagro es que Gail adoptó este libro como si fuera su propio hijo, y ha ayudado a cuidarlo para que pueda llegarle a usted y a sus hijos.

Durante la transición, una persona muy importante, Christine Walsh, asistente de Trena y ahora de Gail, nos ayudó a salvar el abismo, haciéndonos comprender que nuestro libro estaba en buenas manos. Gracias, Christine.

Deseamos muy sinceramente que este libro sea fructífero para usted y para sus hijos.

Una nota de nuestro socio en México.

Descubrí el Método Grief Recovery en 2009. Al ver el impacto en mi vida, y en las personas a las que tenía el honor de atender, mi vida cambió. Dejé una trayectoria de treinta años como ingeniero, en finanzas y sistemas. Ahora mi vida es alcanzar al mayor número de personas posibles en el menor tiempo posible con el Método Grief Recovery.

En 2011 Alejandra mi esposa y yo nos volvimos el brazo en castellano del Grief Recovery Institute, cuando comenzamos a entrenar Especialistas Certificados en nuestro propio idioma. Jamás pude imaginar lo satisfactorio que esta aventura sería. Once años después, más de 200 Especialistas Certificados, no dejo de dar gracias de haber tomado dicha decisión. Once años de ver como se reconstruyen personas destrozadas por el dolor emocional, como recuperan la plenitud que su vida les puede brindar ha sido una maravillosa satisfacción continua. El Método Grief Recovery funciona, un estudio doctoral en la Universidad de Kent en Estados Unidos nos permite afirmarlo BASADO EN LA EVIDENCIA. Múltiples testimonios de Especialistas y sus participantes me lo ratifican. Y en lo personal, no sé que hubiera sido de mi vida cuando en 2016 Alejandra murió después de casi 5 años de lucha contra el cáncer. Tener y usar la herramienta que enseño me permitió acompañarla de forma muy presente hasta el día que murió, y me permitió recuperar mi vida después de experimentar uno de los dolores más intensos, cuando ella llegó a su fin. En estas líneas quiero agradecerle a Alejandra su compañía y su apoyo en emprender esta aventura de Superación del Dolor Emocional. Y Quiero agradecerle el testimonio de valor, generosidad y entrega que fue su vida. Este método también me ha funcionado a mí, en mi vida personal.

Una de las tristezas que tengo es que cuando descubrí y me entregue a esta hermosa labor, este privilegio que la vida me otorgó, es que cuando adquirí este conocimiento, esta práctica, mis dos hijas ya habían emprendido el vuelo. Ya no tuve oportunidad de mostrarles en la práctica diaria lo que este método representa. Por ello estoy muy emocionado de haber realizado esta nueva edición en castellano del libro "CUANDO LOS NIÑOS SUFREN". Este libro está dirigido a papás y mamás, a profesores y en general a personas

que conviven y educan a la niñez. Está enfocado a enseñarles
como guiar a todas esas pequeñas personas, para que puedan crecer sabiendo como procesar los inevitables dolores
emocionales que experimentarán en sus vidas de una forma
sana. Con ello podrán enfrentar cualquier tipo de pérdida,
sabiendo como procesar sus sentimientos de forma de no
quedarse atorados en el sufrimiento. En honor a mis hijas, ya
adultas, y de toda la niñez, me entregué a esta nueva edición
que estoy seguro le ayudará a vivir una vida más plena a innumerables familias, en nuestra propia lengua.

Gracias a Víctor Schroeder, Grace Frank y Adriana Cur-
zio quienes también participaron en este proyecto, y a mis
amigos del Grief Recovery Method por la confianza que me
tuvieron para convertirme en entrenador, en su brazo hispa-
no, y en la edición y traducción de este libro.

Para mí ha sido un gran honor.

Servicios y programas del Instituto para la Superación del Dolor Emocional y su rama en castellano Método Grief Recovery México

Reconocido como la más destacada autoridad en la superación de pérdidas emocionales significativas, el Instituto
para la Superación del Dolor Emocional ofrece una amplia
variedad de programas para individuos y organizaciones en
el mundo entero.

*Programa de Capacitación en la Superación del Dolor
Emocional*®. Este seminario de cuatro días es el programa
de aprendizaje más completo de su tipo. Los graduados regresan a sus lugares de origen totalmente preparados para
impartir los programas de gran alcance de Superación de
Pérdidas Emocionales. Miles de estos programas se impar-
ten actualmente en todo el mundo. Los alumnos certificados tienen apoyo permanente del Instituto. Estos seminarios

se realizan regularmente en Los Ángeles, y mensualmente en ciudades norteamericanas, México y otros países.

Seminario Personal de Superación de Pérdidas Emocionales®. Este seminario intensivo de dos días de duración es de únicamente 10 o 14 asistentes, para que cada participante pueda tener toda la atención necesaria. A estos seminarios asisten individuos, parejas y familias que se enfrentan a una pérdida devastadora o a una acumulación de pérdidas.

Programas de gran alcance de Superación de Pérdidas Emocionales®. Estos programas son realizados por especialistas certificados. El programa de 12 semanas[7] se dirige a la superación y sigue un formato creado por el Instituto, basado en las ideas y acciones expuestas en el *Manual Superando Pérdidas Emocionales*.* Su objetivo no es crear un grupo de "apoyo" tradicional, pues correría el riesgo de convertirse en un grupo que apoye el dolor en vez de la superación. Tampoco es un grupo de autoayuda, ya que tiene un instructor encargado del mismo y un formato de acciones muy definido. Y tampoco es una terapia. Es mejor decir que se trata de una experiencia educativa con beneficios positivos para todos sus participantes.

◻

La Fundación Educativa del Instituto para la Superación de Pérdidas Emocionales es una organización sin ánimo de lucro que aporta conferenciantes para presentaciones públicas en escuelas, organizaciones municipales, radios y televisiones, siempre que el tiempo lo permita.

Para más información pueden visitarnos en Internet. Nuestra página es:

https://www.griefrecoverymethod.com/

---

7 Aun sigue vigente el programa de 12 semanas. Sin embargo se logró reducir a un programa más intensivo en 8 semanas que es el que la mayoría de los Especialistas Certificados usan ahora.

En castellano

http://metodogriefrecovery.com/

Muchos de los artículos que se pueden obtener en esta página, están traducidos al castellano. También, si lo desea, puede enviar un correo electrónico a:

info@griefrecoverymethod.com

O en castellano a:

info@metodogriefrecovery.com